国家卫生健康委员会"十四五"规划教材
全国高等职业教育本科教材

供医养照护与管理专业用

老年人活动组织与策划

主　编　林婉玉

副主编　潘华山　许广军

编　者（以姓氏笔画为序）

方　芳（广州中医药大学）

宁雪梅（成都医学院第一附属医院）

朱晓红（江苏经贸职业技术学院）

许广军（沈阳医学院）

许秀军（宁波卫生职业技术学院）

吴修丽（菏泽医学专科学校）

林婉玉（宁波卫生职业技术学院）

郑秀花（河南护理职业学院）

潘华山（广东潮州卫生健康职业学院）

人民卫生出版社
·北京·

图书在版编目（CIP）数据

老年人活动组织与策划 / 林婉玉主编. —北京：
人民卫生出版社，2023.10
ISBN 978-7-117-35430-1

Ⅰ．①老⋯ Ⅱ．①林⋯ Ⅲ．①老年人－活动－组织管
理学 Ⅳ．①C936

中国国家版本馆 CIP 数据核字（2023）第 190537 号

人卫智网	www.ipmph.com	医学教育、学术、考试、健康，购书智慧智能综合服务平台
人卫官网	www.pmph.com	人卫官方资讯发布平台

老年人活动组织与策划

Laonianren Huodong Zuzhi yu Cehua

主　　编：林婉玉
出版发行：人民卫生出版社（中继线 010-59780011）
地　　址：北京市朝阳区潘家园南里 19 号
邮　　编：100021
E - mail：pmph @ pmph.com
购书热线：010-59787592　010-59787584　010-65264830
印　　刷：中农印务有限公司
经　　销：新华书店
开　　本：850×1168　1/16　印张：11
字　　数：325 千字
版　　次：2023 年 10 月第 1 版
印　　次：2023 年 11 月第 1 次印刷
标准书号：ISBN 978-7-117-35430-1
定　　价：49.00 元
打击盗版举报电话：010-59787491　E-mail：WQ @ pmph.com
质量问题联系电话：010-59787234　E-mail：zhiliang @ pmph.com
数字融合服务电话：4001118166　E-mail：zengzhi @ pmph.com

出版说明

我国是世界上老年人口最多的国家,老龄化速度较快,老年人健康状况有待改善。党中央、国务院高度重视医养结合工作,习近平总书记指出,要加快构建居家社区机构相协调、医养康养相结合的养老服务体系和健康支撑体系。医养结合作为落实推进健康中国、积极应对人口老龄化国家战略的重要任务,写入《中共中央 国务院关于加强新时代老龄工作的意见》《"健康中国 2030"规划纲要》《积极应对人口老龄化中长期规划》等重要政策文件及规划。国家卫生健康委认真贯彻落实党中央、国务院决策部署,会同相关部门大力推进医养结合,取得积极成效。随着老年人对健康养老服务的需求日益强劲,迫切需要大批经过专业教育,具有良好职业素质、扎实理论水平、较强操作技能和管理水平的高层次医养结合相关技术技能人才。

高等职业教育本科医养照护与管理专业作为培养国家医养结合服务与管理技术技能人才的新专业,被列入教育部《职业教育专业目录(2021 年版)》。为推动医养照护与管理专业健康发展,规范专业教学,满足人才培养的迫切需要,在国家卫生健康委老龄健康司的指导下,人民卫生出版社启动了全国高等职业教育本科医养照护与管理专业第一轮规划教材的编写工作。

本套教材编写紧密对接新时代健康中国高质量卫生人才培养需求,坚持立德树人、德技并修,推动思想政治教育与技术技能培养融合统一。教材深入贯彻课程思政,在编写内容中体现人文关怀和尊老爱老敬老的中华民族传统美德。高等职业教育本科医养照护与管理专业作为新的层次、新的专业,教材既体现本科层次职业教育培养要求,又坚持职业教育类型定位,遵循技术技能型人才成长规律。编写人员不仅有来自高职院校、普通本科院校的一线教学专家,还有来自企业和机构的一线行业专家,充分体现了专本衔接、校企合作的职业教育教材编写模式。编写团队积极落实卫生职业教育改革发展的最新成果,精心组织教材内容,优化教材结构,创新编写模式,推动现代信息技术与教育教学深度融合,全力打造融合化新形态教材,助力培养医养结合专业人才。

本套教材于 2023 年 10 月开始陆续出版,供高等职业教育本科医养照护与管理专业以及相关专业选用。

前　言

推动实现全体老年人享有基本养老服务，是全面建设习近平新时代中国特色社会主义现代化国家的题中应有之义。随着社会经济的发展以及科学技术的不断进步，老年人对活动的需求发生了巨大的变化，关于老年人活动组织与策划的新知识、新技术和新方法相继面世。医养照护与管理专业的人才需要针对老年人健康需求实施全周期活动组织与策划，以提高老年人的健康水平、改善老年人的生活质量。

老年人活动组织与策划是医养照护与管理专业的核心课程。参考国内外有关教材的内容架构，结合当前我国国情和现状，在对医疗院所、社区及养老机构老年人活动需求和开展情况调查的基础上，以护理程序为框架，以老年人活动需求为主线，结合临床医学、老年护理学、运动康复医学、营养学、社会心理学、健康管理、生活促进等学科理论和实用技术，我们构建了本教材的内容体系。本教材内容包括绪论、老年人活动需求评估、老年人活动的策划及现场管理、老年人活动组织与策划、老年人活动策划与实施的评价五大部分。通过学习让学生掌握老年人活动调研与需求评估、活动策划方案撰写、活动组织与策划步骤、活动实施及评价等知识技巧，提高学生综合分析和解决问题的能力。培养学生良好的职业认同感，形成尊老、爱老的社会风尚和敬业风气，将技能培养与素质培养两者兼顾，践行育德与育能的相互统一。

本教材为了贯彻知识传授与技能培养并重的方针，既注重理论知识的科学性、完整性，又强调实践内容的实用性、规范性，突出重点，详略得当。同时设置多种数字资源，实现线上、线下混合式学习。通过扫描二维码即可获取数字资源，开阔视野，并且可以对案例进行分析、讨论以提升和巩固教学成效。

本教材主要供全国高等职业教育本科医养照护与管理专业师生使用，也可供临床护理人员继续教育、老年护理岗位培训及老年护理机构工作人员参考使用。本书在编写过程中，得到了各位编者所在单位的大力支持，在此一并表示诚挚的谢意！

受编者的知识水平和能力、经验及学科的发展状况等方面限制，本教材在整体架构、内容体系的构建等方面仍存在不足，难免会有错误、疏漏和不当之处，恳请各位读者批评指正。

"学然后知不足，教然后知困。"与诸君共勉！

林婉玉

2023 年 10 月

目 录

第一章
绪　论

01第一章

> 1. 掌握老年人活动的概念、分类。
> 2. 熟悉老年人活动的特点和原则。
> 3. 了解老年人活动的作用。
> 4. 学会老年人参与活动的影响因素。
> 5. 具有老年人活动工作者应有的专业素养。

　　国家统计局公布数据显示,2022 年末,我国 60 岁及以上人口超过 2.8 亿人,占全国人口的 19.8%,其中 65 岁及以上人口 2.097 8 亿人,占全国人口的 14.9%。第七次全国人口普查显示,截至 2020 年 11 月 1 日,我国 60 岁及以上老年人口数达到 2.640 2 亿人,占总人口的 18.7%;65 岁及以上老年人口数达到 1.906 4 亿人,占总人口的 13.5%。这两年内,我国 60 岁及以上老年人口数增长约 1 600 万,人口老龄化呈现出进程快、规模大、高龄化的特点,老龄化对社会的影响日益突出。

　　随着年龄的增长和人与人之间的社会关系日渐紧缩,老年人面临各种身心问题,严重影响了老年时期的心理健康和生活质量。如何能够健康地变老,成为当前我国应对人口老龄化的一项重要任务。党的二十大报告明确提出:"实施积极应对人口老龄化国家战略,发展养老事业和养老产业。"推动实现全体老年人享有基本养老服务,这是全面建设习近平新时代中国特色社会主义现代化国家的题中应有之义。

　　进入新时代以来,中国的养老服务体系建设取得了重要的成就,但也面临着新环境和新挑战。应该促进人口长期均衡发展、最大限度地发挥人口对经济社会发展的能动作用。挖掘人口老龄化带来的活力和机遇,提倡转型传统生活方式,在满足老年人的物质生活需求的同时,倡导健康生活模式,积极促进现代老年人融入社会,开展各种活动以满足老年人精神诉求的重要性愈发凸显。

　　老年人活动组织与策划是当前应对人口老龄化和响应积极老龄化政策的重要途径之一。老年人参与各项社会活动,可以帮助他们重新认识自我,形成新的社会网络,降低孤独感。研究表明,任何类型的社交活动对于提高老年人的认知能力都是有益的。同时,老年人往往拥有丰富的生活经验,活动在满足老年人自身多元需求的同时,也可以实现老年人的自身价值。在全社会广泛开展各项科学、文明、丰富多彩的老年人活动,促进老年人积极参与社会活动,有助于老年人晚年的身心健康,保持生命的活力,愉悦精神,增益智力,放松身心,提高老年人的幸福感和认知能力。

第一节　老年人活动概述

导入情境

　　某市养老服务中心,为了丰富老年人晚年生活,促进老年人身心健康,组织老年人开展一系列活动,以增进老年人之间的感情交流,提高生活质量,促进身心健康发展。

工作任务：
1. 请结合案例，说明老年人活动的原则与特点。
2. 请说明影响老年人在机构参与活动的因素。

一、老年人活动的概念、特点和原则

对老年人而言，他们可以支配的自由时间普遍比年轻时多，但过多的空闲时间以及长期远离社交活动不利于老年人身心健康的发展。如果没有用适当的活动填补老年人的空虚与孤独，可能会加速老年人的身心衰退。如何通过"活动"来满足老年人的身心需求，有赖于正确地认识并组织适当的活动。

（一）老年人活动的概念

活动是指由共同目的联合起来并完成一定社会职能的动作的总和，由活动的目的、动作和共同性构成，一般具有完整的结构系统。老年人活动是以老年人为主体，针对老年人特定的生理、心理和社会特征，在老年活动工作者的协助下，由团体、社区、养老机构等组织开展的各类公益、文娱、兴趣、语言交流、体育等活动，目的是促进老年人身心健康、认知能力和幸福感，提升老年人的生活质量和满意度。

对于老年人活动的理解，可以从三个方面把握：老年人活动的目的是帮助老年人重新与他人建立联系，改善自尊，获得身心健康，提高生活质量，重返主流社会，重建有意义的生活；老年人活动的形式多样，以休闲娱乐为主，应该有鲜明的记忆点；老年人活动的实质是适应新的角色，学习新的技能，提高老年人生活满意度，是实现老年期人生价值的社会协调活动。

（二）老年人活动的特点

老年人活动是针对老年人这一特殊群体，为满足老年人的身心需要，有目的、有计划地组织各种社会协调活动。老年人活动具有以下特点：

1. 目的性 每一次组织与策划老年人活动都应该主题鲜明，明确活动要解决什么问题、为什么要做活动，并对活动应达到何种效果有明确的预期。总的来说，开展老年人活动是为了提高老年人的生活质量和满意度，满足老年人生理、心理和社会参与的需求，帮助老年人重返主流生活。

2. 计划性 老年人活动的目的必须要通过计划来实现，计划代表老年人的活动内容应该是明确的、不能随意变更的。此外由于老年人群体的特殊性，开展老年人活动之前一定要做好详细、周密的计划，防止意外事件发生。

3. 参与性 只有老年人积极、主动参与到活动当中，才可能发挥活动的最佳效果。老年人活动最大的挑战之一就是如何调动老年人参与到活动中来，即使我们提供的活动对老年人非常有益，但最终是否参与的决定权还是在老年人手中。

4. 多样性 老年人的年龄、性别、身体状况、教育水平以及兴趣爱好的差异决定了老年人活动需求的广泛性。应当选择老年人喜闻乐见的活动，提供形式多样的活动给不同兴趣的老年人。

5. 安全性 老年人特殊的生理特征决定了其在参与活动过程时比其他人群具有更高的风险，确保老年人活动安全是活动组织与策划的第一要素，确保老年人安全的理念必须贯穿于活动的始终。

6. 社会性 老年人活动可以帮助老年人重新与他人建立联系，获得生活的乐趣，尤其是对那些长期处于社会隔离状态的老年人来说，老年社会活动可以帮助老年人扩大社交范围，重树生活信心。

（三）老年人活动的原则

1. 正确选择活动种类和场地 活动种类和场地的选择应根据活动对象和活动规模的不同而有所不同。在确定老年人活动的种类和场地之前应当做好策划和调研，明确是一对一活动还是群体活动，还要了解活动参与者的生理、心理、社会特征。根据参与活动的老年人身体状况、爱好、个性特征选择老年人感兴趣且适宜的活动。如一个喜好安静的老年人是不会愿意参加过于喧闹的活动的。适宜的活动主题是老年人感兴趣并愿意参与的重要因素。在实际活动中，宜把生活背景、文化水平相似,健康状况相当的老年人纳入同一个活动或同一个活动小组中。场地因素非常重要,首先必须要考虑到场地的安全因素,保证活动过程中的安全性;其次是场地对开展活动的适宜性,老年人可能会坐轮椅或使用拐杖、助行器,因此要有足够的空间以便活动自如;同时也要考虑到活动举办地点交通是否便利,食、宿、游、购等方面是否方便,活动如在室内举行,是否有电梯方便老年人到达,是否有卫生间方便老年人如厕等。

2. 循序渐进　与传统活动不同,老年人有各种身体上的不便和知觉方面的限制,因此在开展活动时要采取循序渐进的原则,活动强度一般由小到大,由弱到强,不要急于求成,活动设计应当由简到繁,由易到难。针对有身心障碍的老年人,根据开展活动时的评估,设计低层次的、适宜的活动,可以降低参与者的挫败感,提升其成功机会,亦可增加老年人参与活动的意愿。另外需要注意的是,由于老年人群体的被动性,与传统活动中组织者开始扮演积极的角色并随着活动的进程慢慢淡出不同,老年人活动中组织者要始终扮演积极的角色。

3. 持之以恒　活动可以提高老年人的社会参与程度和身心健康水平,但前提是活动具有可及性,即要求组织者能够持续为老年人提供各类活动,更重要的是老年人能够持之以恒,坚持主动地参与自己感兴趣的各种社会活动。无论是老年人生理、心理还是社会参与功能的改善,都要经过长期的坚持才能达到从量变到质变的结果。因此,需要依据老年人的现实需求,有计划地制订活动方案,包括短期、中期和长期的活动计划,坚持鼓励和支持,才能真正以活动为媒介帮助老年人改善社交紧缩问题,提升生活质量。

(四)老年人参与活动的影响因素

老年人参与活动的意愿和适宜的活动类型与老年人的衰老程度、健康状况、心理因素有关,此外,老年人是否能够获得参与活动的机会还与他们能够获取的社会支持有关。

1. 衰老和疾病的影响　衰老意味着年龄增长带来的各种挑战,老年期整体生活能力下降,人类的诸多生理功能将逐渐减退,开始出现各种老化现象,如反应迟钝、记忆力下降、心肺功能减退等。同时,老年人的视力、听力、味觉也逐渐减退,头发变白并且日渐稀疏,皮肤出现大量皱纹和老年斑,骨骼中钙质流失导致骨质疏松。由于骨骼组织和肌肉组织功能的减退,老年人的平衡能力和运动能力也随之降低,平衡能力和运动能力的衰退导致老年人具有较高的跌倒风险甚至可能引起骨折。跌倒风险限制了部分老年人活动的机会和可选择的种类,同时也降低了老年人参与活动的积极性。加之老年人随着年龄的增长,患病风险增加,往往患有慢性病,衰老和疾病导致他们对于活动的耐受力下降。一些身体状况欠佳的老年人,如出行不便、有视力听力障碍的老年人可以参加的活动种类更加有限。要警惕的是在活动中组织者可能无法掌控认知功能障碍老年人,如阿尔茨海默病,如果这些老年人去到其他地方,就可能产生各种安全隐患。

2. 心理因素的影响　长期远离社交导致的社会疏离可能致使一些老年人发生心理上的变化,如孤独感、自卑、冷漠、焦虑、抑郁等消极心理因素,这些不良心理会进一步降低老年人参与活动的主动性。有严重心理健康问题的老年人或因丧偶而悲伤的老年人有时会完全陷入自我的世界,除了自身的问题他们不愿意参与到任何活动中去。

3. 社区、家庭、工作、养老机构的支持程度　老年人在退休后,主要活动场所由工作岗位转为家庭、社区或养老机构。家庭、配偶和子女代际关系对老年人参与活动具有很大的影响。此外,老年人所在社区对老年人活动的支持程度,活动开展的质量和频次都会对老年人参与活动的积极性和可及性产生影响。对于机构的老年人来说,养老机构活动工作者的活动组织情况对于老年人参加活动具有重要的影响。

二、老年人活动的作用

(一)有助于老年人身体健康

当前中国老龄化的一个突出特征是老年人长寿但健康程度不高,老年人普遍患有一种或多种慢性疾病。活动有助于提高老年人机体代谢水平，增强机体器官功能和肌力，增加老年人的肺活量，促进心肌收缩和血液循环水平，增加血液供应，改善神经系统功能，消除体力活动所造成的轻度疲劳。活动还能解除老年的神经紧张问题，改善老年人的睡眠质量。适度的活动还能增强老年人的胃肠道蠕动能力，促进消化，改善食欲。研究表明坚持进行身体活动的老年人心脏肌肉更加发达，心脑血管功能更健全，肥胖、心脑血管疾病、高血压等疾病的发病率也较低。适当的活动可以预防疾病，延缓衰老，实现老年人健康长寿的美好愿望。此外，在参与活动尤其是思维类活动时，老年人通过反复思考、想象、记忆等活动，能使大脑得到锻炼，增强思维能力，延缓脑细胞的衰老。

（二）有助于老年人心理健康

伴随着生理衰老和社会关系紧缩，很多老年人因此产生孤独、失落、抑郁、焦虑等心理问题，外在表现为忧郁、多疑、固执、刻板甚至烦躁易怒，性格可能会发生变化甚至自我封闭。如果在晚年遭遇生活重大变故，例如丧偶，则可能引起更加强烈、持久的心理问题。情绪是健康的重要影响因素，老年人活动可以帮助老年人缓解或者摆脱各种不良情绪，保持心情愉悦、乐观和开朗，节制偏激的情感，及时消除生活中不利事件对情绪的负面影响。积极的情绪有助于调节消化液的分泌及新陈代谢，使之处于正常及稳定状态，形成对身体、心理健康的良性循环。

（三）有助于老年人实现自我

有时老年人参加活动的目的是希望通过活动弥补年轻时的遗憾，实现从前没能达成的愿望。这类活动可以为老年人提供展示自我的平台，帮助老年人实现内心深处久未达成的愿望，有助于老年人保持自尊、自强和乐观向上的精神状态。通过活动老年人可以重树自信，发挥个人优势，体现人生价值，在活动中经历"创造—满足—再创造—再满足"的过程，从而实现社会角色的再创造，在晚年再现自我价值。

（四）有助于老年人建立社会支持网络

老年人的社会支持网络由经济、日常生活和情感三个维度共同构成。老年人在退出主流社会后导致其原有的社会关系紧缩，通过活动可以帮助老年人实现或重构新的社会交往，形成新的信息和情感交流平台，即社会支持网络。老年人活动可以帮助老年人积极构建或重构包括伴侣、家庭成员、邻居、朋友等在内的社会支持网络，这些社会支持网络为老年人提供经济上的支持、生活上的照护、精神上的慰藉，从而为老年人解决实际存在的各种困难。

第二节　老年人活动的分类

导入情境

某志愿服务团队在端午佳节即将到来之际走进敬老院，为机构内有轻度认知障碍的老年人送关怀，让爱延续，让老年人感受到社会的温暖。团队成员希望通过设计一次手工制作艾条的芳香理疗活动给老年人带去关爱、快乐和温暖，营造全社会尊老、敬老、爱老的良好风尚，培养和提升社会公德意识。

工作任务：

1. 请结合案例，说明老年人活动的分类。

2. 根据活动的内容，请说明志愿者可以开展哪些形式的老年人活动？

老年人活动的主题、内容与模式受多种因素影响，与老年人自身特征有关，如年龄、爱好、生理功能、心理特征，同时也受到社会、经济、文化等因素的影响，如适合老年人使用的手机软件的开发和普及、社区文娱设施的建设、老年社团组织的发展、国家相关法律政策。本节根据老年人活动的参与人群、活动形式、内容与功能，对老年人活动进行如下分类：

一、根据老年人的年龄阶段分类

不同年龄阶段的老年人身体状况差异较大，适宜的活动有所不同，可以分为高龄老年人活动、中龄老年人活动和低龄老年人活动。

（一）高龄老年人活动

此类活动主要针对 85 岁及以上的高龄老年人。可以通过组织强度较低的运动、游戏、聊天、手工、文化创作等活动来促进老年人的身心健康，也包括组织老年人开展延缓失能、认知障碍症进程的各种活动。在活动中要高度注意安全问题，因为高龄老年人本身就是高风险人群，要防止老年人跌倒等风险的发生。此外，此类老年人对于医疗、护理及精神关怀服务类活动的需求较高，在活动中也可以适当考虑增加相关要素。

（二）中龄老年人活动

此类活动主要针对 75～84 岁、具有一定活动能力的中龄老年人。相比高龄老年人，他们仍具有较高的社会参与度，活动的运动量和活动空间可以稍大一些，但中龄老年人的身体功能也开始退化，加上可能会伴有慢性病的困扰，因此这类老年人比较偏好健康养生、康复治疗等相关活动。可以在室内、外进行一些相对安全的综合性活动，如太极拳、八段锦、徒步、郊游等。

（三）低龄老年人活动

此类活动主要针对 60～74 岁、大部分身体状态很好、体力和精力仍然充沛的老年人。可以选择的活动范围非常广泛，除一些强体力活动外，大部分活动都可以进行。面向此类老年人，可以选择各种文娱活动和人际交流活动，以继续充分发挥和体现他们的社会价值。

二、根据老年人的个人特征分类

老年人活动分类与老年人在活动中的所持有的态度、价值观和行为方式等个人特征有关。同年轻人一样，每一位老年人都是独一无二的个体，在进行策划活动时，老年人的性格、兴趣、生活习惯、经验、背景、阅历等个人特征都是活动策划者需要考虑的因素。例如，不喜欢热闹而习惯独处的老年人更适合进行一对一的活动，喜欢静态活动的老年人参加动态活动的意愿较低，书法、绘画等活动只有面向有一定艺术基础的老年人才能取得较好的活动效果。

三、根据老年人的活动内容分类

针对老年人开展的活动内容非常丰富，按内容可以分为节日纪念、公益、体育、文化、艺术、社交、旅游、会议等。例如社区经常开展的大型敬老、孝老活动、游戏运动；养老机构经常开展的集体生日宴会、老电影回放、记忆展等活动，以及结合重大节日或民间习俗开展的大型联欢歌舞会或特色活动等。

四、根据老年人活动的专业性分类

（一）专业活动

专业活动主要以经过专业训练的老年活动工作者、老年保健管理者、康复治疗师等作为活动引领者，运用专业的活动组织方法和康复保健技能开展团体干预性、健康性、治疗性的活动，以达到促进健康、社会支持、娱乐、促进社会交往等目的。

（二）业余活动

老年人业余活动可以由任何人或组织、机构、社团组织开展，老年人根据自己的兴趣和爱好决定是否参加，此类活动主要体现活动的娱乐性，帮助老年人建立社交，产生归属感和自我满足感。

五、根据老年人活动的形式分类

（一）老年人益智类活动
手工制作、知识竞赛类活动、棋牌比赛类活动等。

（二）老年人健身类活动
散步、爬山、各种趣味运动、体育竞技类活动等。

（三）老年人怡情类活动
阅读、赏花、园艺等。

（四）老年人观赏类活动
现场类观赏活动、非现场类观赏活动等。

（五）老年人茶话会活动
回忆类茶话会、意见征求类茶话会、交流类茶话会等。

（六）老年人展示类活动
手工展示活动、才艺展示活动、文艺类活动等。

六、根据活动的功能分类

（一）发展型活动
发展型活动的目的是让老年人通过参加活动最终掌握一些处理问题的方法，老年人通过参与活动可以锻炼能力，促进自身成长，从而更好地适应社会环境。例如通过开展老年人才艺表演，让老年人通过演唱、跳舞、朗诵、游戏等活动，充分展示自己，为老年人提供发展平台，帮助老年人重新肯定自我，获得生活满足感。

（二）支持型活动
支持型活动主要以小组的活动形式开展，目的是帮助老年人解决和度过重大生活事件中的困境，如患病、丧偶、变更住所（入住养老机构）、家人失和等重大生活事件。通过鼓励老年人倾诉自己的内心感受，来帮助他们找寻方法解决问题和应对不良情绪。

（三）治疗型活动
治疗型活动的目的是使用各种手段来疏导、调试和解决老年人的心理问题，一般采用回顾人生、缅怀往事以及现实辨识等手段，建立活动的个体目标和小组目标。具体采用哪种治疗理论和方法取决于工作者个人专长和老年人实际面临的挑战。

七、针对患病老年人的活动

这类活动针对的是患病的老年人，目的是尽最大的努力降低患病老年人并发症的发生，提高患病老年人的生活自理能力，改善患病老年人的生活质量。相当一部分老年人患有1～2种慢性病，甚至更多。例如对于脑血管疾病导致偏瘫的老年人，疾病导致老年人的某些生理功能下降或丧失，开展活动时可以结合老年人的身体状况，尽量通过活动维持其现存的生理功能。建议在患病老年人中开展非药物干预及生活促进活动，通过开发一系列老年人健康促进辅具（特别适用于有功能障碍的老年人），可以帮助老年人融入团体，增加社会参与的机会。

事实上，无论老年人活动如何分类，都要事先充分了解老年人的情况，按照"以人为本"的理念并遵循老年人活动的基本原则开展相应的活动，在通过长期摸索和经验总结后，每一位老年人活动工作者都将能找到具备自己特点并能满足老年人需求的活动，给他们带来快乐和治愈。

第三节　老年人活动工作者应具备的职业素养

导入情境

近日，某街道举办了 10 场以"维权进基层，服务老年人"为主题的法律援助老年人系列知识讲座。讲座围绕"老年人如何预防诈骗""子女不赡养怎么办"等老年人经常遇到的实际问题，向老年人详细讲解法律援助的含义、范围、条件，并向老年人说明法律援助的服务形式和内容，申请法律援助所需要递交的材料，有关法律援助申请的特殊规定等知识，增强了街道老年人的法律意识。

工作任务：

1. 请结合案例，说明老年人活动工作者应有的素养。

2. 请说明如何尊重老年人的自决权。

有意义的老年人活动有助于促进养老机构或社区老年人的身心健康，维系良性的社会关系。老年人活动工作者应具有专业的知识素养、能力素养、素质素养和伦理素养，并拥有一定的专业态度，老年人活动工作者的职业素养对活动效果有至关重要的影响。

一、知识素养

老年人活动看似简单，但是老年人活动工作者需要系统地学习专业的知识体系，才能完美地组织针对不同人群、不同类型的活动。老年人活动是针对广大老年人特定的需求或生理、心理和社会特征开展的各类相关活动，因此要求老年人活动工作者具备专业的知识素养。一个合格的老年人活动工作者的知识系统要涵盖老年人身心特征和活动两方面的知识，包括医学、心理学、社会学、管理学、教育学、体育学等知识。良好的知识素养是老年人活动工作者最基本的素养，也是老年人活动开展的基础。

二、能力素养

老年人活动工作者的能力素养包括专业价值能力、专业知识能力以及专业技术能力。专业价值能力指活动中工作者在专业价值观方面的运用能力。专业知识能力指在活动中工作者在专业知识方面的运用能力。专业技术能力指在活动中活动策划和组织技巧的运用能力。良好的能力素养是老年人活动工作者素养的核心，能够反映老年人活动工作者在活动中的专业价值、知识和技术的运用能力和水平。

三、素质素养

老年人活动工作者的素质素养直接决定了活动效果的好坏。素质素养主要指老年人活动工作者的心理素养，更重要的是其对策划、组织活动的兴趣以及成就感。无论老年人活动工作者的知识素养和能力素养有多高，如果没有从事老年人活动相关工作的兴趣、不能从活动中得到成就感和认可，在之后的活动过程中就可能缺乏驱动力，继而影响后继活动的开展和效果。良好的素质素养体现了老年人活动工作者通过"活动提升老年人生活质量"的历程，是老年人活动工作者践行其知识素养和能力素养的保障。

四、伦理素养

由于面对的是老年人群，在中国传统的孝老文化背景下，除了知识、能力和素质素养外，老年人活动组织与策划工作对伦理素养有更高的要求。

首先,老年人活动工作者要从价值观上尊敬老年人。中华民族有着悠久的敬老、孝老文化,作为一名老年人活动工作者,要对老年人进行人文关怀,尊敬老年人。有些老年人认为自己年老无用,是社会和家庭的负担,只能消极地适应生活,老年人活动工作者可以在活动的开展过程中给予其充分的肯定和尊敬,为其重树生活信心。其次,老年人活动工作者要发自内心地热爱老年人活动。活动工作者只有真正地热爱老年人活动,才能始终保持对活动的高度热忱,才能富有感染力让老年人产生共鸣,令老年人感到活动工作者不是为了完成任务,而是为了与老年人共同享受快乐和生活。

再次,老年人活动工作者在活动中要充分尊重老年人的自主权。老年人对于活动的兴趣不同,并且在经验方面已经达到人生最丰硕的阶段。他们不愿意像提线木偶一样事事被人安排,因为控制感的丧失是有损老年人身心健康的,因此要充分意识到老年人有拒绝参与活动的权利,对于参与到活动中的老年人,他们也有自主决定如何参与活动的权利,活动工作者扮演的是陪伴者的角色,如此才能让老年人拥有自我实现的机会。

最后,老年人活动工作者要在工作中确立个别化原则。每位老年人都是独立的个体,不能用固化的思维和模式去要求和衡量所有老年人。一些老年人欣然接受衰老,而另外一些老年人则可能自怨自艾、怨天尤人。有的老年人生活规律,井然有序;有的老年人则终日无所事事。因此,活动工作者应根据老年人的性格特点、生活习惯与需求,组织个性化的老年人活动。

（许广军）

✐ 思考题

1. 老年人活动的作用是什么?
2. 老年人活动的分类有哪些?

第二章
老年人活动需求评估

学习目标

1. 掌握老年人活动需求评估的内容。
2. 熟悉老年人活动需求评估的注意事项。
3. 了解老年人活动调研方法和程序。
4. 学会对参加不同类型活动的老年人进行评估。
5. 具有老年人活动评估者应有的素质,爱岗敬业,关爱老年人,具备老年服务意识。

开展老年人活动具有促进老年人身体健康、促进积极情绪、促进自我实现及建立社会支持网络等作用。老年人活动可激发老年人积极向上的心态,建立互相接纳、互相支持、互相信任的团体气氛;同时,还可使老年人在活动中开放自我,表现自我,实现自我价值的提升,增强老年人的身心健康。随着我国老龄化社会进程的加快,老年群体的养老诉求也呈现出多样化的特点,因此,需要更加关注老年人的实际需求,设计更多更适合老年人的活动,以丰富老年人的晚年生活。

第一节　老年人活动需求评估的概述

导入情境

养老机构在国庆节当天,组织了以"我和我的祖国"为主题的彩绘活动,鼓励老年人以绘画形式表达自己对祖国的热爱之情,锻炼老年人的思维能力和动手能力。活动邀请到老年人及其亲属共同参与,使他们体验了自由创作的快乐。

工作任务:

1. 请列出老年人活动需求评估的内容。
2. 请说明老年人活动需求评估的注意事项。

一、老年人的特点

随着年龄的增长,机体各系统生理功能逐渐衰退,心理上也呈现出各不相同的特点,因此需要在充分了解老年人生理、心理等方面特点的基础上,为老年人组织与策划适合他们的活动。

(一)老年人生理特点

人到了 40 岁以后,机体形态和功能逐渐出现衰老现象,通常认为 45～64 岁为初老期,65～89 岁为老年期,90 岁及以上称为长寿期。衰老也使人出现一些功能上的变化。主要表现在以下两方面:

1. 适应能力降低　人体对外环境的抵抗力包括免疫防御、免疫自稳、免疫监视等免疫功能和对高温、寒冷、创伤、射线、疲劳等非特异性伤害性刺激的承受能力。随着年龄增长，这些能力均会出现不同程度的下降。

2. 活动能力下降　老年人各种感觉器官的结构与功能都有不同程度的衰退，记忆力下降、体力减弱，运动的灵敏性、准确性降低，这些使老年人反应迟钝、活动能力衰退，跌倒、骨折、外伤等意外事件常常发生并产生严重后果。

（二）老年人心理特点

随着年龄的增长，老年人的心理也会发生很大的变化。一般老年人的心理承受能力会出现很大程度的降低，遇到困难或挫折时，情绪反应更为激烈，对身心健康的影响也更为明显。

1. 记忆特征

（1）从记忆的过程来看，人的记忆分为初级记忆与次级记忆。次级记忆随年老而衰退的程度明显多于初级记忆。进入老年之后，初级记忆状况明显好于次级记忆状况。

（2）从记忆的内容来看，人的记忆分为意义记忆与机械记忆。老年人意义记忆的减退明显晚于机械记忆。

（3）从记忆的再认来看，老年人的再认能力明显比再现能力要好。

2. 情感活动特征

（1）老年人关注自身健康状况的情绪增强。

（2）老年人对于自己的情绪表现和情感流露更倾向于控制。

（3）消极、悲观的负面情绪逐渐开始占上风。

（4）老年人的兴趣发生变化。这种变化主要表现为对事物关注程度的淡化，对事物的关注面趋于狭窄，对新事物缺乏激情等。

3. 个性心理特征

（1）性格更加成熟。

（2）年轻时期的某些性格特征在老年期表现得更加显著。

（3）出现了与年轻时完全相反的性格特征。

需要注意的是，老年人个性变化的程度因人而异。一般而言，适应性较强的老年人不会发生极端的个性变化，与其年轻时期的个性特征相比变化不大，并向着更加成熟的方向发展。

4. 老年人的社会特点　老年期是人生的最后一个重要转折期，此期最突出的特点是离退休导致的老年人长期以来形成的主导活动和社会角色的转变，并由此引发老年人的心理发生波动和变化。

（1）社交范围缩小：老年人离退休后，离开了原有的工作岗位和社会生活，回归社区与家庭，社交范围越来越小，这对老年人的生活和心理是一种很大的冲击。

（2）角色转变：老年人在退休前有自己的工作、人际关系和稳定的经济收入，是家庭的主体角色，退休后从过去被子女依赖转变为依赖子女，在家庭中原有的主体角色和权威感随之丧失，逐渐从主体角色演变为依赖角色。

（3）老年人的婚姻：人到老年期，失去配偶的可能性日益增大，一旦失去配偶，就会感到孤独和寂寞。

（4）自我价值感降低：身体健康状况的下降、职业满足感和成就感的丧失、经济收入的减少、在社会与家庭中地位的下降等均可导致老年人自我价值感的降低。

二、老年人活动需求评估的意义

（一）整体了解机构老年人构成与需求，为活动策划提供思路

不同类型、不同规模的养老机构，所接收入住的老年人也不同。进行活动需求评估，可整体了解养老机构内不同类型、不同年龄、不同心理的老年人的需求分布，为之后的活动策划提供思考的基

础,使活动更贴近老年人、更易展开和取得老年人的配合。

(二)全面了解老年人身体状况,保证老年人有足够能力参与活动

根据活动的需求对老年人展开评估,首先是确认哪些老年人适合参加此次活动,其次是建立老年人活动能力档案,方便之后再进行此类活动时可快速从档案中选取参与者,但要注意老年人活动能力档案不是一成不变的,而是应该根据老年人的实际情况随时进行再评估。

(三)为活动准备提供依据,确保活动顺利进行

对老年人进行评估后,可确认参与活动的人数及所需场地、设备,为下一步进行场地选择与布置、设备的摆放及使用等准备工作提供依据,节约时间,提高效率。

(四)保障老年人活动安全,提高活动的安全性及老年人参与活动的热情

根据活动需求对老年人进行相关能力的评估,将不适宜参与该次活动的老年人排除,避免在活动中出现老年人跌倒等意外伤害事件,确保活动的顺利进行和老年人的安全,提高老年人参与下一次活动的兴趣。

三、老年人活动需求评估的目的及原则

(一)评估目的

1. 了解老年人是否具备参加活动的能力 能力是指个体顺利完成某一活动所必需的主观条件。对老年人进行评估,可确认老年人的身体状况是否适合参加本次活动,避免在活动中发生安全问题,如行动不便、步态不稳的老年人不适宜参加需要腿脚配合的活动。

2. 为准备场地和设施提供依据 在活动筹备阶段对老年人进行评估可最大限度地确认参加活动的老年人人数,再根据人数及老年人的具体条件进行场地的选择及布置,保障场地选择的合理性。

(二)评估原则

1. 尊重 以老年人为中心,尊重老年人的合法权益。

2. 客观 评估者应客观、真实、准确地进行评估。

3. 以人为本的动态评估。

4. 遵循"以人为本"原则。评估包括活动前的初始评估、活动后的常规评估、状况发生变化时的即时评估、因评估结果有疑问时的复核评估。

四、老年人活动需求评估的内容

老年人活动需求评估主要是根据不同活动的要求来对老年人参与活动的能力进行评估。大致可从四个方面进行:日常生活活动能力、精神状态、感知觉与沟通能力、社会参与能力。

(一)日常生活活动能力

日常生活活动(activities of daily living,ADL)指人们每天在家居环境中和户外环境里自我照料的活动。日常生活活动能力也就是人们为了维持生存以及适应生存环境而每天必须反复进行的、最基本的活动,包括个体在家庭、工作机构、社区里自己管理自己的能力,还包括与他人交往的能力以及在经济上、社会上和职业上合理安排自己生活方式的能力。日常生活活动能力对于健全人来说,毫无任何困难。而对于病、伤、残疾者来说,简单的穿衣、如厕、刷牙、洗脸起床等活动变得有不同程度的困难。例如一位脊髓损伤病人,如果是四肢瘫痪,他就会遇到上述一系列的问题。病人为了完成任何日常生活活动功能都需要反复训练,逐步通过自身功能代偿或辅助用具实现日常生活活动功能的自我照料等活动。日常生活活动功能能够实现最大限度的自理,是康复工作最重要的工作范畴,是重建病人生活信心的最佳方式之一。为病人重新找回在家庭或社会的角色与地位,获得更多的成功感和尊重。

日常生活活动通常分为躯体的或基础性日常生活活动(basic activity of daily living,BADL)和工

具性日常生活活动（instrumental activities of daily living，IADL）。前者指病人在家中或医院里每日所需的基本运动和自理活动，其评定结果反映了个体较粗大的运动功能，适用于较重的残疾，一般在医疗机构内使用。后者通常指人们在社区中独立生活所需的高级技能，比如交流和家务劳动等，其评定结果反映了较精细的运动功能，适用于较轻的残疾，常用于调查，也应用于社区人群。本文主要评估的后者，为老年人活动提供指导意义。

日常生活活动能力评定方法包括直接观察法和间接评定法，直接观察法是检查者通过直接观察病人的实际操作能力来进行评定。该方法的优点是能够比较客观地反映病人的实际功能情况，缺点是费时费力，有时病人不配合。间接评定法则是通过询问的方式进行评定。询问的对象可以是病人本人，也可以是家人或照顾者。此方法简单、快捷，但信度较差。在日常评定中，通常是两种方法结合起来应用。

无论采用哪种评定方法，都要注意以下几个基本要素：

（1）全面性：评定内容应包括所有的日常生活活动。

（2）可信性：有明确的评定标准，结果能可靠地体现病人现有的功能水平。

（3）敏感性：能敏感地反映病人的功能变化，增加病人和治疗师的信心。

（4）适应性：能够适应病人不同病情的需要，适用于各种类型的病人。

（5）统一性：有相对统一的标准，以利于功能状况的交流。

日常生活活动能力评定的内容大致包括运动、自理、交流、家务活动和娱乐活动五个方面。不同的评定对象或采用的量表不同，具体内容上略有不同。

1. 进食

（1）能够独立完成使用餐具将饭菜送入口、咀嚼、吞咽等进食步骤的，程度等级评判为正常。

（2）能够使用餐具，但需要在切碎、搅拌等协助下才能完成进食的，程度等级评判为轻度依赖。

（3）使用餐具有困难，将饭菜送入口、咀嚼、吞咽等需要帮助的，程度等级评判为中度依赖。

（4）不能自主进食，或伴有吞咽困难，使用餐具将饭菜送入口、咀嚼、吞咽等步骤完全需要帮助的，程度等级评判为重度依赖。

对老年人进食能力进行评估，需要结合老年人上肢协调、活动等方面的能力，并根据老年人实际情况组织其参与美食品鉴、辅食制作、烹饪等老年人活动。

2. 穿 / 脱衣

（1）穿 / 脱衣能独立完成的，程度等级评判为正常。

（2）穿 / 脱衣需要他人协助，在适当的时间内完成部分穿 / 脱衣的，程度等级评判为轻度依赖。

（3）在他人协助下，仍需要在较长时间内完成部分穿 / 脱衣的，程度等级评判为中度依赖。

（4）穿 / 脱衣完全需要帮助的，程度等级评判为重度依赖。

对老年人进行穿 / 脱衣能力评估，根据老年人实际评估情况可组织其进行趣味运动会之类的活动，将穿 / 脱衣列入运动会项目，可通过老年人自己穿 / 脱、帮他人穿 / 脱、互相穿 / 脱等不同方式来展现活动。但应注意，活动中穿 / 脱的衣物应是专门制作、购买的统一服饰，符合宽松、易穿 / 脱、安全、方便、舒适、美观等特点，避免直接穿 / 脱老年人的私服。

3. 大小便控制和如厕

（1）大小便排泄正常，如厕不需要协助的，程度等级评判为正常。

（2）大小便排泄偶尔失禁，不需协助能如厕或使用便盆的，程度等级评判为轻度依赖。

（3）大小便排泄经常失禁，在很多提示和帮助下尚能如厕或使用便盆的，程度等级评判为中度依赖。

（4）大小便排泄完全失禁，如厕完全需要帮助的，程度等级评判为重度依赖。

大小便控制和如厕能力正常的老年人，若身体其他能力评估良好，可参与外出类活动；大小便控制和如厕能力不良的老年人,应尽量避免外出参与活动,以免因大小便失禁让老年人感到尴尬和自卑。

4. 移动

（1）站立、转移、行走、上下楼梯等能独立完成的,程度等级评判为正常。

（2）借助较小外力和辅助装置能完成站立、转移、行走、上下楼梯等,程度等级评判为轻度依赖。

（3）动辄气急喘息,借助较大外力才能完全站立、转移、行走等,不能上下楼梯的,程度等级评判为中度依赖。

（4）有下列情形之一的,程度等级评判为重度依赖:①卧床不起;②休息状态下时有气急喘息,难以站立;③站立、转移、行走、上下楼梯等完全需要协助。

具备正常移动能力的老年人,可参与常规活动,但应根据老年人实际身体情况控制强度与时间;轻度、中度依赖的老年人可在轮椅上参与一些常规活动;重度依赖的老年人可参与小型的床旁活动。

(二) 精神状态

精神状态是个人在认知功能、行为、情绪等方面的表现。

1. 认知功能

（1）对近期发生的事情记忆清晰的,程度等级评判为正常。

（2）对近期发生的事情记忆模糊的,程度等级评判为轻度缺失。

（3）对近期发生的事情遗忘,在提示下能记起部分的,程度等级评判为中度缺失。

（4）对近期发生的事情经提示也不能记起的,程度等级评判为重度缺失。

认知功能良好的老年人,结合自身实际身体情况,可参与大部分常规活动;认知功能缺失的老年人,可根据其缺失程度选择合适的益智类活动。

2. 行为问题

（1）行为举止等表现正常的,程度等级评判为正常。

（2）行为举止等表现偶尔有异常,但不影响正常生活的,程度等级评判为轻度异常。

（3）行为举止等表现经常有异常,影响正常生活,需要一定监护的,程度等级评判为中度异常。

（4）行为举止等表现异常,严重影响正常生活,完全需要监护的,程度等级评判为重度异常。

行为评估正常的老年人,可参与常规活动;行为评估异常的老年人,根据其异常程度选择合适活动。在活动中应避免使用有安全隐患的活动用具,同时应注意加强对老年人的监护,避免老年人出现意外事故。

3. 抑郁症状

（1）情绪稳定,对客观事物的主观态度和体验与实际相符,能被常人理解的,程度等级评判为正常。

（2）情绪欠稳定,但对客观事物的主观态度和体验尚能被常人理解的,程度等级评判为轻度异常。

（3）无诱因情况下情绪变化较大,对客观事物的主观态度和体验与实际不相符,不能被常人理解的,程度等级评判为中度异常。

（4）情绪喜怒无常或毫无反应,对客观事物的主观态度和体验与实际不相符,不能被常人理解的,程度等级评判为重度异常。

无抑郁症的老年人,可参与常规活动;出现抑郁症的老年人,根据抑郁的严重程度选择合适的活动,如音乐疗护等活动,在活动中应加强对老年人的监护,关心、重视老年人,防止老年人出现意外。

(三) 感知觉与沟通能力

感知觉与沟通能力是个体在意识水平、视力、听力、沟通交流等方面的能力。

1. 意识水平

（1）意识清醒:对周围环境警觉正常的,程度等级评判为正常。

（2）嗜睡：当呼唤或推动其肢体时可唤醒，并能进行正常的交流或执行指令，停止刺激后又继续入睡的，程度等级评判为轻度受损。

（3）昏睡：一般的外界刺激不能使其觉醒，给予较强烈的刺激时可有短时的意识清醒，醒后可简短回答问题，但答非所问，当刺激减弱后又很快进入睡眠状态的，程度等级评判为中度受损。

（4）昏迷：处于浅昏迷时对疼痛刺激有回避和痛苦表情，处于深昏迷时对刺激无反应（若出现持续昏迷，可直接评定为重度失能）。

意识清醒的老年人可参与常规活动；意识不清的老年人无法参与活动，应加强护理与监护；意识障碍的老年人不能进行日常生活活动能力评估。

2. 听觉

（1）可正常交谈，能听到电视、电话、门铃等声音的，程度等级评判为正常。

（2）在轻声说话或者说话距离超过2m时听不清的，程度等级评判为轻度受损。

（3）正常交流有些困难，需在安静环境下大声说话或说话很慢才能听到的，程度等级评判为中度受损。

（4）完全听不到声音的，程度等级评判为重度受损。

听觉正常的老年人，可参加音乐会、曲艺品鉴及其他运用到听力的活动；听觉异常的老年人，可结合老年人其他功能的实际情况，参与手语学习、手势舞、书法、绘画、棋艺等活动。

3. 视觉

（1）无视力障碍：在正常情况下能安全照顾自己的，程度等级评判为正常。

（2）轻微视力障碍：仅偶尔在特殊情况下需要照顾，其他情况下能安全照顾自己的，程度等级评判为轻度障碍。

（3）低视力（矫正后）：在正常环境下生活需要照顾的，程度等级评判为中度障碍。

（4）视力丧失：无法适应生活环境而完全需要照顾的，程度等级评判为重度障碍。

视力正常的老年人，可参与展览、棋艺等常规活动；视力异常的老年人，可根据自身情况及爱好选择音乐会、诗词朗诵等活动，继续保持或强化其他方面正常的功能，弱化因视力障碍带来的自卑心理。

4. 沟通交流

（1）在交流中能够理解准确，表达清晰的，程度等级评判为正常。

（2）在交流中经提示后能理解，给予一定时间能简单表达的，程度等级评判为轻度异常。

（3）不能表达和理解，有一定困难，需频繁重复或简化口头表达的，程度等级评判为中度异常。

（4）不能表达和理解他人意思的，程度等级评判为重度异常。

沟通能力正常的老年人，可参与朗诵、演讲、歌唱等各类常规活动；沟通能力异常的老年人，结合自身情况，可选择一些简单的桌游、艺术陪伴等活动。

（四）社会参与能力

社会参与能力指个体与周围人群和环境的关系及交流的能力，包括生活能力、工作能力、时间/空间定向能力、人物定向能力、社会交往能力。

1. 生活能力

（1）个人日常生活完全自理，同时能正常料理家务（如做饭、洗衣等）的，程度等级评判为正常。

（2）个人日常生活基本自理，在他人协助下可做些家务，但质量欠佳的，程度等级评判为轻度受损。

（3）个人日常生活部分自理，在督促下可洗漱，但行动迟缓的，程度等级评判为中度受损。

（4）个人日常生活需要部分帮助或完全依赖他人帮助的，程度等级评判为重度受损。

生活能力良好的老年人可参与绝大部分的常规老年人活动；生活能力不佳的老年人可参与一些简单的活动，如串珠子、协助挑菜和洗菜、制作相册等。

2. 工作能力

（1）原来熟悉的脑力工作或体力技巧性工作可照常进行的，程度等级评判为正常。

（2）原来熟悉的脑力工作或体力技巧性工作有所下降，给予一定时间仍可进行的，程度等级评判为轻度缺失。

（3）原来熟悉的脑力工作或体力技巧性工作不如以前或部分遗忘的，程度等级评判为中度缺失。

（4）原来熟悉的脑力工作或体力技巧性工作仅保留片段或完全遗忘的，程度等级评判为重度缺失。

工作能力评估正常的老年人，可参与常规活动，尤其是与其年轻时的工作相关的活动，会令老年人更有参与的动力和信心；工作能力缺失的老年人，根据缺失的程度来组织老年人参与一些与其之前的工作相似但难度较低的活动。

3. 时间 / 空间定向能力

（1）对时间、地点和空间等识别和判断能力正常的，程度等级评判为正常。

（2）时间和方位观念有些下降，可在他人提示下作出正确判断的，程度等级评判为轻度缺失。

（3）时间和空间概念较差，对稍久些的时间和空间方位判断迟缓或不准的，程度等级评判为中度缺失。

（4）时间和空间概念很差，对时间和空间完全无法正确判断，不能单独外出的，程度等级评判为重度缺失。

时间 / 空间定向能力正常的老年人可参与常规外出活动；时间 / 空间定向异常的老年人应避免参与外出活动，在机构内参加活动时也需注意监护。

4. 人物定向能力

（1）知道周围人们的关系，理解亲朋好友称谓的意义，可分辨陌生人的大致年龄和身份的，程度等级评判为正常。

（2）只知道家中亲密亲人的关系，不会分辨陌生人的大致年龄或称呼的，程度等级评判为轻度缺失。

（3）只认识家中的亲人，可称呼子孙，但不能分辨其他熟人的，程度等级评判为中度缺失。

（4）只认识保护人，其他亲人和熟人不能分辨的，程度等级评判为重度缺失。

人物定向能力正常的老年人，可参与常规识人、识物的益智类活动；人物定向能力异常的老年人可根据严重程度参与不同类别的桌游及简单的团体活动，活动中应注意监护老年人。

5. 社会交往能力

（1）能适应单纯环境，主动与人接触，可正常交流和攀谈的，程度等级评判为正常。

（2）脱离社会，被动与人接触，谈话中话少或不主动的，程度等级评判为轻度缺失。

（3）可勉强与人交往，但谈吐内容不清，表达不恰当，容易上当受骗的，程度等级评判为中度缺失。

（4）完全难以融入单人或多人环境，难以与人接触或互动的，程度等级评判为重度缺失。

社会交往能力正常的老年人，可参与常规活动；社会交往能力缺失的老年人，可根据缺失的严重程度参与心理健康类活动，并注重与其交流，加强监护，防止老年人上当受骗或出现意外情况。

五、老年人活动需求评估的方法

（一）运动器官功能检查

1. 肌力 肌力是指肌肉或肌群收缩时所产生的最大力量。由于老年人的身体功能都处于退化阶段，部分老年人还存在有全身关节的慢性疾病，这些情况都会导致肌力下降，在策划老年体育类活动时，应考虑实际活动时老年人可以接受的实际负重重量，避免因为肌力不足导致活动时产生运动损伤。肌力测量的方法包括徒手肌力检查和器械肌力测量。

（1）徒手肌力检查：通过被检查者自身重力和检查者用手施加阻力而产生的主动运动来评定肌肉的力量和功能的方法。评定标准见表2-1。

表2-1　徒手肌力检查评定标准

级别	评级标准
0	不能触及任何肌肉收缩
1	触诊能发现有肌肉收缩，但不能引起任何关节运动
2	解除重力影响后能做全范围运动
3	能对抗重力完成全关节活动范围，但不能对抗任何阻力
4	能对抗重力和轻度阻力，完成全关节活动范围的活动
5	能对抗重力和最大阻力，完成全关节活动范围的活动

（2）器械肌力测量：肌力>3级时，可用专门的器械检查，以取得较精确的定量数据。器械肌力测量分为以下几种方法：

1）握力测定：测试时上肢在体侧下垂，握力计表面向外，将把手调节至适当宽度，测2～3次，取最大值。握力可用握力指数评定。

$$握力指数 = \frac{握力（kg）}{体重（kg）} \times 100\%$$

正常握力指数>50%。

2）力测定：用拇指与其他手指相对捏压握力计或捏力计，反映拇对掌肌及屈曲肌的肌力，正常值约为握力的30%。

3）拉力测定：测试时两膝伸直，将把手调节到膝关节以上高度，然后作伸腰动作，用力向上拉把手。背拉力可用拉力指数评定。

$$拉力指数 = \frac{拉力（kg）}{体重（kg）} \times 100\%$$

拉力指数正常值：男性105%～200%，女性100%～150%。

4）等速肌力测定：等速测力系统是唯一可以精确测定运动中全关节活动幅度内各个瞬间肌肉最大力量的设备，可以测定等速向心、等速离心、等张、等长各种不同肌力。但由于设备价格昂贵，尚不能普遍使用，多用于科学研究。

2. 关节活动范围测量　关节活动范围（range of motion，ROM）是指关节运动时所通过的运动幅度，常以度数表示，亦称关节活动度。关节活动范围检查是评定运动器官功能是否正常的重要指标。在老年人活动中，关节活动是必要的，因此活动前的关节活动范围测量就显得十分重要。对应测量结果能更好地策划对应活动度的活动，增加活动参与感及避免关节活动过度而导致运动损伤，在一定情况下也可以有助于关节活动受限的老年人恢复一定的关节活动范围。

目测关节活动范围较为粗糙，因此一般用量角器进行检查。采用标准的测量体位测量时，如果病人有困难，应在评价表格备注栏内加以说明。测量时，将量角器的轴心与关节的运动轴心对齐，固定臂与构成关节的近端骨长轴平行，移动臂与构成关节的远端骨长轴平行，并随之移动，测读角度。

各主要关节活动范围测量方法及正常参考值见表2-2～表2-4。

表 2-2 脊柱主要关节活动范围的测量

关节	运动	体位	量角器放置方法			正常参考值
			轴心	固定臂	移动臂	
颈椎	屈曲、伸展	坐位,胸椎、腰椎紧靠在椅背上,颈椎无旋转及侧屈	两臂交点	与地面垂直	外耳道与鼻尖的连线	屈 0°～45° 伸 0°～45°
	侧屈	同上	第七颈椎棘突	沿胸椎棘突与地面垂直	以枕外隆凸为标志点与后头部中线一致	左右各 0°～45°
	旋转	同上	头顶中心点	与两侧肩峰连线平行	头顶与鼻尖连线一致	0°～60°
胸腰段	屈曲、伸展	立位,胸椎、腰椎无屈曲及旋转	第五腰椎棘突	通过第五腰椎棘突的垂直线	第七颈椎棘突与第五腰椎棘突连线的平行线	屈 0°～80° 伸 0°～30°
	侧屈	同上	同上	髂嵴连线中点的垂直线	第七颈椎棘突与第五腰椎棘突连线	各 0°～35°
	旋转	坐位,颈椎、胸椎、腰椎均无屈曲、伸展、侧弯	头顶部中点	双侧髂嵴上缘连线的平行线	双侧肩峰连线的平行线	0°～45°

表 2-3 上肢主要关节活动范围的测量

关节	运动	体位	量角器放置方法			正常参考值
			轴心	固定臂	移动臂	
肩	屈、伸	坐或立位,臂置于体侧,肘伸直	肩峰	与腋中线平行	与肱骨纵轴平行	屈 0°～180° 伸 0°～50°
	外展、内收	坐或立位,臂置于体侧,肘伸直	肩峰	与身体中线平行	与肱骨纵轴平行	展 0°～180° 内收 0°～45°
	内、外旋	仰卧,肩外展 90°,屈肘 90°	鹰嘴	与腋中线平行	与前臂纵轴平行	内旋 0°～70° 外旋 0°～90°
肘	屈、伸	仰卧、坐或立位,臂取解剖位	肱骨外上髁	与肱骨纵轴平行	与桡骨纵轴平行	屈 0°～150° 伸 0°
前臂	旋前、旋后	坐位,上臂置于体侧,屈肘 90°,前臂中立位	尺骨茎突	与地面垂直	腕关节背面(测旋前)或掌面(测旋后)	各 0°～90°
腕	屈、伸	坐或站位,前臂完全旋前	尺骨茎突	与前臂纵轴平行	与第五掌骨纵轴平行	屈 0°～80° 伸 0°～70°
	尺桡侧偏移	坐位,屈肘,前臂旋前,腕中立位	腕背侧中点	前臂背侧中线	第三掌骨纵轴	桡偏 0°～25° 尺偏 0°～30°

表 2-4 下肢主要关节活动范围的测量

关节	运动	体位	量角器放置方法			正常参考值
			轴心	固定臂	移动臂	
髋	屈	仰或侧卧,对侧下肢伸直	股骨大转子	与身体纵轴平行	与股骨纵轴平行	0°～125°
	伸	侧卧,被测下肢在上	股骨大转子	与身体纵轴平行	与股骨纵轴平行	0°～30°
	内收、外展	仰卧	髂前上棘	两髂前上棘连线	股骨纵轴	内收 0°～30° 外展 0°～45°
	内旋、外旋	仰卧,两小腿于床沿外下垂	髌骨下端	与地面垂直	与胫骨纵轴平行	各 0°～45°
膝	屈、伸	俯卧	股骨外侧踝	与股骨纵轴平行	与胫骨纵轴平行	屈 0°～135° 伸 0°
踝	背屈、跖屈	仰卧,踝处于中立位	腓骨纵轴线与足外缘交叉处	与腓骨纵轴平行	与第五跖骨纵轴平行	背屈 0°～20° 跖屈 0°～45°
	内翻、外翻	俯卧,足位于床沿外	踝后方两踝中点	小腿后纵轴	轴心与足跟中点连线	内翻 0°～35° 外翻 0°～25°

(二)运动试验

运动试验(exercise test)是指在一定量的负荷下,使心脏储备力全部动员进入失代偿状态,产生一定的异常反应,从而掌握心脏储备力的大小和病变的程度。评定老年人的运动水平时,利用一定的运动负荷进行检查,是综合体格检查中的一项重要内容。心血管系统的功能与人体所处的状态有着密切的关系。老年人做运动试验的目的主要是了解机体运动的功能水平;避免因为活动中运动强度过大增加心脏负担及运动、呼吸系统的问题。

1. 运动试验的禁忌证 由于运动是导致心绞痛发作或心源性猝死的主要原因之一,人们常常担心运动试验导致意外,尤其是老年人的运动试验,但是在严格掌握适应证和禁忌证的基础上,运动试验是比较安全的。选择合适的运动试验方案,牢牢掌握终止运动试验的标准,加强运动中的监护,一般是不会发生意外的。

(1)绝对禁忌证:①急性心肌梗死(2d 内);②高危不稳定型心绞痛;③未控制的伴有临床症状或血流动力学障碍的心律失常;④有症状的严重主动脉瓣狭窄;⑤未控制的或急性心力衰竭;⑥急性心包炎、心肌炎和心内膜炎;⑦急性主动脉夹层分离;⑧急性肺动脉栓塞或梗死、肺水肿;⑨全身急性炎症、传染病和下肢功能障碍者;⑩未控制的严重高血压等。

(2)相对禁忌证:①冠状动脉左主干狭窄;②中度狭窄的瓣膜性心脏病;③血清电解质紊乱;④严重贫血;⑤严重高血压(收缩压 >200mmHg 或舒张压 >110mmHg);⑥快速性心律失常或缓慢性心律失常;⑦肥厚型心肌病;⑧高度房室传导阻滞;⑨精神或体力障碍而不能进行运动试验。

2. 常用运动试验的方式 目前常用的运动试验方式有活动平板、踏车运动、简易运动试验等。

(1)活动平板:活动平板(treadmill)又称踏板或跑台,是装有电动传送带的运动装置,通过调整速度和坡度的方式来调节运动量。测试者可在活动平板上面步行或跑步。活动平板运动试验常采用 Bruce 方案或改良 Bruce 方案、Ellestad 方案、Naughton 方案、Balke-Ware 方案等进行测试。活动平板运动试验的优点是试验为全身运动,容易测得最大强度;运动方式自然;可通过调节速度、坡度灵活掌握试验方案;受试者不能自行改变运动强度;诊断的灵敏性和特异性较高;可直接得到功能能力(functional capacity,FC)的代谢当量(metabolic equivalent,MET)值;可供老年人测试等。缺点是价格昂贵，占地面积大，噪声大，强度大时不易测定生理指标；不能用功、功率表示运动强度；安全性差，需要加强保护等。

（2）踏车运动：踏车运动是采用固定式功率自行车，测试者坐在功率自行车上进行踏车运动，可以用电磁刹车或机械刹车的方式逐步增加踏车的阻力，从而加大受试者的运动负荷。优点是运动时无噪声，运动中心电位记录较好，血压测量比较容易。缺点是对于体力较好者，往往不能达到最大心脏负荷。此外，由于局部疲劳，所测结果低于活动平板试验的结果。运动受试者易因意志原因而终止运动，一些老年人或不会骑车者比较难以完成。

（3）简易运动试验：简易运动试验是指采用定量步行（定时间或定距离）的方式进行心血管功能评定的试验方法。试验过程中可以没有心电监测。定时间行走试验主要包括 6min 或 12min 行走试验，定距离行走试验主要包括 10m、20m 和 200m 行走试验。

3. 常用运动试验方案　运动试验方案是指采用不同的运动计量设备对运动试验的负荷进行分级操作的方案。运动试验方案的选择取决于受试者的个体情况和试验目的。常用的有以下几种：

（1）改良 Bruce 方案：Bruce 方案又称多级跑台试验。Bruce 方案应用最早、最广泛，是通过同时增加速度和坡度来增加运动负荷。此方案是一种走 - 跑试验，在试验中开始是走，以后逐渐增加负荷，并达到跑的速度，受试者往往难以控制自己的节奏，心电图记录质量难以得到保证。在老年人的测试中，以最低分级测试为准。改良 Bruce 方案的负荷方式有 7 级（表 2-5）。

表 2-5　改良 Bruce 方案

分级	速度 /(km·h⁻¹)	坡度 /%	时间 /min	代谢当量 /MET
1	2.7	10	3	5
2	4.0	12	3	7
3	5.5	14	3	10
4	6.8	16	3	13
5	8.0	18	3	16
6	8.8	20	3	19
7	9.7	22	3	22

（2）哈佛台阶试验：哈佛台阶试验是一种用于测定心功能的、简便易行的定量运动试验方法。测试时要求受试者在高度为 50.8cm（男性）或 42.6cm（女性）的台阶上以 30 次 /min 的速度持续运动 5min。试验要求按照节拍上下台阶负荷，上台阶后膝关节、髋关节要充分伸直，下台阶要全脚掌着地，不允许测试者跳跃，左右脚上下台阶不分先后，负荷后测定第 2、第 3、第 5 分钟的 30s 心率，将持续运动时间和所测 3 次心率数值代入下列公式进行计算：

$$台阶指数 = \frac{登台阶持续时间（s）}{2 \times [3 次测量心率之和（次 /min）]} \times 100$$

评定标准：<55 为差，55～64 为中下，65～79 为中上，80～90 为良，>90 为优。

（3）改良联合功能试验：经典的联合功能试验过程包括 30s 内 20 次蹲起、15s 原地疾跑和 3min 原地高抬腿（跑速 180 步 /min）跑，每次负荷后分别测量第 3、第 4、第 5 分钟恢复期的心率和血压。此试验时间长、第 1 项负荷量小，可以满足老年人测试的需要，可根据心率、收缩压和舒张压的变化进行功能评定。其反应类型可以分为 3 种。

1）良好反应：心率、收缩压适度增高，舒张压下降，负荷后 5min 内恢复到安静水平，此为功能良好的表现。

2）一般反应：心率、收缩压明显增高，但心率和收缩压变化曲线基本平衡，舒张压变化不大，负荷后5～6min恢复，此为运动恢复水平差、功能不良的表现。

3）不良反应：心率明显上升，收缩压升高不明显，舒张压上升或下降幅度较大，恢复时间延长至8min以上，此为机体疲劳、功能水平差的表现。

运动试验终止的标准：各类运动试验在达到运动终点之前，凡出现下列情况之一均应立即终止试验：①运动试验中收缩压下降超过基础血压10mmHg，并伴有其他心肌缺血迹象。②中重度心绞痛。③逐渐加重的神经系统症状（如共济失调、眩晕或晕厥前期）。④低灌注体征（发绀或苍白）（如ST段下降>0.2mV或弓背向上、心律失常、传导阻滞等）。⑤高血压反应（收缩压>250mmHg和/或舒张压>115mmHg）。⑥仪器设备故障不能监测心电图或血压。⑦持续性室性心动过速。⑧受试者不愿意继续进行试验。

（三）肺容量和通气功能试验

肺容量和通气功能检查主要反映呼吸过程机械性活动的状况，包括呼吸肌、气管、支气管与肺的顺应性的评定。这是呼吸系统疾病中最常用的检查方法。在策划体育活动时，对于有呼吸系统疾病的老年人，应该在活动前测定其肺通气功能，评定其能参与的活动类型、活动强度等。

1. 肺容量测定 肺容量测定包括潮气量、补吸气量、补呼气量、残气量、深吸气量、肺活量、功能残气量、肺总量的测定，这些指标都可用肺量计直接测定，其中以肺活量最常用。

（1）测定指标

1）潮气量：指每次平静呼吸时吸入或呼出的气量。成人正常值为400～500ml。潮气量受体内代谢率、运动、情绪变化的影响可增大或减小。

2）补吸气量：为平静吸气后再用力吸气所能吸入的最大气量。正常成人为1.5～2L。

3）补呼气量：平静呼气后再用力呼气所能呼出的最大气量。正常成人为0.9～1.2L。

4）残气量：用力呼气后留在肺内的气量，即等于功能残气量减去补呼气量。正常成人为1～1.5L。

5）深吸气量：平静呼气后所能吸入的最大气量，即等于潮气量加补吸气量。正常值：男性2.6L，女性1.9L。

6）肺活量：指一次尽力吸气后，再尽力呼出的气体总量。它是潮气量、补吸气量和补呼气量之和。正常成年男性约为3.5L，女性约为2.5L。肺活量有较大的个体差异。它反映了一次通气的最大能力，在一定意义上可反映呼吸功能的潜在能力。肺活量与性别、年龄、体表面积相关。

肺活量体重指数是人体测量的复合指标之一，为重要的人体呼吸功能指数。在有关氧代谢的老年人活动和老年人体质综合评价中有一定参考作用。其计算公式如下：

$$肺活量体重指数 = \frac{肺活量（ml）}{体重（kg）}$$

肺活量体重指数正常值：男性为60ml/kg以上，女性为50ml/kg以上。

7）功能残气量：平静呼气后留在肺内的气量，即等于补呼气量加残气量。足够的功能残气量使肺泡保持一定气量，稳定肺泡气体分压，能在呼气期继续进行正常的气体交换。正常成人功能残气量约为2.5L。

8）肺总量：深吸气后肺内所含的总气量，等于肺活量加残气量。正常值：男性5～6L，女性3.5～4.5L。因肺活量与残气量的增减可互相弥补，肺总量正常并不一定提示肺功能正常。

（2）测量方法：测量呼吸气量一般是用肺量计来进行的，而肺量计的种类很多，以水封桶式最简单。呼吸时将浮筒升降幅度描绘在按一定速度水平走向的记录纸上，所得曲线即为肺量图。潮气量、深吸气量、补呼气量和肺活量等均可用肺量计直接测得，并可做出容积变化图。而用力肺活量、用力呼气量是在测量肺活量的基础上加上时间限制测得的。残气量及功能残气量均不能用肺量计直接测得，而需应用气体分析方法间接测算，一般常用氯气、氮气作为测量气体。

（3）临床意义：实现肺通气的组织结构有呼吸道、肺泡、胸廓及呼吸肌等，因此肺容量的测定不仅可以直接了解肺通气功能的基本情况,还可以间接了解这些组织结构的功能状态。然而在这些组织结构中,它们有的成为肺通气的动力,有的成为肺通气的阻力,因此肺通气的大小取决于动力与阻力之间的平衡。

2. 通气功能测定 通气功能是指在单位时间内随呼吸运动出入肺的气量和流速,又称动态肺容积,可以反映通气功能。凡能影响呼吸频率、呼吸幅度和流速的生理、病理因素,均可影响通气量。一般用单筒肺量计测定。

(1)每分通气量:指在静息状态下每分钟吸入或呼出的气体总量。正常值:男性约 6.6L;女性约 5L。超过 10L 为通气过度,低于 3L 表示通气不足。每分通气量中只有进入肺泡的气量才能进行气体交换,称为有效通气量。只存在于细支气管以上、不参与气体交换的气量为无效腔气量,正常值约为 150ml。呼吸频率越快,有效通气量越小。

(2)最大通气量:指在限定时间(一般为 15s)内以最快的速度及最大的幅度进行呼吸的气量,所得值乘以 4,即为最大自主通气量(简称:最大通气量)。一般正常成人可达 70~120L。通常用通气储量百分比表示,其计算公式如下:

$$通气储量百分比 = \frac{(最大通气量 - 静息每分钟通气量)}{最大通气量} \times 100\%$$

正常值 >93%,在预计值的 ±20% 均为正常范围。最大通气量不仅反映机体呼吸肌和体力的强弱,还可以反映肺泡壁的弹性回缩力和气道阻力等。最大通气量可以用来评价受试者的通气储备能力,肺通气储备低的人难以进行剧烈运动。

(3)时间肺活量:用力呼气容积(forced expiratory volume,FEV)又称用力呼气量,是在最大吸气后以最大力、最快速度所能呼出的最大气量。通常以每秒呼出的气体量占肺活量的百分比来表示,可计算出不同时间所呼出的气量及占用力呼气量的百分比。第 1 秒、第 2 秒、第 3 秒的用力呼气容积即 FEV_1、FEV_2、FEV_3,以 FEV_1 最有意义。FEV_1 正常值:男性(3 719±117)ml;女性(2 314±48)ml。正常人 FEV_1、FEV_2、FEV_3 占用力肺活量(FVC)百分比分别为 83%、96%、99%,基本能在 3s 内全部呼出。阻塞性通气障碍时呼出时间延长,而限制性通气障碍时则往往提前全部呼出。时间肺活量是一种动态指标,不仅反映肺容量的大小,而且反映其所遇阻力的变化,所以是评定肺通气功能的较好指标。

(四)意外风险评估

1. 跌倒风险评估 跌倒(fall)是一种不能自我控制的意外事件,指个体突发的、不自主的、非故意的体位改变,而脚底以外的部位倒在地上或者更低的平面上。老年人发生跌倒的概率高。跌倒是老年人伤残和死亡的重要原因之一。

(1)评估跌倒的诱发因素,包括内在因素与外在因素。内在因素包括衰弱、神经肌肉和关节疾病、视力障碍、认知功能异常等;外在因素包括多重用药、照明条件、地面环境等。

(2)老年人跌倒除直接导致意外伤害外,常常伴有心理、生理方面的障碍,故应对老年人进行跌倒风险评估,以最大限度消除在活动开展过程中老年人发生跌倒的隐患。

(3)跌倒风险评估通常使用 Morse 跌倒风险评估量表(Morse fall scale,MFS)。该表是一个专门用于预测跌倒可能性的量表,通过观察多种功能活动来评价活动对象重心主动转移的能力,对活动对象动态、静态、平衡方面进行全面评估,是一个标准化的评定方法。该量表临床应用广泛,具有较好的信度、效度和敏感度。量表包含 6 个动作项目,将每一评定项目分为不同的分值予以记分。最高分为 30 分,最低分为 0 分。总分为 125 分(表 2-6)。

Morse 跌倒风险评估量表评分结果小于 25 分为低危跌倒风险;25~45 分为中危跌倒风险;大于 45 分为高危跌倒风险,高危跌倒风险的老年人应每月评估 1 次。除此之外,病情变化或使用易致跌倒药物时需重新评估。

表 2-6　Morse 跌倒风险评估量表

评估内容	评分 / 分		日期
近 3 个月有无跌倒 / 视觉障碍	□ 0 = 无	□ 25 = 有	
超过 1 个医学诊断	□ 0 = 无	□ 15 = 有	
使用助行器具	□ 0 = 没有需要		
	□ 0 = 完全卧床		
	□ 0 = 护士扶持		
	□ 15 = 使用拐杖、手杖、学步车		
	□ 30 = 扶家具行走		
静脉输液 / 置管 / 使用药物治疗	□ 0 = 无	□ 20 = 有	
步态 / 移动	□ 0 = 正常、卧床、轮椅代步		
	□ 10 = 乏力 / ≥65 岁 / 直立性低血压		
	□ 20 = 失调及不平衡		
精神状态	□ 0 = 了解自己能力		
	□ 15 = 忘记自己 / 意识障碍 / 躁动不安 / 沟通障碍 / 睡眠障碍		
总分：125 分	得分：		
评估者签名：			
护士长签名：			

　　低危跌倒风险的老年人可参与常规活动；中危跌倒风险的老年人应尽量避免参与灵活度大的活动，注意辅助器具的使用，并在参与活动时需加强监护；高危跌倒风险的老年人可根据实际情况参与一些简单的室内活动或床旁活动。

　　2. 吞咽功能评估　评估是否存在吞咽困难以及吞咽困难的程度，主要使用的方法有饮水试验和反复唾液吞咽试验。

　　（1）饮水试验：老年人取坐位，评估者将听诊器放置于老年人剑突与左肋弓之间，嘱老年人饮水一口，正常人在 8～10s 后可听到喷射性杂音，若有食管梗阻或运动障碍，则听不到声音或声音延迟出现，梗阻严重者甚至可将水呕出。此方法简单易行，可作为初步鉴别诊断食管有无梗阻的方法。

　　（2）反复唾液吞咽试验：老年人取坐位或半坐卧位。评估者把手指放在老年人下颏下方，嘱老年人尽量快速反复吞咽。喉结和舌骨随着吞咽运动越过手指向前上方移动，然后再复位，通过手指确认这种上下运动，下降时即为吞咽的完成。口干老年人可在舌面蘸少量水，观察 30s 内老年人反复吞咽的次数和喉上抬的幅度。检查时手指位置：示指—下颌骨下方；中指—舌骨；环指—甲状软骨 / 喉结；小指—环状软骨。检查 30s 内吞咽次数：老年人 >3 次即正常。喉上抬幅度：中指能触及喉结上下移动 2cm 为正常，<2cm 为异常。

　　吞咽功能正常的老年人可参与美食品鉴、品茗等活动；吞咽功能异常的老年人可结合自身情况参与其他常规活动。

　　3. 协调功能的评定　通常从交互动作、协同性、准确性三方面进行评估。常用试验有以下几项：

　　（1）指鼻试验：指鼻试验是老年人先将手臂伸直、外旋、外展，再以示指尖触自己的鼻尖，然后以不同的方向、速度、睁眼、闭眼重复进行，并比较两侧。

　　（2）轮替动作试验：轮替动作试验是交互动作障碍的评价方法。嘱老年人以前臂向前伸平并快速反复地做旋前、旋后动作，或以一侧手快速连续拍打对侧手臂，或足跟着地以前脚掌敲击地面等。小脑共济失调的老年人做这些动作笨拙，节律慢而不均，称轮替运动障碍。

（3）准确性测验：准备同心圆图案，最小直径 1cm，每圈之间的距离为 1cm。老年人手持铅笔，从垂直距离纸面 10cm 处，以每秒 1 个点的速度向中心圆打点，共做 50s，双手分别进行，注意肘关节勿触桌面。将落在图中心同心圆 1~5 轨道中和图外不同区域的点数分别记录。

协调功能正常的老年人可参与趣味运动会及各类常规活动；协调功能异常的老年人可参与简单的桌游、身体协调锻炼活动，促进协调功能的建立，但应注意在活动过程中适时协助老年人，给予老年人参与的信心。

4. 平衡与步态功能的评估 步态分析（gait analysis，GA）是利用力学原理和人体解剖学、生理学知识对人类行走状态进行对比分析的一种研究方法，包括定性分析和定量分析。平衡是指身体重心偏离稳定位置时，通过机体自发的、无意识的或反射性的活动以恢复其机体自身稳定的能力。一个人的平衡功能正常时，能够保持体位，完成各项日常生活活动，如跑、跳等复杂运动，可在随意运动中调整姿势，安全有效地对外来干扰作出反应。平衡与步态主要应用的评估方法有平衡功能三级分法、平衡功能检查法和步态分析。

（1）平衡功能三级分法：将人体平衡分为坐位平衡和立位平衡两种状态，每一种体位下又都按照相同的标准分为三个级别进行评定。具体分级标准如下：

1）一级平衡：属静态平衡，是指受试者在不需要任何帮助的情况下能维持所要求的体位（坐位或立位）。

2）二级平衡：即自我动态平衡，是指受试者自我调整和控制身体稳定性的一种能力，并可在一定范围内主动移动身体重心后仍然能维持其原来的体位。

3）三级平衡：即他人动态平衡，是指受试者在受到外力干扰而移动身体重心后仍能恢复和维持原来的体位，以维持或建立新的平衡。

（2）平衡功能检查法：是用来检查前庭平衡功能是否正常的方法。检查平衡功能的方法很多，可将其大致分为静平衡检查法和动平衡检查法。

1）静平衡检查法

A. 闭目直立试验：检查方法为老年人直立，两脚并拢，双上肢下垂，闭目直立，维持 30s，亦可两手于胸前互扣，并向两侧牵拉，评估者须观察老年人有无站立不稳或倾倒。老年人站立稳定，为前庭功能正常。异常结果：有前庭周围性病变时，表现为躯干倾倒方向朝向前庭破坏的一侧，与眼震慢相方向一致；有中枢性病变时，症状表现为躯干倾倒方向与眼震慢相不一致。双足站立在一直线上，足跟接足趾，闭目站 30s，称 Mann 试验。此法较双足并立敏感，老年人不能单足站立时可用此法。

B. 直立伸臂试验：老年人闭目直立，平伸双臂。如左侧前庭损伤，眼震慢相向左，头、躯干及上肢均向左扭转，左臂向下偏移如掷铁饼姿势。

2）动平衡检查法

A. 行走试验：检查方法为老年人闭眼，向正前方行走 5 步，继之后退 5 步，前后行走 5 次。评估者观察老年人步态，并计算起点与终点之间的偏差角。当偏差角大于 90° 时，示两侧前庭功能有显著差异。或老年人闭目向前直线行走，迷路病变者偏向前庭功能弱的一侧。

B. 垂直书写试验：请老年人端坐，左手放膝上，右手悬腕（15~20cm）垂直书写文字一行。睁眼或闭眼各书写一次，两行并列。观察两行文字的偏离程度和偏离方向，偏斜 <5° 为正常，>10° 表示两侧前庭功能有差异。

C. 过指试验：老年人与评估者相对端坐，评估者双手置于下方，伸出双手示指，请老年人抬高双手，然后以评估者的双手示指为目标，老年人用双手示指分别去碰触，测试时睁眼、闭眼各做数次，再判断结果。正常人无过指现象。迷路及小脑病变时出现过指现象。

（3）步态分析：指人体步行时的姿势，包括步行和跑两种状态。在老年人群体中，常常会因为患有神经系统或骨骼肌肉系统疾病而可能影响行走能力，对于这些老年人可以给予步态分析，以评定是否存在异常步态及其性质和程度。一者可以为分析异常步态的原因和矫正异常步态、制订康复治疗方案提供必要的依据，并评定步态矫治的效果；两者可以在为老年人策划体育活动时根据不同的步态设置不同的活动参与形式，如轮椅坐位、助行器的使用等。

1）正常步态：正常步态是人体在中枢神经系统控制下通过骨盆、髋、膝、踝和足趾的一系列活动完成的，此时躯干基本保持在两足之间的支撑面上。正常步态具有稳定性、周期性、方向性、协调性以及个体差异性。正常步态的完成包括三个过程：支持体重，单腿支撑，摆动腿迈步。步态是经过学习而获得的，因此步态具有个体特性。当疾病发生时，以上的步态特征可有明显的改变。

步态分析中常用的基本参数包括步长、步幅、步频、步速、步行周期、步行时相等，其中步长、步频和步速是步态分析中最常用的三大要素，其内涵是有关行走的生物力学分析所涉及的最基本知识，进行步态分析者应当熟练掌握。

步长：行走时一侧足跟着地到紧接着的对侧足跟着地所行进的距离称为步长，又称单步长。健全人平地行走时，一般步长为50～80cm。

步幅：行走时，由一侧足跟着地到该侧足跟再次着地所进行的距离称为步幅，又称复步长或跨步长，通常是步长的两倍。

步宽：在行走中左、右两足间的距离称为步宽，通常以足跟中点为测量参考点，健全人为（8±3.5）cm。

足偏角：在行走中人体前进的方向与足的长轴所形成的夹角称为足偏角，健全人约为6.75°。

步频：行走中每分钟迈出的步数称为步频，又称步调。健全人步频通常为95～125步/min。

步速：行走时单位时间内在行进的方向上整体移动的直线距离称为步速，即行走速度。一般健全人的行走速度为65～95m/min。

步行周期：在行走时一侧足跟着地到该侧足跟再次着地的过程被称为一个步行周期。一般成人的步行周期为1～1.32s。

步行时相：行走中每个步行周期都包含着一系列典型姿势的转移。人们通常把这种典型姿势变化划分出一系列时段，称为步行时相。一个步行周期可分为支撑相和摆动相，一般用该时相所占步行周期的百分数作为单位来表达，有时也用秒（s）表示。

2）步行周期：步行周期是行走步态的基本功能单元。正常的步行周期及各时相发生过程一般描述如下：

A. 支撑相：是指在步行中足与地面始终有接触的阶段，支撑相包括单支撑相和双支撑相。单支撑相通常指一侧下肢足跟着地到同侧足尖离地的过程，一般占一个步行周期的40%。双支撑相是指一侧下肢足跟着地至对侧下肢足尖离地前双足与地面接触的阶段，一般占一个步行周期的20%。此阶段的长短与步行速度有关，速度越快，双支撑相就越短，当由走变为跑时，双支撑相变为零。双支撑相的消失，是走和跑的转折点，故成为竞走比赛时判断是否犯规的标准。支撑相具体分期如下：

支撑早期：指首次着地和承重反应期，正常步速时大约为步行周期的10%，通常为一个步行周期中的第一个双支撑期。首次着地是指足跟接触地面的瞬间，使下肢前向运动减速，落实足进入支撑相的位置，因此造成支撑相异常最常见的原因。承重反应是指首次着地之后重心由足跟向全足转移的过程。

支撑中期：通常指一个步行周期中的单支撑相时段。正常步速时大约为步行周期的40%，主要功能是保持膝关节稳定，控制胫骨前向惯性运动，为下肢向前推进做准备。若此阶段下肢承重力小于体重或身体不稳定，此期缩短，以将重心迅速转移到另一足，保持身体平衡。

支撑末期：指支撑腿主动加速蹬离的时段，开始于足跟抬起，结束于足尖离地，正常步速时大约为步行周期的10%。此阶段身体重心向对侧下肢转移，又称为摆动前期。此时对侧足处于支撑早期，为第二个双支撑期。

B．摆动相：是指在步行中始终与地面无接触的阶段，通常指从一侧下肢的足尖离地，到同侧足跟着地的阶段，一般占一个步行周期的40%，包括以下三个时期：

摆动早期：指支撑腿离地加速向前摆动，屈髋带动屈膝到最大位置的阶段，正常步速时大约为步行周期的15%。

摆动中期：指膝关节从最大屈曲位继续向前摆动至该侧小腿与地面垂直时的时段。

摆动末期：指与地面垂直的小腿位继续向前减速运动至该侧足跟再次着地之前的时段，正常步速时大约为步行周期的15%。

3）步态分析常用方法

A．观察法：又名目测分析法，指由检查者用肉眼观察受试者的行走过程，根据所得的印象或按照一定的观察项目逐项评定，并作出定性分析。此方法不需要特殊设备和仪器，操作简便，临床常用。但不足之处主要是依靠检查者的观察技能，具有主观性强、可靠性差的弱点，临床多与定量的分析技术相结合，使步态分析更完善。观察法步骤如下：

a．病史回顾：病史是判断步态障碍的前提。步态分析前必须仔细询问现病史、既往史、手术史、康复治疗措施等基本情况。同时要弄清诱发步态异常和改善步态的相关因素。

b．体格检查：是判断步态障碍的基础，特别是神经系统和骨关节系统的检查。体检的重点在生理反射和病理反射、肌力和肌张力、关节活动范围、感觉（触觉、痛觉、本体感觉）压、痛、肿胀、皮肤状况（溃疡、颜色）等。

c．步态观察：一般采用自然步态，即最省力的步行姿态。观察包括前面、侧面和后面。需要注意全身姿势和步态，包括步行节律、稳定性、流畅性、对称性、重心是否偏移、手臂摆动情况、诸关节姿态与角度、病人神态与表情、辅助装置（矫形器、助行器）的作用等，详见表2-7。

表2-7 观察法观察要点

步态内容	观察要点
步行周期	时相是否合理，左右是否对称，行进是否稳定和流畅
步行节律	节奏是否匀称，速率是否合理，时相是否流畅
疼痛	是否干扰步行，部位、性质、程度与步行障碍的关系，发作时间与步行障碍的关系
肩、臂	是否塌陷或抬高，前后退缩，肩活动过度或不足
躯干	是否前屈或侧屈，扭转，摆动过度或不足
骨盆	是否前、后倾斜，左、右抬高，旋转或扭转
膝关节	摆动相是否可屈曲，支撑相是否可伸直，关节是否稳定
踝关节	摆动相是否可背屈和跖屈，是否足下垂、足内翻或足外翻，关节是否稳定
足	是否为足跟着地，是否为足趾离地，是否稳定
足接触面	足是否全部着地，两足间距是否合理，是否稳定

在自然步态观察的基础上，可以要求病人加快步速、减少足接触面（跖足或足跟步行）或步宽（两足沿中线步行），以凸显异常；也可以通过增大接触面或予以支撑（足矫形垫或矫形器），以改善异常，从而协助评估。

目测定性步态分析记录表（表2-8）。

B．足印法：是一种简便、定量、客观而实用的临床研究方法，所需设施和器械：绘画颜料、1 100cm×45cm硬纸或地板胶、秒表、剪刀、卷尺、量角器。

表2-8　定性步态分析记录表

姓名：		年龄：	性别：		身高：	cm	体重：	kg
诊断：			穿鞋的类型：			辅助装置：		

部位	动作	支撑相				摆动相		
		触地	承重	中期	末期	早期	中期	末期
躯干	倾斜：前/后							
	倾斜：右/左							
	旋转：前/后							
骨盆	抬高							
	倾斜：后/前							
	缺乏旋前							
	缺乏旋后							
	过度旋前							
	过度旋后							
	同侧下降							
	对侧下降							
髋	屈曲受限							
	过度							
	伸展不充分							
	后缩							
	旋转：内旋/外旋							
	内收/外展							
膝	屈曲：受限							
	过度							
	伸展不充分							
	摇摆不稳							
	过伸							
	突然伸直							
	内翻/外翻							
	对侧屈曲过度							
踝	前足着地							
	全足着地							
	足拍地							
	过度跖屈							
	过度背屈							
	内翻/外翻							
	足跟未触地							

续表

部位	动作	支撑相				摆动相		
		触地	承重	中期	末期	早期	中期	末期
	无足跟离地							
	拖地							
	对侧前脚掌踮起							
趾	上翘							
	伸展不充分							
	过度屈曲							

步态采集：选用走廊、操场等可留下足印的地面作为步道，宽 45cm，长 1 100cm，在距离两端各 250cm 处画一横线，中间 600cm 作为测量正式步态用。被检查者赤脚，让足底蘸上颜料。先在步道旁试走 2～3 次，然后两眼平视前方，以自然行走的方式走过准备好的步道。当受试者走过起始端横线处时按动秒表，直到受试者走到终端的横线外停止秒表，记录走过步道中间 600cm 所需的时间。要求在上述 600cm 的步道中至少包括 6 个连续步印，供测量使用。

C. 三维步态分析系统是一组通过网络将运动分析系统、动态体表肌电图和压力板连接来，提供实时的力学等数据，并对步态进行运动学和动力学分析的系统。步态分析是评价运动功能的一个重要手段，但传统的观察法分析步态的准确性不高，而且受受试者的主观因素影响很大。由于这些缺陷，半自动化的三维步态分析系统就应运而生了。

三维步态分析系统主要由三维动作捕捉系统、三维测力台、无线表面肌电仪、足底压力组成。三维步态分析系统采集人体在步行过程中各个关节点的精确三维坐标，足底与支撑面之间的压力（垂直、左右、前后三个方向的力），并结合表面肌电系统采集的肌电信号，通过专业的步态分析软件进行三维重建与模型分析，从而得到人体运动时的步态参数。

三维步态分析系统是一种新兴的运动评估技术，可以用于运动功能的评价并指导治疗，对于科研和临床功能评价均是一种可靠的评价工具。三维步态分析系统能够及时发现异常运动并可通过运动学、动力学及动态肌电图的分析找出异常运动的原因；主要可鉴别并分析异常运动，帮助诊断并分析偏瘫等。

平衡与步态功能正常的老年人，可结合自身情况参与老年人体育类活动。平衡与步态功能异常的老年人，可借助轮椅参与桌游等需要坐着进行的团体活动。应注意把控活动的时间与强度，在活动中加强对老年人进行安全监护。

六、老年人活动需求评估的注意事项

（一）提供适宜的评估环境

评估环境应安静、舒适、光线柔和、温度适宜，并注意保护老年人的隐私。在对老年人进行活动需求评估时，选择合适的评估场地、营造舒适的评估环境，都能使老年人感到被重视，增加老年人对评估者的信任和评估专业性的认可，令老年人获得更优质的服务体验感，为评估者在评估过程中与老年人建立良好的关系打下基础。反之，如果不注重评估环境的选择与准备，老年人容易产生怀疑，误认为评估太过随意、自己没有得到应有的尊重、评估者不具备专业性，很可能不愿意配合评估。

（二）合理安排评估时长

老年人反应较慢、思维能力下降、常常多病共存，评估时要有充足的时间与老年人及主要照护人（家属、照护员等）沟通、交流，尽量让老年人自己表述，而非他人代言。但应注意的是，时间充足并不代表评估时间越长越好，在评估时，评估者应根据评估的项目及老年人的实际情况，合理安排评估时间,既不能只求快速完成,也不能占用老年人太多休息时间,避免老年人出现疲倦、抵触现象。

(三)选择适当的评估方法

评估者可利用观察法、检查法、试验法等对老年人进行综合评估。问卷填写也是养老机构常用的评估方法。如遇到老年人个人情况或评估的项目比较特殊,评估者可提前与专业健康评估师、照护师、康复师等进行沟通协商,组建评估小组为老年人实施评估,切不可自以为是,或将老年人当成试验对象,盲目为老年人进行评估,以免发生意外伤害事件。

(四)因人而异进行有效沟通

在与老年人沟通的过程中,评估者应特别注意,有些老年人因为自己社会角色、家庭地位的转变,容易出现孤僻、羞怯、猜疑、焦虑、自卑等不良心理,他们有的因为这些不良心理不愿参加活动,有的想参加却羞于表达和接受。评估者应在评估前对老年人的情况做到了然于心,有针对性地对老年人进行心理评估与引导,打消老年人的疑虑,鼓励老年人积极参与活动,扩宽自己的交往圈子,重拾人生的自信,开启不一样的花样银发生活。

(五)注重沟通技巧的运用

评估者在对老年人进行评估时应尽量运用通俗易懂的语言,语速缓慢,语言清晰,注意停顿和重复,合理运用耐心倾听、触摸、拉近空间距离等沟通技巧,增进与老年人的情感交流,使收集到的信息更加真实、完整、准确。在评估中与老年人交流时,尽量选择坐位或蹲位,投以关注的目光、微笑的表情,以示对老年人的尊重。评估者可握住老年人的手,耐心地倾听对方诉说,不时点头表示在认真听,适当地给老年人整理被子、梳理头发、递水杯、扶正老花镜。不可出现触摸老年人头部、面部等动作,以免让老年人感到不被尊重;避免让老年人抬头和评估者说话;避免称呼老年人为"老爷爷""老奶奶"等。

(六)评估内容与项目紧贴活动需求

若评估过程中,评估者对老年人进行评估的项目过多、偏离主题,容易让老年人对自己的身体状况失去自信,对参加活动望而却步,甚至怀疑评估者的用意,故评估者对老年人进行评估的内容与项目必须与要开展的活动紧密相关,做到"不漏做、不多做",不可将无关的项目也放进去评估,增加老年人的体力负担与疑惑心理。

(七)其他

如果面对的是特殊的老年人,如失语老年人,评估者应注意以下几个方面:

使用标志性语言:对于意识清楚、听力正常的老年人,可以用语言为其讲解评估内容,指导老年人采用非语言行为来表达自己的感受和需要,如用手指指向某个部位,握紧拳头表示该处疼痛;竖起大拇指表示满意、舒适;用手拍打臀部表示大小便;翻转手掌表示需要翻身等。应注意所使用的手势语应是老年人平时运用熟悉的,必要情况下可请老年人的主要照顾者(家属、照护员等)进行解说,以免双方沟通出现差错。

使用提示卡片:老年人可以使用写着简单语句的小卡片表达自己的情况,如"可自己如厕""旁人协助如厕"等。

使用文字表达需要:对于有书写能力的老年人,评估者可为老年人准备写字板、笔,让老年人通过文字与评估者进行交流。

第二节　老年人活动调研方法与程序

导入情境

小刘刚到小镇的敬老院参加工作。院内有30名老人,大多数老人的子女都在外务工,很少回来看望他们。同时老人的文化水平较低,不会用流行的通信设备和子女交流,所以都很孤独。小刘想给老人们一个惊喜,便悄悄地策划了一次院内书法绘画鉴赏会,还邀请了当地小有名气的书画老师来和老人们交流,希望老人们可以在艺术的氛围中排解孤寂、开心地生活。但到了活动当日,老人们看着活动室里挂满的书画作品和前来交流的书画老师,都毫无兴致地离开了,小刘很苦恼。

工作任务:

1. 请说明进行老年人活动需求调研的必要性。
2. 请列举老年人活动调研的方法。
3. 请简述老年人活动调研的程序。

老年人的活动多种多样,老年人的需求也各不相同。想组织与策划一次好的活动,首先得了解所服务的老年人的活动需求,其次得考虑老年人的机体功能,做到让老年人"想参加活动、能参加活动",因此需要进行活动需求调研。

一、老年人活动调研方法

(一)问卷调查法

问卷调查法可用来获得定量的数据,也可用来获得定性的描述,通过调查、访问、谈话、问卷等方法搜集有关资料。

进行问卷调查时,应尽量让老年人自己进行答卷,如老年人因语言文字表达、理解等原因不能很好地参与调查时,应由赡养人、照护人代言,但注意切不可主观臆断老年人的想法,完全替老年人回答。

(二)访谈法

常规的访谈主要指面谈和电话访谈,但随着信息技术的发展,无论是居家养老还是在养老机构生活的老年人,都能够接触当今流行的电子通信设备,故访谈的方式呈现多样化,如可通过视频电话等方式进行。

访谈应根据老年人的具体情况以不同方式进行。如文化程度较低、自理能力较差、性格内向的老年人,更适合在安静、安全感高的环境中进行单人访谈;兴趣爱好广泛、精力充沛、个性开朗的老年人,更喜欢进行团体访谈。

二、老年人活动调研程序

(一)了解调研背景

了解调研背景是进行老年人活动调研的基础,它为之后所有调研程序的进行提供了可行性的依据。

(二)确定调研方法

选取适合的调研方法并展开调研。如果需要使用问卷调查,则应先制作好问卷,再有针对性地进行问卷发放。

(三)收集、整理资料

将调研的资料进行收集、整理,了解老年人对活动的需求。

(四)拟订活动活动策划方案

根据资料撰写活动活动策划方案。

(五)进行评估工作

对老年人展开健康评估,选定参与活动的老年人。

(六)活动准备

确定活动人数,选择并布置场地、准备设备,做好人员安排及预案。

(七)活动开展

按照计划开展活动,在活动中灵活应对出现的问题。

（八）活动反思

活动后收集参与者的意见,召开小组会议,总结、反思本次活动,有利于促进下一次活动的开展。

（潘华山 方 芳）

思考题

1. 老年人活动评估的原则是什么?
2. 老年人活动评估中如何体现评估者的专心、专注及专业?

第三章
老年人活动的策划及现场管理

学习目标

1. 掌握老年人活动策划方案、活动公告和邀请函撰写的基本要求。
2. 熟悉老年人活动的场地、时间、人员及危机管理。
3. 了解老年人活动策划方案及现场管理的注意事项。
4. 学会撰写老年人活动策划方案、活动公告和邀请函。
5. 具有较高的职业素养,爱岗敬业,尊老、敬老、爱老、助老。

2022年国务院印发了《"十四五"国家老龄事业发展和养老服务体系规划》,要求以加快完善社会保障、养老服务、健康支撑体系为重点,把积极老龄观、健康老龄化理念融入经济社会发展全过程,尽力而为、量力而行,深化改革、综合施策,加大制度创新、政策供给、财政投入力度,推动老龄事业和产业协同发展,在老有所养、老有所医、老有所为、老有所学、老有所乐上不断取得新进展,让老年人共享改革发展成果、安享幸福晚年。随着老龄化社会的到来,人的平均寿命逐渐延长,活得健康、活得快乐不仅是个人的期盼也是整个社会的期望。对于老年人而言,如何提升其社会参与能力及满足其休闲娱乐的需要特别重要。

第一节　概　　述

导入情境

随着人口的老龄化,糖尿病已成为一种常见病、多发病,是一种严重危害人类健康的疾病。防治糖尿病已成为重要的、紧迫的医疗保健问题之一。在防治糖尿病的方法中,运动治疗是糖尿病的基础治疗方法之一。合理运动有利于恢复理想体重,增加胰岛素敏感性,改善血糖和脂代谢紊乱,放松紧张情绪,其原则是适量、规律和个体化。应根据个人的爱好、年龄、体力、病情轻重及有无并发症等安排适宜的活动,并长期坚持。因此某养老院计划举办"我健康、我快乐、甜蜜伴我行"为主题的糖尿病运动知识宣教趣味运动会。

工作任务:

1. 请撰写"我健康、我快乐、甜蜜伴我行"为主题的糖尿病运动知识宣教趣味运动会的活动策划方案。
2. 结合案例,列举适宜趣味运动会的项目。

尊老、敬老是中华民族的传统美德,是每个从事养老服务的工作人员都应该拥有的美好品质。老年人曾经是世界的创造者,他们饱经沧桑,经历了世事变迁,积累了丰富的经验,为社会创造了大量的财富。但是人到老年,由于离开了几十年的工作环境、回归家庭,侧重点发生了变化,生活的目标也发生了转移。同时,生活方式和习惯的改变、社会及家庭地位的下降,再加上身体各系统生理功能的衰退,健康状况每况愈下,对他们的心理会产生极大的影响,容易出现失落、孤独、无助、焦虑、漂泊感等不良情绪。因此,需要从事老年保健与管理的工作人员秉承"四老服务"理念,即尊老、敬老、爱老、助老,以着力改善老年人生命质量为出发点,充分挖掘老年人各方面的潜质,根据他们的身心特点和需求,组织与策划一些有益于老年人身心健康的活动。通过活动让他们真正感受到国家及社会的关爱和温暖,解除其心理压抑和孤独感,提高老年人参与社会活动的积极性,激发他们关爱自己、关爱健康的自我保健意识,提升其获得感和幸福感。

一、活动策划

活动策划(activity planning)是指组织与策划由共同目的联合起来并完成一定社会职能的动作,包括活动目的,活动动机以及动作构成,具有完成的结构系统。

(一)活动策划的分类

1. 营销主导型活动策划 指其活动以盈利销售为主、品牌宣传为辅而展开的主题策划。此类型活动的主要特点是活动本身就是一块"磁场",具有足够吸引客户热情和消费者眼球的魅力。

2. 传播主导型活动策划 指以品牌宣传为主、盈利销售为辅的策划。这类活动注重媒体形象的传播,标识和报纸版面图片以背景板、单册(页)、海报、白皮书、礼品等形式出现。

3. 混合型活动策划 兼具以上两个类型的特点,既做营销又做传播,属于"鱼和熊掌兼得"型。

(二)活动策划的目标

每举办一场活动,都要有一个明确的目标。就像一条行驶在茫茫大海上的船只,如果找不到确定的方向,便会迷失。因此活动策划需要制订该次活动的各种目标,并传达出活动背后所隐含的深远含义。

(三)活动策划的主要特点

1. 功能 ①具有大众传播性:一个好的活动策划一定会注重受众的参与性及互动性。②具有深层阐释功能:通过活动策划可以把企业要传达的目标信息传播得更准确、详尽。③具备公关职能:活动的策划往往是围绕一个主题展开的,这种主题大多是贴近百姓生活的,从而使广大受众不仅从产品中获得使用价值,更从中获得精神层面的满足与喜悦。

2. 优势与不足

(1)优势:①活动策划具有经济性优势,与传统的广告宣传相比,一次促销活动的成本远远小于广告费用,但又能够很快地取得效果,同时更直接地接触到消费者,及时获得市场反馈。②活动策划具有延时性,一个好的活动策划可以达到二次传播的功能。

(2)不足:①活动策划往往不能脱离广告宣传独立展开。②活动策划操作不当容易引起受众的排斥。

(四)活动策划的要素

1. 可信度 在大多数情况下,可信度源自方案的执行力。特别是专业从事活动策划的公司,即使活动策划得再好,如果没有足够的资源实施也是不行的。长年的活动举办经验,不但能为活动策划者提供丰富的资料,更重要的是能累积足够的执行资源。

2. 吸引力 对目标受众的吸引力大小是活动推广策划成功与否的根本。在活动推广策划中,想要充分吸引目标受众的注意力,就要抓住目标受众十分重视的热点,对其动之以情、晓之以理地解释;想要提高活动的吸引力,就要有构思,要能满足目标受众的好奇心、价值表现、荣誉感、责任感、利益等各方面的需求,并给予恰当的物质奖励,这将大大地提高目标受众的重视度以及参与意识。

3. 关联度 活动策划的内容要与活动的目的紧密衔接,要擅长整合关联性较强的事情以及关联的资源。

4. 执行力 活动推广不单单需要前期精心的策划,更需要后期最大限度的执行。执行力首要表现为具体的任务描绘、任务流程步调、执行人员、执行时间、突发事件的处置计划等。在活动执行的进程中若出现问题，引起受众的不满情绪，活动的推广作用就会打折扣，甚至起到恶劣的反作用。因此慎重有序的执行力，是整个活动推广中十分重要的因素。

5．传达力　企业在开展活动推广时，很多情况下是希望把它的品牌文化传递给更多的受众群体。活动推广的传达力表现为活动前、中、后的各个时期：活动前，引起受众的好奇和重视，为活动预热；活动中，做好活动组织工作，把活动的内容与主题汇集、展现出来，并通过受众的参与，获取受众对企业及企业文化的反馈；活动后，把宣扬效应进一步分散和延伸，可经过其他的信息传达媒介，把活动的影响力进一步扩展，获取更大的经济和社会价值。

二、活动现场管理

所谓现场是指企业为顾客设计、生产、销售产品和服务以及与顾客沟通交流的地方。现场为企业创造出附加值，是企业活动最活跃的地方。活动现场管理是指活动组织者为了实现生产经营和发展目标，运用科学的管理思想、管理方法和管理手段，充分利用自身所拥有的各种资源，对现场的各要素如人、财、物、时间及环境等进行合理配置和优化组合，通过计划、组织、控制、协调、激励等管理职能，保证活动现场按既定计划有效运行，并始终处于受控状态的一系列管理工作的总称。活动现场管理中需要切实做好以下几点：

1．现场实行"定置管理"，使人流、物流、信息流畅通有序。

2．提高活动参与者登记效率和入场管理的科学性，维持秩序，减少因拥挤和时间紧迫等原因造成的意外事件发生的可能性。

3．加强工作人员行为及物品方面的管理。相关管理人员应在活动前、中、后与活动参与者进行及时、有效的沟通，以保证整个活动的顺利进行。

4．及时做好活动现场的保洁工作，营造一个良好、洁净的环境。

5．强化活动现场外的交通运输管理，保证交通畅通、秩序井然。

6．增强活动参与者的人身和物品安全及防火、防盗等基本安全意识，保证活动安全举办。

7．增设活动参与者咨询、投诉处理接待处，提供法律援助，及时维护参与者的合法权益。

8．与媒体大力合作，充分发挥媒体的宣传优势，准确、统一发布活动的官方信息，为活动参与者及时提供便利信息。

老年人活动工作者要提升服务意识，端正服务态度，通过增强活动现场管理的责任感，来提高活动的科学性、可控性和预见性。"以人为本，和谐管理"的方式正日益受到人们的青睐，活动应以尊重老年人的人格与个人尊严为前提，以提高其向心力、凝聚力与归属感为出发点，实行以人为中心的分权化管理，使现场管理服务更加人性化。

第二节　老年人活动的策划

导入情境

某养老院是当地公建民营养老示范园，设置床位 500 张，目前收住老年人 284 人。养老院引进"医养结合"的先进康养模式，为老年人提供生活照料、膳食照料、医疗照料和精神照料等一体化服务。现在，又到了一年一度的重阳节，养老院协同当地市电视台、区义工组织、街道办事处及社区卫生服务中心、学院医养照护与管理专业等，计划给本院老年人举办一场"冬季老年病预防知识竞赛"活动，为老年人提供精准化、有针对性的健康服务，增强老年人的自我保健意识。

工作任务：

1．请为该养老院撰写一份有"温度"的活动策划方案。

2．请给出本次活动的宣传和推广建议。

一、撰写老年人活动的策划方案

老年人活动策划方案是对老年人活动组织行为的一种预先策划，是人们为了达成某种特定的目标，进行精心设计和安排的过程。撰写老年人活动策划方案应遵循老年人活动策划的原则、科学创新理念和方法。策划原则是老年人活动策划的指针和纲领，它包括科学原则、系统原则、可行原则、协调原则、自愿原则和参与原则。科学创新理念和方法是策划过程中所要追求的理想目标和思考方法，是指导人们进行老年人活动策划的纲领和基础。策划方案应从老年人的实际情况出发，如活动对象的性别、年龄、体能、智能等方面的特点，在内容和形式上撰写具有前瞻性和吸引力并切实可行的策划方案。另外，老年人活动策划方案还要关注活动主题、主办机构的意愿、活动形式与内容、活动组织人员之间的协作等，并有效地运用可用资源，量力而行；同时，还要充分考虑老年人参与性和互动性的设计，给更多的老年人提供参与活动的机会，提高他们参与活动的兴趣和积极性。

撰写老年人活动策划方案要在调查、分析材料的基础上，根据本次活动的目的和宗旨，详细评估老年人对活动的需求，了解他们的身体功能、智能精神及活动能力等，以确定最安全、最舒适、最适宜的活动方式和内容，并对活动的每个环节进行详细分析、研究，做到运筹帷幄，未雨绸缪，既注重对整个活动的宏观调控，又要注意活动细节的微观调节，以保证活动的顺利、圆满进行。撰写老年人活动策划方案，目前没有完全统一的写作格式，但是，一份完整的活动策划方案的基本要素大致相同，撰写人可以根据实际活动内容灵活把握。老年人活动策划方案封面设计可如图3-1所示。

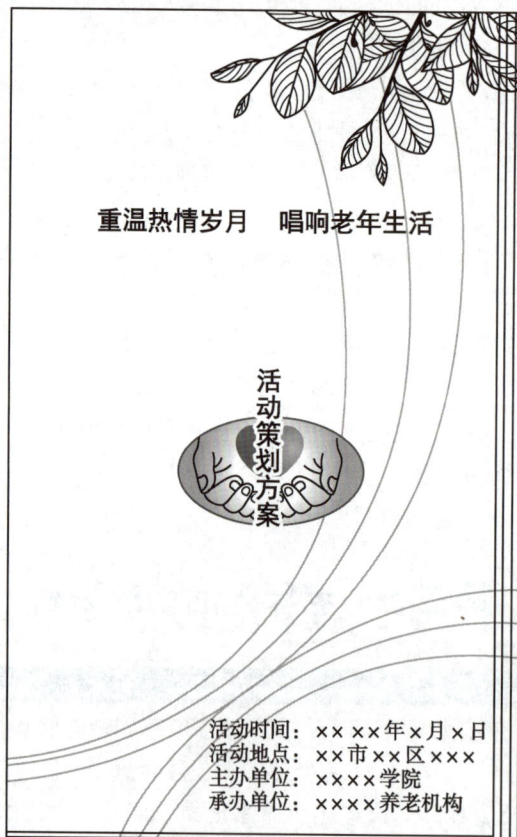

图 3-1　策划方案封面

（一）活动策划方案的标题

活动策划方案的标题是对活动内容的高度概括，应具有深层诠释本次活动意义的作用。俗话说：

"读书读皮，看报看题"，活动策划方案的标题应先声夺人，引人入胜。要想让读者一见钟情，就要在标题中增加有效信息和趣味性，把最重要的、最能吸引眼球的关键词放在标题的前面。标题不要太复杂，应具体、清晰，简单明了，朗朗上口。一个好的标题应具备大众传播性和延时性。活动策划方案标题的主要表现形式有以下四种：

1. 主标题＋副标题 主标题是活动策划方案的大标题，用来提出活动的中心或主旨。主标题应居中书写，字号稍大于正文。副标题一般是对具体活动内容的补充说明，应在大标题下面。正常情况下，要在大标题第三个字下开始写破折号，中间不空行，所用字体也应区别于主标题。例如"情暖金秋，爱在重阳——×××医院重阳节大型义诊活动"。

2. 基本部分＋限定部分 基本部分表述的是本次活动的性质和类型。限定部分主要说明活动的时间、地点、人员、规模等。例如"中国首届老年人运动会策划方案"，其中"老年人"和"运动会"是基本部分，"中国"和"首届"是限定部分。通过活动的名称就可以了解活动的基本内容和基本方向。

3. 事由＋文种 事由指的是事情的原委、来由，即本次活动的内容。文种指的是某种活动的性质、类型或用途。例如"爱老敬老明星评选活动策划方案""老年心理健康知识宣传活动策划方案"。

4. 事由＋文种＋活动组织主体 活动组织是指在特定环境中为了有效地实现共同目标和任务，确定组织成员、任务及各项活动之间的关系，对资源进行合理配置的过程。活动组织能够使个体的力量得以汇集、融合和放大，以体现组织的作用。例如××市"庆重阳·夕阳美"老年人优秀文体节目展演活动策划方案；××市老年志愿者开展"创建文明城市骑行宣传和保洁"活动策划方案等。

（二）活动策划的背景

活动策划的背景应根据活动的特点在以下项目中选取重点内容进行阐述，具体项目有基本情况简介、活动开展的原因、组织与策划部门、活动的对象及现状、当地的习俗文化、社会影响力、相关的目的和动机等。其次，应说明环境的特征，主要考虑环境的内在优势和劣势、外在机会和威胁等因素，对其做好全面的分析，将重点放在环境分析的各项因素上，对过去和现在的情况进行详细的描述，并通过对情况的预测制订活动策划方案。如环境不明，则应该通过调查研究等方式进行分析并加以补充。

（三）活动策划的目的及意义

活动策划的目的及意义主要是活动组织与策划者计划通过本次活动要解决的问题，希望活动对象在参加本次活动后能有相应的行动。活动策划的目的及意义应用简洁明了的语言表述清楚。在陈述活动策划的目的要点时，应该明确写出本次活动的核心构成或策划的独到之处及由此产生的意义，应层次清晰，文笔生动。

（四）活动的主题

活动的主题是举办本次活动的中心思想，应根据活动的背景情况、开展活动的内容、活动的目的及意义合理设置。活动的主题要独特新颖，有鲜明的个性，能突出本次活动的特色；主题的描述要形象，语言应简明扼要，词句要能打动人心，应具有强烈的感召力。例如将"让爱飞翔"作为母亲节"感恩母亲"活动的主题；将"把爱大声唱出来"作为"重温热情岁月，唱响老年生活"活动的主题。

（五）活动策划的举办机构

活动策划的举办机构是指负责活动的组织、策划、服务及其他事宜的有关单位，可以是企业、行业协会、政府部门和新闻媒体等，一般包括主办单位、承办单位、协办单位、支持单位、赞助单位等。书写顺序应该是先主办单位，再承办单位和协办单位，最后把所有参与的单位按参与度的大小全部写上去，以显示主办单位对各单位支持的重视和感谢。

（六）活动策划的组织领导

重大活动一般都要成立组委会，设正、副主任职位。组委会主任一般由主办单位的领导担任，组委会副主任一般由承办单位的领导担任。有些活动的主办单位只是挂名，主要的组织工作是由承办单位负责，因此在设组委会的同时还要设一个筹委会。筹委会主任应该由承办单位的主要负责人担任,筹委会副主任由承办单位的其他负责人担任。有的活动还会设特邀顾问,特邀顾问一般是社会名流或德高望重的行业领导,在名次安排上特邀顾问一般安排在组委会领导之前。活动的组委会和筹委会下面还可设立若干个部门,部门和人员分工要明确,避免出现相互推脱责任的现象。另外,各部门应尽量安排在一起办公,以方便工作的交流与协调。

(七)活动策划的服务对象

在活动策划时要充分考虑活动参与对象的情况,如居住区域特点、年龄、性别、身心状况、特长、兴趣爱好及需求等方面的因素,要根据当地的风俗习惯和文化背景,把文化的多样性和丰富性通过各具特色的本地文化习俗活动表现出来,以求形象生动,印象深刻。

(八)活动策划的规模

活动策划规模的界定包括三个方面:一是活动影响面和覆盖面;二是举办活动的场馆面积;三是参与活动的人数及特点。对以上问题,在做策划方案时都需要作出准确的预测和规划。

(九)活动策划的地点

老年人活动的地点应选择交通方便、安静、安全、有醒目标志的地方。活动策划方案应写清楚整个活动的具体地址,包括报到地点和举办活动的地点。如果有分项活动,还需要说明分项活动会场的地点。交通方面需注明乘坐飞机、出租车、公交、地铁或步行等不同出行方式的路线和到达报到地点可能需要的时间,同时附上详细的交通图。

(十)活动策划的时间

在策划活动时间上要注明本次活动的开始和结束的时间。如果有分项活动,还需注明分项活动的具体时间。时间记录包括年、月、日,缺一不可。

(十一)活动进度的安排

活动进度的安排作为策划方案的主体部分,要力求表现方式简洁、内容详尽,语言通俗易懂。活动进度的安排主要包括活动流程的进度安排、奖项设置、时间设定、人员的组织分工等。活动流程进度应涵盖从活动策划到实施的全部过程的时间,各个项目安排及其时间都要在流程进度表上标识出来。特别需要提醒的是,在活动总时间安排上要留有余地,具有可操作性,以防意外事件发生时的应急处理。另外,涉及奖项的评定标准、活动规则的内容可选择以附录的形式出现,在此部分中,撰写人员既可用文字表达,也可适当加入图表。

(十二)活动经费的预算

活动经费预算是指为达到活动目标而对实施活动所需要的所有费用的估计、预算编制和成本控制等方面的策划管理活动。经费的预算既要有科学性,还要具备一定的灵活性。整个活动所产生的各项费用应根据实际情况进行具体、周密的计算,并注明各项活动的经费收支,应以清晰明了的形式列出,以供主办单位了解本次活动所需要的经费范围。在此需要注意的是,应尽量把各种费用控制在合理的支出范围之内,以便获得最优的效益。

(十三)活动的宣传推广

宣传推广是为老年人活动的筹备和举办服务的。在做宣传时,要抓住活动本身的亮点或优势进行针对性的包装,再通过微信、广播、视频、平面海报、正式文件等形式进行广泛宣传,以扩大活动的影响力。

(十四)活动的风险评估

活动的风险评估必不可少,应对可能遭遇的经济风险、政策风险、自然风险、安全风险、不可抗拒力的风险等进行评估,除有明确的规避风险的意见外,还要做好各种风险的应急预案。预估损失的概率和损失量等并在活动策划方案中加以说明。

(十五)活动策划方案的落款

活动策划方案的落款包括策划人的单位、姓名及文本形成的时间。

（十六）活动策划方案的附件

活动策划方案的附件主要是随策划方案一起呈送的附属文件，包括预测策划方案前景的相关资料，相关的批文、批示，支持策划方案的权威性及可行性的系统材料。附件应注明序号，以便核对。

活动策划方案的撰写内容及要求见图3-2。

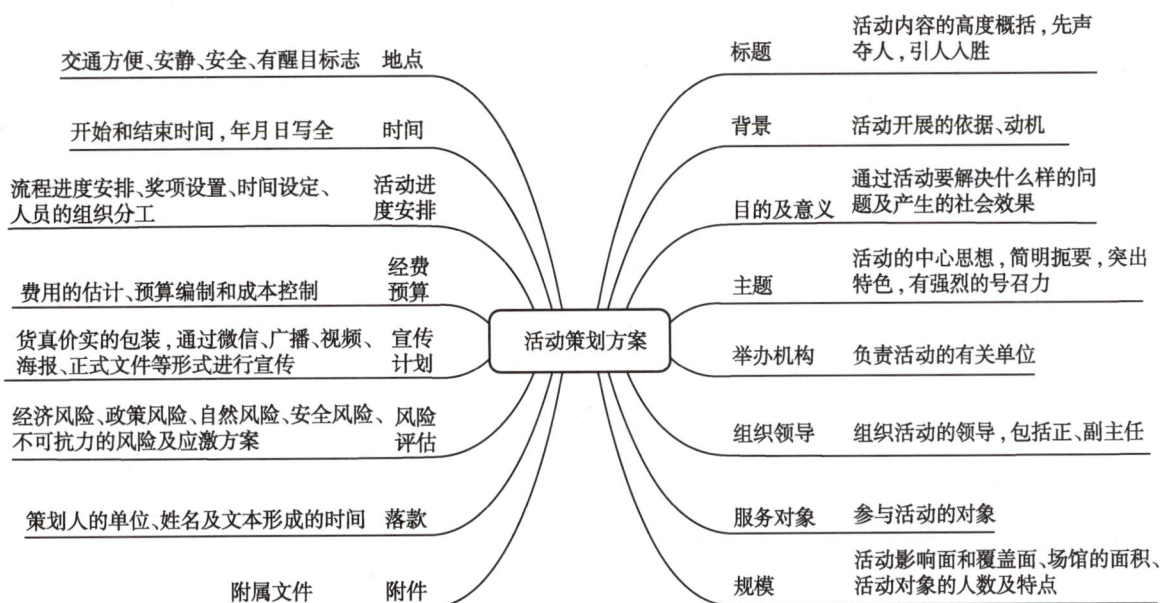

图3-2 策划方案的撰写内容及要求

该图提供了活动策划方案应当具备的基本骨架，具体要求应根据举办活动的内容和形式灵活设计。小型活动策划方案可以直接填充；大型活动策划方案可以不拘泥于形式、自行设计，力求内容详尽、页面美观。活动策划方案封面的制作力求简单。活动策划方案可以进行包装，如用设计的徽标作为页眉、图文并茂等。一个大型的活动策划方案可以有若干个子活动策划方案；如有附件可以附于活动策划方案后面，也可单独装订。活动策划方案应在纸张的长边进行装订。总之，一份完美的活动策划方案除具备上述要素外，还应有创新性和个性风格。

知识拓展

如何设计一份有"温度"的策划方案？

活动策划方案其实就是一个活动的计划书，是实现活动目的的航标，是展现给活动参与者的文字语言。如何撰写一份有"温度"、有"情感"的活动策划方案呢？

1. 文字和语言　文字和语言不仅仅是心的"声音"，还是爱的使者和化身。在设计活动策划方案时，要选用柔和、细腻、优美、动听的文字和语言来营造温馨的环境，让智慧、温暖的文字和语言缓缓流入老年人的心田，使他们有被温情簇拥的感觉。

2. 老年人元素的运用　整个活动策划方案可以从多方面体现老年人元素，尤其是与活动主题相关的老年人元素，如可使用老年人元素的背景图片、老年人元素的水印等。

3. 立体书　可以选择视觉冲击感较强的立体书，起到视线引导的作用。当一份设计新颖、充满活力、色彩对比相对较大的立体书呈现在老年人面前时，他们会有眼前一亮的感觉。

4. 选取一个有故事的主题　活动策划方案的内容方面可以一个温暖的故事作为主线，娓娓道出青春的璀璨和岁月的沧桑，抒发老年人对往昔的思念，激发他们对美好生活的向往。

活动需求评估及知会单见表3-1。

表 3-1　活动需求评估及知会单

床号：	个案姓名：	性别：
进住日期：＿＿年＿＿月＿＿日　评估日期：＿＿年＿＿月＿＿日		宗教：

教育程度：　　　　　　　　婚姻状况：　　　　　　　　职业：

文化背景：

沟通方式：□普通话　□地方语言　□英语　□其他

喜好：

专长：

疾病史：□心脏病　□糖尿病　□抑郁症　□认知障碍症　＿＿度　□限食

视觉：□正常　□有障碍　　听觉：□正常　□有障碍

嗅觉：□正常　□有障碍　　触觉：□正常　□有障碍

味觉：□正常　□有障碍　　幻觉：＿＿＿＿＿＿＿＿＿＿＿

睡眠情形：＿＿＿＿＿＿＿＿＿＿＿　妄想：＿＿＿＿＿＿＿＿＿＿＿

抗精神药物使用：＿＿＿＿＿＿＿＿＿＿＿

简易精神状态检查：＿＿＿＿＿分，说明＿＿＿＿＿＿＿＿＿＿＿

认知活动功能

意识力：□集中　□易分散　□不清	定向力：□正常　□障碍（□人　□时　□地）
理解力：□正常　□缺损	记忆力：□正常　□缺损（□长期　□短期）
动作计划：□正常　□缺损	空间关系：□正常　□缺损
解决问题：□佳　□尚可　□差	表达：□可以表达　□无法完整表达

日常生活功能

进食＿＿＿＿分	移位＿＿＿＿分	梳洗打扮＿＿＿＿分	穿脱衣物＿＿＿＿分
行动能力＿＿＿＿分	上下楼梯＿＿＿＿分	上厕所＿＿＿＿分	洗澡＿＿＿＿分
大便控制＿＿＿＿分	小便控制＿＿＿＿分	巴塞尔指数总计＿＿＿＿分	
□0～59分：严重　　□60～79分：中度　　□80分及以上：轻度			

心理社会功能

情绪	□正常　□淡漠　□焦虑不安　□抱怨、激动　□忧郁、哀伤　□失控　□其他
行为	□内容＿＿＿＿＿＿＿＿＿＿＿＿＿　□频率＿＿＿次/d
人际	□主动与人互动　□热络与人互动　□被动式互动　□对招呼没反应　□疏离　□退缩 □拒绝　□其他＿＿＿＿＿＿＿＿＿＿＿
自我	□欣赏自己　□低自尊自怜　□缺乏自信　□责备自己　□无法测知 其他＿＿＿＿＿＿＿＿＿＿＿ 说明＿＿＿＿＿＿＿＿＿＿＿

活动目标

短期目标：	中长期目标：

续表

预计活动项目

文康休闲活动： □体能活动 □兴趣小组 □个人才艺 □其他	治疗性团体： □认知训练 □感官刺激 □怀旧团体 □现实导向	重症区活动： □ □ □

协作小组

护理组		责任护士： 护士长：
社工组		责任社工： 社工组长：
康复组		组长：

主任批示：＿＿＿＿＿＿＿＿＿＿＿＿＿＿＿＿＿＿＿ 评估者：＿＿＿＿＿＿＿＿＿＿＿

老年人活动签到表见表3-2。

表3-2 老年人活动签到表

年　　月　　日

姓名	性别	年龄/岁	身体状况	电话	签名	陪同者签名

老年人活动满意度调查表见表3-3。

表3-3 老年人活动满意度调查表

尊敬的长者：为了提高活动组织质量，增进大家的了解和感情，现对此次活动进行满意度调查，希望您能认真、翔实地填写该调查表。在此，感谢您对我们工作的支持，同时为耽误您的宝贵时间表示歉意！				
请您在以下的选项中选择一项并在此选项上打√				
1.您对本次活动的评价是	A非常满意	B满意	C尚可	D不满意
2.您对本次活动的满意度是	A非常满意	B满意	C尚可	D不满意
3.您对本次活动信息的公布与宣传	A非常满意	B满意	C尚可	D不满意

续表

4. 您对本次活动时间的安排	A 非常满意	B 满意	C 尚可	D 不满意
5. 您对本次活动场地的安排	A 非常满意	B 满意	C 尚可	D 不满意
6. 您对本次活动过程的气氛和秩序	A 非常满意	B 满意	C 尚可	D 不满意
7. 您对本次活动的饮食（式样、质、量）	A 非常满意	B 满意	C 尚可	D 不满意
8. 您对本次活动的组织与策划	A 非常满意	B 满意	C 尚可	D 不满意
9. 您对本次活动工作人员的服务	A 非常满意	B 满意	C 尚可	D 不满意
10. 您对本次活动安排的项目	A 非常满意	B 满意	C 尚可	D 不满意
11. 您对礼物或奖品（式样、质、量）	A 非常满意	B 满意	C 尚可	D 不满意
12. 您对本次活动参与情形的感觉是	A 非常满意	B 满意	C 尚可	D 不满意
13. 您对本次活动照片的呈现方式	A 非常满意	B 满意	C 尚可	D 不满意
14. 您对本次活动是否满意？若不满意，不满意的地方具体有哪些？请提出您的意见。				
15. 通过本次活动，您有哪些收获？				
16. 您更希望参与哪种类型的活动？（可多选） 运动方面： □高尔夫　□登山　□垂钓　□羽毛球　□瑜伽　□太极拳 □乒乓球　□散步　□跳舞　□其他 文化方面： □书法/绘画　□茶艺　□唱歌　□乐器　□棋牌　□公益活动 □家庭亲子　□时尚派对　□智能科技讲座　□法律常识讲座　□健康讲座　□其他				

填表日期：　　年　　月　　日

二、撰写老年人活动的海报和邀请函

导入情境

定期检查　关注健康

——辖区老人免费体检

　　我中心定于××××年××月××日开始为本辖区内 65 岁以上老年人推出一系列的免费体检活动。

　　体检项目包括：血糖（空腹）、血脂（甘油三酯、胆固醇、高密度脂蛋白、低密度脂蛋白）、肝功能（谷丙转氨酶、谷草转氨酶、总胆红素）、肾功能（尿素氮、肌酐）、血常规、尿常规、空腹 B 超（肝、胆、脾、胰）、心电图。

　　体检时间安排：周一至周五早上 8:00—10:00。

　　温馨提示：1. 体检时需空腹 12h 以上。

　　　　　　　2. 体检必须携带身份证。

　　　　　　　3. 此活动只针对本辖区居民。

×××社区卫生服务中心

××××年××月××日

工作任务：

1.请结合案例，为社区卫生服务中心制作一份65岁以上居民免费体检的精美海报。

2.请说出制作本次活动海报时需要注意的细节。

（一）活动海报

活动是由共同目的联合起来并完成一定社会职能的动作的总和。活动由目的、动机、动作和共同性构成，具有完整的结构系统。海报是向公众报道或介绍戏剧、电影、文艺表演、体育比赛、报告会及展览会等时使用的一种应用文书。举办活动前需要发布活动海报，告知人们本次活动的相关事项，如活动时间、地点、内容、时长、参与方式及适宜人群等，目的是通知相关人员来参加活动。活动海报的撰写比较灵活，其基本要素包括三个方面：标题、正文和结尾（图3-3）。

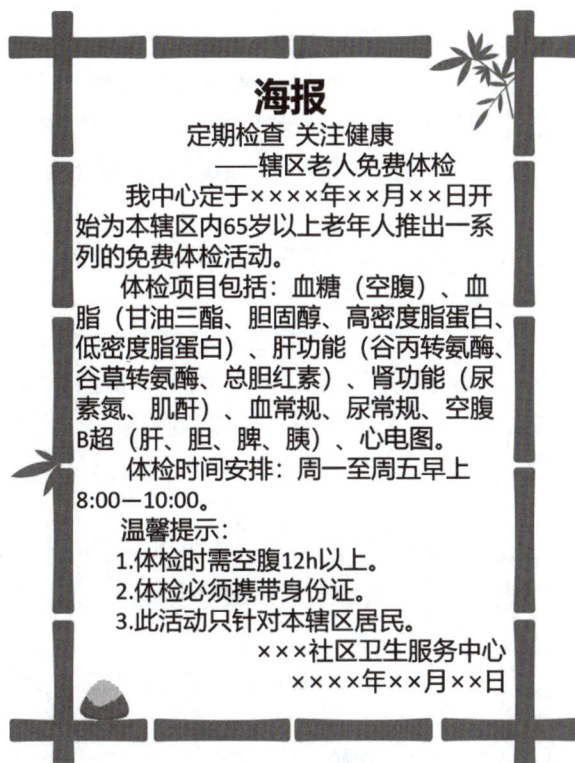

图3-3　海报

1.标题

（1）在正文上书写"海报"二字，字体大而醒目，以吸引人们的注意。

（2）标题的位置可根据排版设计摆放。

（3）海报标题的写法主要有四种形式。

1）由主办单位的名称、事项、文种组成。例如×××重阳×××养老院九九重阳节"甜蜜的负担——糖尿病健康知识讲座"海报。

2）由主办单位的名称和文种组成。例如×××重阳×××养老院举办"甜蜜的负担——糖尿病健康知识讲座"海报。

3）用文种作标题，直接写上"海报"即可。例如"甜蜜的负担——糖尿病健康知识讲座"海报。

4）用主办单位的名称作标题，直接写上"活动海报"即可。例如"×××重阳×××养老院"活动海报。

总之，要尽量选择能吸引人们对活动的内容发生兴趣的标题，也可在正标题前加几句概括活动目的和意义、说明活动宗旨和精彩程度的话作为眉题，以渲染气氛，调动人们的参与热情。

2. 正文 海报的正文要用简洁的文字写清楚活动的内容、时间、地点、时长、参与方式和注意事项等。为增加活动的吸引力，在介绍内容时，使用的语言可有一定的鼓动性，也可搭配形象、生动的图片，以扩大宣传效果。其形式如下：

（1）一段式：该表述方式常用于项目较少的活动，一段成文，简洁明了，通常只用三言两语就可概括活动的内容和形式。例如"××××年××月××日14:00—16:00，我院将举办秋冬中医养生知识讲座，欢迎各位长者踊跃参加"。

（2）项目排列式：此表述方式适用于内容较多的活动，撰写海报正文时，把活动的多个项目按时间顺序排列成文。例如迎新春活动海报：

"万象更新迎新春，欢欣鼓舞献爱心"

活动的内容包括：

1）"干干净净迎春节"，安排项目：协助老年人整理房间卫生和个人卫生。时间：腊月廿六—廿八。

2）"欢欢喜喜送祝福"，安排项目：慰问老年人、写春联和贴春联。时间：腊月廿九—三十。

3）"恭恭敬敬拜大年"，安排项目：集体拜年、到房间给行动不便的老年人拜年。时间：正月初一。

4）"快快乐乐秀才艺"，安排项目：集体大合唱、戏曲联唱、象棋比赛、书法绘画展、套圈等小型娱乐活动。时间：正月初二。

5）"热热闹闹猜谜语"，安排的项目：猜字、植物、动物、人物、用物、自然现象等；谜面有图谜和字谜，以适用于不同文化层次的人。时间：元宵节。

（3）附加标语式：有的海报在正文首或正文末加上排列整齐的标语，起到画龙点睛的作用。例如"拿出真诚，以心换心；心中有爱，处处是家""忍为贵，和为善""播撒微笑，收获真情""诚心待人，心心相印""撒播爱心种子，传递健康理念"等。这类标语可起到渲染、吸引的作用。

3. 结尾 结尾的内容有主办单位、海报的制作时间等。如果主办单位名称已在标题中出现，在落款处可以不写，只写年、月、日。

一份优秀的海报能深深地吸引众人的目光，其中一个非常重要的原因是版面设计新颖。构图是设计海报的骨架，是每个活动海报策划人员必须掌握的一项基本技能。要想让海报出彩，必须在构图上下功夫。下面介绍几种常用的构图形式：

（1）对称式构图：具有平衡、稳定、前后呼应及左右呼应的特点，有动态对称和静态对称两种形式。

（2）倾斜式构图：利用斜线指向特定的物体，给人不稳定感，同时又充满活力，富有视觉冲击力。

（3）S形构图：物体以S形从前景向中景和后景延伸，特点是画面比较生动，富有空间感。

（4）压角式构图：主体文字在版面中呈现压住四角的排版形式，突出中心主体，画面看起来更加稳固。

（5）居中式构图：是最常见的一种形式，能够突出主体，又赋予了画面稳定感。

（6）井字法构图：井字的四个交叉点是主体的最佳位置，使主体自然成为视觉中心，具有突出主体并使画面趋向均衡的特点。

（7）散点式构图：将指定数量的主体散落在画面当中，为防止散乱，宜用隐形结构线将各个"点"暗连起来，使之相互呼应，形成内在联系。

制作活动海报时，应根据具体内容和活动方式灵活构图，让海报更具艺术性和欣赏性。

（二）活动邀请函

邀请函是邀请亲朋好友、领导、专家或知名人士等参加某项活动时所发的邀请性书信。它是现实生活中常用的一种应用写作文种。在国际交往以及日常的各种社交活动中，这类书信使用广泛。邀请函一般结构包括标题、称谓、正文、落款。

1. 邀请函格式要求

（1）标题：由活动名称和文种名组成，还可包括个性化的活动主题标语。用大字书写的"请柬"两字，放在第一行中间或者占用一页作为封面。例如"感恩母爱，让爱飞翔"活动邀请函，"因为有她，家倍幸福"母亲节活动邀请函，"妈妈是爱的代言人"活动邀请函等。

（2）称谓：即被邀请者的单位名称或者姓名，另起一行或一页顶格书写，姓名之后写上职务、职称等。例如"尊敬的×××先生/女士""尊敬的×××总经理""尊敬的×××教授"等。

（3）正文：邀请函的正文是指活动主办方正式告知被邀请方举办本次活动的原因、目的、事项及要求，应写明活动的日程安排、时间、地点，并对被邀请方发出得体、诚挚的邀请。开头部分用"特邀请您出席或者列席"照应称呼，再用过渡句转入下文。主体部分可采用序号加小标题的形式写明具体事项，最后写明联系方式。结尾一般要写常用的邀请惯用语，如"敬请光临""欢迎光临""敬请届时光临"等。

（4）落款：要写明活动主办单位的全称与发函日期并盖章，发函日期写清楚具体的年、月、日。

2. 常见的邀请函类型

（1）商务会议邀请函：商务邀请函是商务活动主办方为了郑重邀请其合作伙伴参加其举行的庆典、会议及各种礼仪活动而制作的书面函件。它体现了活动主办方的礼仪愿望和友好盛情，反映了商务活动中的人际社交关系。企业可根据商务礼仪活动的目的自行撰写具有企业文化特色的邀请函。

（2）会议邀请函：会议邀请函是专门用于邀请特定单位或人士参加会议，具有礼仪和告知双重作用的会议文书。例文：

尊敬的××先生/女士：

您好！

我们很荣幸地邀请您参加将于××××年××月××日在×××举办的×××讲座。本次会议的主题是×××。

真诚地期待着您的支持和参与！

××××年××月××日

（3）其他类型邀请函：邀请函的类型很多，比如单位邀请函、个人邀请函，普通邀请函、正式邀请函等，但基本格式大同小异，可根据活动内容、方式及被邀请者身份准确撰写。

3. 撰写邀请函的注意事项

（1）邀请函的设计要美观大方，不可用书信纸或单位的信函纸草草了事，而应用红纸或特制的请柬填写。所用语言应恳切、热诚，文字须准确、简练、文雅。

（2）邀请函的发送对象有三类情况：①发送到单位的邀请函应当写单位名称；由于邀请函是一个礼仪性文书，称呼中要用单称的写法，不宜用泛称（统称），以示礼貌和尊重。②邀请函直接发给个人的，应当写个人姓名，前冠"尊敬的"等敬语词，后缀"先生""女士""同志"等。③网上或报刊上公开发表的邀请函，由于对象不确定，可省略称呼，用"您"或以"敬启者"通称。

（3）"邀请函"三字是完整的文种名称，与公文中的"函"是两种不同的文种，因此不宜省写成"关于邀请您出席×××会议的函"，正确写法为"关于邀请您出席×××会议的邀请函"。

（4）被邀请者的姓名应写全，不应写绰号或别名，以示尊重。在两个姓名之间应该写上"暨"或"和"，不用顿号或逗号。

（5）写明举办活动的地点和举办活动的具体日期，如××××年××月××日（星期×）。

实训　撰写老年人活动的策划方案、邀请函及海报

河南省×××市×××养老院计划在××××年××月××日上午九点举办"我健康、我快乐、甜蜜伴我行（糖尿病运动知识宣教）"趣味运动会。请您撰写活动策划方案和活动邀请函，并制作一份精美的运动会海报。

【实训目的】

1. 掌握撰写老年人活动策划方案和邀请函的基本要求。

2. 学会撰写老年人活动策划方案和邀请函，并独立完成本次活动海报的设计与制作。

【实训学时】

2 学时。

【实训步骤】

（一）撰写老年人运动会策划方案

1. 活动主题 主标题为"我健康、我快乐、甜蜜伴我行"，副标题为"×××养老院糖尿病运动知识宣教"（图 3-4）。

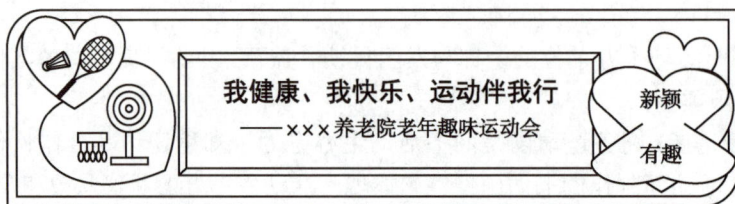

图 3-4 "我健康、我快乐、甜蜜伴我行"

2. 活动背景 随着人口的老龄化，糖尿病已成为一种常见病、多发病。糖尿病是一组病因和发病机制尚未被完全阐明的内分泌与代谢疾病，以高血糖为特征。糖尿病可以累及全身各个系统，甚至诱发许多致命性并发症，严重影响人们的劳动能力，并威胁人们的生命安全。防治糖尿病已成为临床上重要的、紧迫的医疗保健问题之一。在防治糖尿病的方法中，运动治疗是糖尿病的基础治疗方法之一。合理运动可以使血糖下降，并可改善各种代谢指标，减少冠状动脉性心脏病、动脉粥样硬化的发生，降低血压，改善机体各系统的功能，提高机体的抗病能力，改善心理状态。规律的运动可以缓解精神紧张，缓解大脑疲劳，使心情愉悦。因此养老院计划举办"我健康、我快乐、甜蜜伴我行"为主题的糖尿病运动知识宣教趣味运动会。

3. 活动目的与意义 本次活动目的主要是为了普及糖尿病防治的健康知识，分享健康理念，教会老人们怎样防治糖尿病。活动的意义：一是让患糖尿病的老年人真正享受到运动带来的健康和快乐，增强老年人的自我效能感和面对生活的信心；二是增进老年人之间的友谊，让他们互帮互助、携手共进；三是呼吁社会上更多的人来关注糖尿病老年人群体、敬老爱老，让老年人时时刻刻能够感受到社会给予的关爱；四是建立支持网络，提升糖尿病老年人人际交往的能力，使老年人之间在生活和精神上获得相互支持和帮助，真正实现"老有所医，老有所为，老有所乐"，达到治疗疾病、锻炼身体、愉悦精神、陶冶情操、交流思想的目的。

4. 活动参与对象 河南省×××市×××养老院入住的所有糖尿病老年人。活动采取工作人员积极动员后自愿报名的方式进行，报名人数为 46 人。工作人员 16 名，医务人员 2 名。

5. 活动项目介绍

（1）个人赛

1）穿针引线。

2）投掷飞镖。

3）投掷羽毛球。

（2）团体赛

1）赶篮球进栏接力赛。

2）你来比划我来猜。

6. 比赛规则

（1）个人赛

1）穿针引线：在规定时间（30s）内将针穿在红线上，以穿在线上的针的数量为准，穿针数量最多者获胜。

2）投掷飞镖：在规定时间（1min）内每个老人最多投掷 5 镖。参赛老人需站在离镖靶 2m 处的红粗线外进行投掷。镖靶最内圈的红心为 10 分，绿圈为 8 分，黄圈为 6 分，蓝圈为 4 分。累积分数最高者获胜。

3）投掷羽毛球：将 A、B、C 个纸篓分别放置在距投掷红线 1m、2m、3m 处，每个参赛老人最多投掷 5 个羽毛球，投进 A 篓中 1 个羽毛球 10 分，投进 B 篓中 1 个羽毛球 20 分，投进 C 篓中 1 个羽毛球 30 分，累积分数最高者获胜。

（2）团体赛

1）赶篮球进栏接力赛：在 30m 直线跑道上进行比赛。每组由 2 位老人组成。2 位参赛老人 A 和 B 分别站在规定跑道的起点和终点处，由 A 用羽毛球拍先把篮球赶向终点，再由站在终点处的 B 将篮球赶回起点，用时最少者获胜。赶篮球途中，篮球赶出跑道或用手脚帮忙时均不计分。

2）你比划我来猜：每组由 2 位老人组成，自愿结合。比赛时工作人员亮出词条的内容，一位老人比划，另一位老人猜。在猜词游戏中，比划者以说出词条中包含的任何字为违规，该词条作废；遇到不会的词条可以跳过，最多可以跳过 3 个。每组限时 3min，以猜出词条数量最多者获胜。

7. 活动举办机构

（1）主办单位：×××市老龄委、×××市电视台。

（2）承办单位：×××市×××养老院。

（3）协办单位：×××集团公司、×××学院老年服务与管理系。

8. 活动地点　×××市×××养老院操场。

9. 活动时间　××××年××月××日 9:00—10:30。

10. 活动宣传　宣传主要采用张贴海报、开会动员和个别沟通的方式进行。部分糖尿病老人积极性很高，当得知比赛消息和比赛项目后，就已经开始进行穿针引线、投掷飞镖、投掷羽毛球等训练了。

11. 活动经费预算　见表 3-4。

表 3-4　活动经费预算

项目	用具	茶叶	水果	奖品	应急物资	总计
费用 / 元	400	100	200	500	200	1 400

12. 活动人员安排

活动负责人：×××。

主持人：××。

裁判长：×××。

副裁判长：×××、×××。

记分员：×××、×××、×××、×××。

小组引导员：×××、×××、×××、×××。

场地布置：×××、×××。

摄影：×××。

医疗服务：×××、×××。

13. 活动流程　见表 3-5。

表 3-5　×××养老院"我健康、我快乐、甜蜜伴我行"老年趣味运动会

活动主题	"我健康、我快乐、甜蜜伴我行"老年趣味运动会	地点	操场
日期	××××年××月××日 9:00—10:30	时间	90min
带领者	活动策划者、志愿者		

活动流程				
进行内容	预估时间/min	活动内容	所需准备	备注
开幕式	15	主持人和领导发言	话筒、PPT	
个人赛	30	穿针引线	针、红线	赛前将选手分组；三项个人赛同时进行
		投掷飞镖	镖、镖靶	
		投掷羽毛球	纸篓、羽毛球	
团体赛	30	赶篮球进栏接力赛	羽毛球拍、篮球	赛前分组；两项团体赛同时进行
		你比划我来猜	纸板	
颁奖、合影	5	为获奖老年人颁奖并合影留念	奖品、相机	
结束、分享	10	活动策划者和志愿者及时跟进，与老年人交流，征询对本次活动的意见；在活动结束后记录老年人在此次活动过程中的参与状况和特殊事件		

14. 活动注意事项

（1）遵循"友谊第一，比赛第二""公正、公平"的原则，文明赛风，和谐赛场，赛出风格，赛出水平。

（2）每项比赛分设一等奖 1 名，二等奖 3 名，三等奖 5 名，优秀奖 10 名，其余参赛老人给予参与奖。

（3）比赛开始前，对参赛老人要先进行详细的体格检查，并询问其目前身体健康状况，对身体不适合参加此次活动的老人，要劝其退赛，并安排其加入拉拉队阵容，以保持老人的参与感。比赛过程中，医务人员要时刻关注老人的身体情况，稍有不适，应立即停赛，并做好抢救的准备。

15. 活动后事项

（1）满意度调查：活动结束后的 3 日内，请参赛和观摩的老人填写活动满意度调查表，收集老人对本次活动的组织和策划、后勤服务、活动的项目、前期宣传和后期制作、活动时间和场地安排、奖品质量等整个活动过程的宝贵意见和建议，以便更好地改进，提高下次活动的质量。

（2）赠送活动照片和视频：赠送参赛老人赛场精彩表现的照片和视频，让"精彩瞬间"变成永恒，成为老人美好的回忆，丰富而深刻。

（二）撰写邀请函和制作活动宣传海报

1. 撰写运动会邀请函　趣味运动会邀请函示例见图 3-5。

图 3-5　趣味运动会邀请函

尊敬的×××主任：

您好！

我们很荣幸地邀请您参加将于××××年××月××日在×××市×××养老院举办的"我健康、我快乐、运动伴我行"老年糖尿病运动知识宣教趣味运动会，运动会时长为两个小时（上午9:00—11:00）。

真诚地期待着您的支持和参与！

×××养老院

××××年××月××日

2. 制作运动会海报 具体方法见前面的活动海报制作要求。

【实训评价】

1. 知识掌握（30%） 要求掌握撰写老年人活动策划方案、邀请函和活动海报的基本要素和注意事项。

2. 操作能力（40%） 能独自完成或与其他人合作完成撰写老年人活动策划方案、邀请函和活动海报；能准确地评估活动中可能发生的风险，并做好预防和应急预案的处理。

3. 人文素养（30%） 活动的整个过程都要注意保护老年人的隐私；增强安全风险管理意识；注重人文关怀，提高服务品质，提升老年人的幸福感和归属感。

第三节 老年人活动的现场管理

导入情境

重温热情岁月，唱响老年生活

某养老院为丰富老年人的生活，计划开展活动主题为"关爱老人健康，情系老人记忆"的活动。此活动的目的是帮助老人回忆往事，给老人一个展示自己和结交朋友的平台，从而引导他们重温过去的快乐生活，让老人获得安宁平和的心境，帮助他们在一定程度上消除不良的消极情绪，从心灵上得到满足和快乐。

工作任务：

1. 请结合案例，做好本次活动的现场管理。

2. 请说出本次活动的现场管理中存在的危机因素以及防范措施。

一、老年人活动的场地布置及管理

（一）场地的选择

适合做活动的场地很多，按场地的位置分有室内场地和露天场地；按场地功能分有会议室、展览馆、活动中心、电影院、宴会厅、酒店、会所等。活动场地的选择是活动策划方案的重要内容之一。一个合适的场地对活动的成功举办具有非常重要的意义。

1. 根据活动规模选择场地 参与活动的嘉宾数量是选择活动场地大小的主要因素之一。主办单位应首先统计参加活动的人数，根据人数选择适合的场地，避免场地过大造成浪费，也避免场地过小造成拥挤。

2. 根据活动类型选择场地 举办不同主题活动的类型是选择场地第二个重要因素。例如老年人活动可选择在固定的建筑物内举办，如会议室、展览馆、活动中心、电影院、宴会厅等。这种场地往往是永久性的、多功能的，经过装饰和调整便适合举办不同类型的活动。

3. 根据交通成本选择场地 参与活动的嘉宾的交通方式是选择场地的第三个重要因素。如果是自己前来,场地一般选择在市内交通方便的地方,最好邻近环路或者地铁站。如果是主办方统一安排车辆,场地一般选择在环境优美的地方,以体现主办方的别出心裁和与众不同。

4. 根据费用预算选择场地 费用预算是选择场地的第四个重要因素。

5. 根据提供的服务选择场地 服务是选择场地的第五个重要因素。老年人参加活动要考虑活动场地的照明强度、温度与湿度、卫生间的设施、电梯、座位等。对于出入口,要选择宽敞平坦、台阶少、有残疾人专用通道的场地;尤其是疏散通道、急救车辆的通行区一定要保持畅通无阻。

(二)场地布置

活动场地的布置要围绕整个活动的主题而展开。为了保证活动的正常进行,在进行场地布置时要遵循以下五个原则:第一是要与主题相一致;第二是要合理地划分功能区域;第三是要预留通道;第四是要加强警戒;第五是要注意清理障碍物和危险物品。主要的布置模式包括:

1. 剧院礼堂式 这种布置最前面是主席台,面向主席台摆放一排排座椅,中间留有较宽的过道(图3-6)。这种形式多适用于参与人数较多的活动,如较为正式的会议、主题报告讲座、启动仪式等。它的不足是参会者没有地方放资料,也没有桌子可用来记笔记。因此,为方便书写,建议准备垫板代替桌子。

图 3-6 剧院礼堂式

2. 教室式 这种布置和学生教室一样,最前面是投影屏幕或白板,接着是主席台,主席台后面有桌子和椅子,中间留有走道,方便主持人走进老年人中间与大家交流(图3-7)。此种模式可针对会议室面积和观众人数灵活布置,参会者有放置资料及记笔记的桌子,适用于新闻发布会、研讨会、培训、讲座等。

图 3-7 教室式

3. 宴会式 这种形式较为随意,适用于中式宴会如答谢会、招待会、茶话会等(图3-8)。大家边吃边聊,有利于调动参会老年人的积极性。

4. 长方形式 将桌子围成长方形中空,围上桌布,中间放置一些绿色植物,桌子外面摆放椅子。前方放置投影,并设置主持人位置,在每个座位前面的桌子上放置麦克风,以方便不同位置的参会者发言(图3-9)。此模式容纳人数较少,适用于小型的学术研讨会、座谈会、茶话会等。

图 3-8 宴会式

图 3-9 长方形式

5. 体育馆式 大多数的赛事采取体育馆式布置形式,座位设置在赛场四周,这种布置能提高观众对比赛的参与度。

6. T 形台式 即主席台向观众区延伸,三面被观众席所包围,能拉近表演者和观众之间的距离,便于欣赏(图 3-10)。例如老年时装秀可采取这种布置形式。

图 3-10 T 形台式

7. U 形式 桌子按 U 形摆放,椅子摆在桌子外面,中间放置绿色植物(图 3-11)。这种形式可以把观众和组织者连在一起,感觉更随意些,如茶话会。

图 3-11 U 形式

8. 鸡尾酒会式 以酒会式摆桌，只摆放供应酒水、饮料及餐点的桌子，不摆设椅子，以自由交流为主的一种会议摆桌形式，可以让参会者自由交流，构筑轻松愉快的氛围。

二、老年人活动的时间管理

按时、保质、保量地完成每一次活动，是举办活动的工作人员最希望达成的目标。因而合理地安排任务时间是活动管理中一项关键内容，其目的是通过合理分配资源，发挥最佳工作效率，保证任务按时完成。

（一）老年人活动时间的策划

项目活动时间估计是指对完成项目的各种活动所需要的时间而作出的估算。项目活动时间的估计是老年人活动进度中非常重要的工作，直接关系到各项任务起止时间的确定，以及整个活动的完成时间，估算时需要考虑活动的各时间参数、活动时间的影响因素、活动时间的构成以及活动时间的估算方法。历时估算主要工具和技术有专家判断法、经验类比法、利用历史数据估算、模拟方法、德尔菲法、三时估算法、预留时间、最大活动历时等。

（二）老年人活动节目进度安排的策划

活动进度计划是在确定老年人活动目标时间的基础上，设置活动起止时间，重点确定每一个环节、每一个步骤的活动内容所需要的时间，并将其落实到具体部门和人员，尤其对突发事件要预留应急时间。为了使活动顺利完成，必须有效控制老年人活动的进度。影响活动进度的因素主要有以下几个方面：

1. 资金的影响 资金是开展老年人活动的基础。组织活动时要推进资金管理信息化建设，将资金预算管理与资金应用和监控相结合，及时准确地反映资金运行状况和风险，以提高决策的科学性和资金管理的及时性。同时，要做到资金使用的合法性和规范性，以确保活动的顺利进行。

2. 利益相关者的影响 利益相关者是指组织外部环境中受组织决策和行动影响的任何相关者。开展老年人活动的相关部门有行政部门、设计单位、赞助商、银行以及运输、通信、供电等部门，其工作进度直接或间接影响活动的进度。因此要协调好各相关单位之间的关系，充分发挥组织管理和监督作用，以保证对活动进度的控制。

3. 物资供应的影响 在举办老年人活动的过程中，设备设施、食品、酒水、饮料、礼品、奖品及必要的装饰品等，能否按时抵达，质量是否符合要求，都将直接影响活动的进度和质量。

4. 情况变更的影响 在活动过程中出现变更是难免的。大的方面包括政治、经济、技术以及突然自然灾害或重大的、不可抗拒的因素等各种不可预见的状况。小的方面包括老年人临时改变想法或者出现了意外情况等。撰写活动策划时应全方位评估，以便能及时采取应对策略。

5. 承办单位自身管理水平的影响 活动现场情况千变万化，承办单位的人员协调出现问题、方案和计划不周、活动现场管理不善、出现问题没有及时解决等都会影响活动进度。

正是由于上述各种因素的影响，进度计划的执行过程难免会产生偏差。一旦发生偏差，就要及时分析原因，采取必要的纠偏措施或调整原进度计划。这种调整过程是一种动态控制的过程。

（三）老年人活动举办及持续时间的策划

1. 活动举办时间 活动获得成功的重要条件是挑选一个合适的时间，以保证大多数人能出席。对于多数老年人而言，由于没有固定的上下班时间限制，所以举办活动的时间比较宽裕，安排比较自由。但要考虑到老年人的生活安排和日常作息时间，尽量不打乱老年人的常规生活。另外还要考虑到希望邀请到的主办单位、承办单位、协办单位等领导的时间，尽可能避开一周中最忙碌的时段。

2. 活动持续时间 活动持续时间应根据参与活动人员的年龄、身体状况、活动类型和强度等多方面因素来决定。一般老年人活动时间不宜太长，应控制在 45min 以内，如果超过 1h，应安排中间休息，避免让老年人感觉劳累。

3. 活动避开事项 为了保证活动效果，要高度关注活动时间的季节因素、交通因素、节假日因素等，尽量避开一年当中雷雨和山洪的多发期，避开酷暑和冰天雪地，避开一些重要的节日，避开交通拥堵时间等,选择一个最有魅力的季节、一个风和日丽的日子来举办老年人活动。

4. 活动中注意事项 大部分老年人因为身体的原因,多有尿频的现象,在活动中需要给他们留出足够的时间如厕;在活动开始前,还要了解活动期间老年人有没有需要服药的,如有按固定时间服药的情况,后勤人员要做好登记,并安排老年人到指定的位置就座,以方便提醒和帮助老年人服药。如果活动不是一次完成的,应该在每次活动结束后强调下次活动的时间,并且在下次活动开始前,用电话、短信等方式再次提醒。

三、老年人活动的人员管理

活动的人力资源管理是指活动机构为了实现既定目标,运用现代化的科学方法,对人力资源进行有效开发、合理利用和科学管理的过程。同时要有效挖掘人力资源现有的能力和潜在的能力;对人力资源进行预测、合理培训、组织规划和调配;对人的思想、心理和行为进行恰当的诱导、控制和协调,充分发挥人的主观能动性,实现人尽其才,事得其人,人事相宜的目标。

(一)老年人活动人力资源管理基本原则

1. 科学标准管理与个性化的人际管理相结合的原则

(1)确定标准:标准是对重复性事物和概念所做的统一规定,它以科学知识、理论、技术与实践经验的无缝衔接为基础,经有关方面协商一致,由主管机构批准,以特定形式发布作为共同遵守的准则和依据。标准就像靶子一样,可以作为行为的准则。正常情况下,人与人都有共同之处,因此无论人的问题多么变幻莫测,只要制订了具有弹性的、相对完整的制度,人事问题的处理结果都会趋于一致和稳定。

(2)科学管理:科学管理的核心是以提高工作效率为目的的。老年人活动策划的推行在经验、魄力、创意或资金等多方面提供参考的条件下,还必须运用相关的科学知识及方法进行管理。科学的管理方法是确保活动达到目标的重要条件。

(3)尊重人才:良好的人才环境是一笔巨大的无形资产,对内产生凝聚力、创造力和推动力,对外具有影响力、竞争力和吸引力。老年人活动能否顺利开展,在于对全体组织者及人力资源的有效应用。掌握正确处理人际关系的原则是吸引人才并有效利用的关键。

(4)人尽其才:是指让每个岗位上的员工都可以充分发挥他们的才华与能力。世上少有无才之人,只有用才不当的混乱管理。用人不能求全责备,而要用其所长。人尽其才、才尽其用、人岗相适、人事相宜是人力资源开发与管理中必须遵循的重要原则。

2. 挖潜与培养相结合的原则 随着老年人口比重的不断增大、人们生活水平的提高以及养老观念的转变,当今社会对老年保健管理专业高素质技能型人才的需求越来越大,因此,应强化内部挖潜和合理调配人员与人才培养相结合的原则,加快老年保健管理领域的专业人才培养,以适应人口老龄化对养老护理、老年心理护理等专业化服务的迫切需求。具体方法如下:

(1)社区或养老院对相关人员进行培训或送出去培养。

(2)挖掘现有的人才潜力,将能力相当的人调到能发挥其所长的岗位上来,也可利用返聘,缓解老年人服务人才的缺乏。

(3)聘任有一定文化素质和组织能力的毕业生轮岗做更具挑战性的工作。实践证明此方法是行之有效的。

3. 教育与培训相结合的原则 按需施教、因材施教是教育培训应遵循的人才培养原则。教育培训是老年人活动策划推行中对工作人员施加影响的重要方式。为全面提高服务质量和效益,应紧紧围绕老年人活动策划事业发展需求,对相关人员进行教育或培训,以适应各种新观念的转变和老年群体差异性的变化,保证工作人员的操作能力随着活动的要求而不断发展,长期保持进取的活力。

(二)老年人活动志愿者的管理

老年人活动组织过程中的大量工作是由志愿者来完成的。根据《中国青年志愿者注册管理办法(试行)》的定义,志愿者是指不为物质报酬,基于良知、信念和责任,自愿为社会和他人提供服务和帮助的人。对于许多活动来说,志愿者是维系活动源泉的"血液"。但因志愿者志愿服务的无偿性,使得对这类人群的管理增加了一些不可控性。能否有效地招募、培训和激励志愿者成为老年人活动组织管理运行运作中一个生死攸关的部分。

1. 志愿者招募 志愿者招募就是通过发布活动的志愿者需求信息,按要求选拔录用符合要求的志愿者的活动过程。志愿者为活动提供的服务有个体志愿者和集体志愿者两种形式。①个体志愿者:是根据活动的需要从社会上招募而来,市民和互助性组织是其来源的一个主要渠道。②集体志愿者:最常见的招募渠道是高校或中学等教育单位或企业等,有些地区的学校要求学生必须完成最低限度的志愿服务。无论是个体志愿者还是集体志愿者,他们都乐意加入志愿者的队伍,为他们所热爱的社会公益事业提供志愿服务。

2. 志愿者培训 志愿者培训就是通过对志愿者进行活动的相关知识和能力培养,使其获得为活动服务所需的知识和技能的过程。对活动志愿者的培训应当寻求多元化的培训模式,坚持实用性、有效性及多样性原则,提高志愿者服务质量。

(1)活动基本框架:首先让活动志愿者了解活动对象的一般情况、活动的形式、活动的项目、活动的规模等,并提供老年人活动的策划方案,让志愿者对活动有充分了解,以便给参加活动的老年人提供最佳的服务。

(2)场地情况:带领志愿者对活动场地进行考察、调研,帮助他们了解场地的规模、设施和设备、周围环境等,了解各个不同活动区域和服务流程,并向他们介绍场地人员就座情况、过道设置、人员的分流等活动安排,应特别强调各类应急情况处理的措施、安全与风险管理的预防等。

(3)具体工作任务情况:参加老年人活动的志愿者要了解如何履行他们的工作职责,并对他们所从事的具体服务内容进行有针对性的培训,必要时,在他们接触到参加活动的老年人之前,要进行一些预演和角色扮演练习,以便更好地适应活动时的要求。

(4)职业道德:要进行待人接物的礼仪培训,加强爱岗敬业、社会公众责任心的培养,更要注重精神层面和组织归属感的培养。

3. 志愿者激励 志愿者的激励就是要设法让志愿者将个人需要与活动需要、社会需要联系在一起,使其所付出的努力不仅可以满足志愿者的个人需要,同时也可以满足活动的需要。给予志愿者不断的激励是建立一支强大有力、忠诚可靠的志愿者队伍最重要的保障。激励分为非物质激励和物质激励。①非物质激励:安排志愿者与运动员、音乐家和艺术家等会面,表扬、嘉奖、宣传等。②物质激励:入场券、证书、胸章、衣服等。

四、老年人活动的风险管理

(一)老年人活动风险管理的概念

所谓风险管理是识别、度量项目风险,制订、选择和管理风险处理方案的过程。风险管理是一个动态、循环、系统、完整的过程。老年人活动举行过程中发生的火灾、暴风雨、设备故障、参与者突发性疾病等,都可称为风险性事件,它具有突发性、破坏性、不确定性、紧迫性的特征。风险管理就是要在偶然性中发现必然性,在风险中发现有利因素,把握风险发生的规律,综合运用多种方法、手段和措施,尽力避免风险所造成的危害和损失,变害为利,以最低的成本将各种不利后果减少到最低程度。做好活动风险管理的目的是消除或降低风险所带来的威胁和损失。

(二)老年人活动风险的识别与防御机制

1. 选择场地 在选择场地时要根据活动项目、活动形式、活动规模等综合考虑。环境条件主要有自然条件、社会条件、生态条件等。自然条件包括地形、地势、气候因素等。社会条件包括交通、供电、社会风俗习惯、经济条件等。举办活动的场地确定后,应立即到现场进行考察和调研。

(1)建筑物的安全性:建筑物必须坚固安全,建材经久耐用,以达到防风、防震、防火、防水的功能。另外,还要考虑建筑物的节能性、舒适性、隔音性等。

（2）室内场地的安全性：活动组织者要考察活动室内的物质环境，如设备、橱柜、桌凳等有无伤害老年人的锐角和突起，出入门的地面是否光滑、有无棱角，出入的通道是否宽敞、无杂物，洗手间是否为防滑地面。

（3）户外场地的安全性：户外活动场地的地面应平整、无坑洼，以防止老年人跌倒与擦伤。使用的运动器材应安全耐用，并注意器材的定期检查和维护。老年人活动时应有专人陪伴，放手不放眼，老年人的活动应在工作人员的视野之内。

（4）健康安全性：老年人的健康安全是整个活动的核心。一是保障老年人生理的健康：场地的材料应该是安全的，不应该有刺鼻的气味、尖锐的角、物体坠落的危险、过量的铅和甲醛等有害物质。二是保持老年人的心理健康：环境创设的内容要轻松愉快，能为老年人带来安全感、舒适感；也可创设一些进行情绪发泄的空间，以帮助老年人保持良好的情绪。

2. 财务与人身安全　要及时提醒老年人，参加活动时身上不用带太多现金，贵重物品不要乱放或随意交给他人保管。活动现场的通道应保持畅通，人员应有序流动，并安排工作人员维持秩序，避免发生人员聚集现象。活动组织方应为参与活动者购买足够的保险，从而在遭遇失窃、自然灾害以及其他一些意外情况时，能得到理赔，以减少损失。活动组织方应建立一个全面综合的登记系统，监控活动所有参与人员的出入情况，以确保参与者的人身安全。

3. 自然灾害　详细了解举办活动区域的季节特点、交通拥堵情况、温度、湿度等，避开不良季节和天气，以保证活动的顺利进行。

4. 人为灾害/暴力行为　举办大型活动时，活动组织者一定要注意防火、防食物中毒、防暴力行为、防示威或对抗。活动前认真评估活动参与对象、活动场地、活动用物等方面的潜在危机，做好质量控制工作。活动过程中，做好参与人员的管理工作，时刻关注活动现场的意外情况，以防不良事件发生。

（三）制订风险应急预案

计划是指根据对组织外部环境与内部条件的分析，提出在未来一定时期内要达到的组织目标以及实现目标的方案途径。要想制订一份完善安全的计划，一是要熟悉活动的所有细节，了解活动的特点；二是要了解和协调道路交通，了解建筑物结构和材料的安全情况；三是要与场地的活动协调员、保安人员等相关方面密切配合，共同制订安全计划。

（四）评估风险管理计划

风险管理计划是一个能够帮助系统解决危机、具有普遍意义和一致性观点表达的步骤和方案，是克服风险的基石和纲领性文件。风险管理计划是一个动态的"活文件"，它随着外界因素对活动的影响而不断变化，不论何时发生风险都应该及时对风险管理计划进行评估，以便更好地确保所有参与人员的安全。任何活动都是独一无二、不可复制的事件，会出现不可预见的变化，如参与者的人数变化、活动场地的变化、天气的变化等。每当活动出现不可预见的变化时，都必须重新审阅风险管理计划，及时对其进行改进和更新，不让危险有机可乘。

（五）风险应对策略

风险管理计划的形式是多种多样的，每一种风险不论是何种形式，都会对活动构成威胁。以人为本、减少危害、依法规范、依靠科技、整合资源是管理的基本原则。第一，应该在风险发生前制订科学性和适应性风险应变方案，以确保风险到来时有备应对；第二，加强管理，高度重视；第三，统一领导，分级负责，临危不乱；第四，协同应对、快速反应，及早处理；第五，行胜于言，在风险突然降临时，积极的行动要比单纯的广告和宣传手册中的华丽词汇更有意义；第六，掌握信息发布的主动权。一般来说，在出现风险时最好成立一个新闻中心，将风险真相告诉社会大众，有必要安排一人专门写稿，介绍风险的详细情况以及活动管理者所作出的决策，以保证活动的继续进行和维护活动的信誉。

（郑秀花）

思考题

1. 活动策划方案包括哪几部分？请列出每部分内容。

2. 家家有老人，人人都会老。我们牵着祖父母和父母的手长大了，可他们却日渐衰老。请思考我们能为身边老人具体做些什么呢？

第四章
老年人活动组织与策划

随着我国老龄化程度的不断加深,养老服务供给体系建设日益受到各方关注。老年人因社会参与减少、生理功能下降等因素,易产生孤独、失落感,自我封闭意识增强。为响应国家积极应对人口老龄化战略,根据老年人的身心特点、生活需求、兴趣爱好和能力等,积极为老年人开展丰富多彩的活动,为老年人提供展示自我和参与社会活动的平台,达到促进老年人身心健康,提高其生活质量的目的。

第一节　组织与策划老年人节庆文娱活动

导入情境

新入住护养中心的刘奶奶,因性格内向,与其他老年人沟通交流较少,导致其不能很好地适应护养中心的生活,心情十分苦闷。护理员了解到刘奶奶的生日马上就要到了,为帮助刘奶奶打开心扉,加快适应护养中心的生活,护养中心计划联合某社区志愿服务队,为本月过生日的老年人开展一场以"生日会"为主题的活动,在促进老年人互动的基础上,表达大家深深的祝福。

工作任务:

1. 策划本月以"生日会"为主题的活动并撰写活动策划书。
2. 说出策划本次活动的注意事项。

近年来,随着我国经济发展以及医疗水平的提高,老年人对精神文化的需求越来越高。节庆文娱活动是老年人晚年生活的重要组成部分。节庆活动时老年人聚集在一起庆祝节日,通过沟通、交流、分享,建立和维持友谊。文娱活动是以人民群众为活动主体,以自娱自教为主导形式,以满足自身精神生活需要为目的,以文化娱乐活动为主要内容,具有群众性、自娱性、倾向性和传承性等特点。为老年人创造更加优美的生活环境,不仅关系到老年人的身心健康,也关系到老年人家庭和整个社会的和谐与发展。

一、组织与策划老年人节日庆典活动

（一）老年人生日活动

在我国，为老年人过生日又称"祝寿"。过生日时一般会举行寿宴，宴请亲朋好友来为老年人庆祝，但因各地的文化差异，庆祝生日的仪式和内容不甚相同。

1. 老年人生日活动概述　为老年人举办庆祝生日活动可以选择在家中、酒店、养老机构的活动中心等，来祝寿的人员主要是其儿女和亲属。在养老机构中居住的老年人还可以选择过集体生日。养老机构的工作人员和志愿者通过开办"生日会"等形式为老年人祝寿。此外，还可以根据老年人个体的需求设计活动，如唱生日快乐歌、玩游戏、制作生日卡片等；在生日会中往往会设计切生日蛋糕、吃长寿面等环节。

2. 老年人生日活动的意义

（1）生日可以成为老年人和子女团聚的理由：常年忙于工作的子女，很少回家探望父母，当年迈的父母过生日时，子女总需要抽时间回家陪父母吃顿饭，珍惜与父母团聚的时光。

（2）缓解独居老人的孤独和焦虑情绪：过生日时一家人团聚，对于长期独居的老人而言，可以缓解一些孤独和焦虑情绪。

（3）在养老机构中一起过生日能结交更多朋友：养老机构一般每月都会举办生日会。在集体生日会上，老年人可以结识一些和自己生日相近的朋友，在三言两语的交谈中也能结交更多朋友。

3. 活动策划和准备　活动策划要尊重老年人的意愿和选择，同时要考虑老年人的精力和健康状况。通过询问老年人和他们的家人，尽可能清楚地了解老年人喜欢大型聚会还是小型聚会，是否更钟爱和家人一起度过。如果老年人对举办生日活动犹豫不决，就要考虑提供其他选择，比如与重要的人一起享受欢聚时光，和家人、朋友一起品尝茶点，或者去喜欢的景点参观游玩等。如果活动策划者非常了解老年人，可以根据老年人的兴趣爱好设计生日活动，让老年人在过生日的时候感到自己与众不同，并且可根据老年人感官优势，赠予老年人恰当的生日礼物（表4-1）。

表4-1　可赠予老年人的礼物

五感	视觉	触觉	嗅觉	味觉	听觉
礼物	纪念相册、涂色本、海报	丝巾、衣服、围巾	舒缓精油、香包	生日蛋糕	唱片

4. 老年人生日活动的策划与准备　见实训4-1。

（1）活动主题：老年人生日活动的主题要尊重老年人的意愿、满足老年人的需求，通常以庆祝、感恩、纪念、团圆、长寿等为主题。

（2）活动规模：现代的生日活动规模较小，主要是老年人和子女等亲属参加。目前许多养老机构和社区还会举行老年人集体生日会，一般参与生日宴会的人在20人左右。

（3）参加对象：参加人员主要为老年人、老年人子女、亲朋好友等。养老机构和社区举行的生日会活动还会邀请机构的负责人、志愿者等，活动形式更加丰富多彩。

（4）活动场地：老年人的生日活动场地要尽量选择室内开阔的地方。机构为老年人庆祝生日，一般在宽敞的活动室或食堂开展。对于行动不便的老年人，活动场地尽可能地选在老年人熟悉的场所。活动开始前，要根据老年人的喜好提前布置生日会场。

（5）活动时间：老年人生日活动当天一般至少提前1h准备，应提前与老年人确定活动的具体细节。活动进行的时间一般控制在1h以内，避免老年人过度疲劳。

（二）老年人节日活动

在特定的节日为老年人开展活动，一方面有利于丰富老年人的晚年生活，另一方面还有益于老年人的身心健康发展。我国的节日活动可分为传统节日和现代节日。

1. 老年人节日活动概述

（1）传统节日

1）春节：春节是我国传统习俗中最隆重的节日。春节不仅庆贺过去的一年，还祈祝来年五谷丰登、人畜兴旺。在为老年人策划庆祝春节活动时，可以"迎新年、庆新年"为主题，活动形式可丰富多彩，如贴春联、剪窗花、包饺子、新春茶话会、歌曲大联欢等。

2）元宵节：又称灯节、小正月、上元节，为每年正月十五，也是庆贺新春活动的延续。在为老年人策划元宵节活动时，可以"欢欢喜喜闹元宵"为主题，活动内容可以选择赏花灯、吃汤圆、猜灯谜，应发动老年人融入活动当中，与家人一起感受团聚的氛围。

3）清明节：又称踏青节、三月节等，节期在仲春与暮春之交。由于清明节是缅怀逝去亲人的节日，所以在设计活动时要考虑到老年人情绪和心理的变化，可以"生命回顾，缅怀亲人"为主题。另外根据老年人的身心特点，还可以设计踏春出游等活动，鼓励老年人拥抱大自然，放松身心，欣赏美景，达到愉悦身心、锻炼身体的目的。

4）端午节：又称端阳节。策划端午节老年人活动时，要围绕纪念和团结进行设计，可以"粽香寄情""欢乐龙舟赛"为主题，通过包粽子、做香囊、模拟龙舟赛等活动，让老年人在感受传统节日氛围的同时又愉悦身心。

5）中秋节：中秋节是团圆的节日，在开展老年人活动时，可以邀请老年人的家人一同参加。例如设计"中秋团圆"为主题的活动时，可以设计制作月饼、赏月等环节，让老年人感受节日的团聚气氛，同时还能提高老年人的动手能力，增强自信心。

6）重阳节：又称重九节、九月九、老人节等。开展活动时可以结合中国传统的尊老、敬老、爱老、助老文化。例如设计"情满九月九、爱在夕阳红"主题活动时，可以招募志愿者和爱心人士为养老机构的老年人送温暖。

（2）现代节日

1）元旦：即公历的 1 月 1 日，又称公历年、阳历年、新历年。元旦适宜开展的老年人活动多为辞旧迎新，可以穿插游戏互动、文艺表演等，营造轻松愉快的氛围。

2）妇女节：又称国际劳动妇女节、三八妇女节，是每年 3 月 8 日为庆祝妇女在经济、政治和社会等领域作出的重要贡献和取得的巨大成就而设立的节日。

3）劳动节：又称五一国际劳动节，为每年的 5 月 1 日。它是全世界劳动人民共同拥有的节日，世界各国一般都会举行相应的庆祝活动。

4）国庆节：我国的国庆节是每年的 10 月 1 日。在策划国庆节老年人活动时，应以提高老年人的爱国意识为目的，通过大合唱、爱国主义影片展播、爱国演讲比赛等形式，使老年人感受到祖国的强大，增强老年人的民族自信心和自豪感。

2. 老年人节日活动的意义 老年人作为社会需要关怀的群体，为其开展优质的节日活动，有利于传达节日意义，深化节日内涵。通过参加集体活动，可以提高养老机构中老年人的归属感和融入感，促进老年人之间的交流、沟通与了解。结合节日的活动为老年人提供交流的平台，促使老年人之间融洽相处，让老年人感受到尊重和重视，从而提高其生活满意度。

3. 活动策划和准备 见实训 4-2。

（1）活动主题：不同的节日活动主题和意义不同，在确定活动主题时应首先调查老年人的需求，其次再进行广泛讨论。例如，端午节的活动主题要围绕端午节习俗，同时还要考虑老年人的身心特点和需求，可以开展包粽子、折纸龙舟、趣味比赛等活动庆祝节日。

（2）活动规模：根据活动安排可调整活动规模，如果节日活动只有家人参加，则规模相对较小；如果有志愿者或其他人员参加，则规模相对较大。

（3）参加对象：节日活动的主要参与对象为老年人，策划时要考虑老年人的身体状况、认知状况等。同时要尊重老年人的自主选择权，不可强迫老年人参加活动，应以老年人的安全为重。

（4）活动场地：老年人节日活动应尽量选择在机构或者社区活动中心、会议室或开阔、安全的室外开展，在保证场地大小和参加活动的人员相适宜的情况下，还要保证现场无障碍，方便老年人进出。

（5）活动时间：节日活动须提前确定好活动的具体时间和细节。一般活动应安排在节日当天或者提前一至两天，时间安排方面应不与老年人的正常作息时间冲突。活动时间应控制在 1h 以内，中途可安排老年人休息，避免疲劳。

📖 **知识拓展**

寿文化

"寿"字被认为是最具吉祥意义的汉字之一，按《辞海》的解释是指寿命，或谓年岁长久之意，亦指老年人。"福、禄、寿、喜、财"为"五福"，反映了中华民族对美好生活的企盼。"五福"中又有"五福寿为先"的说法。"寿"字寄托着人们的期盼、祝福和向往，是中国人共同向往的人生目标之一，成为中华民族祖祖辈辈永恒的祈福迎祥主题，并且在民间逐渐形成一种特有的"寿"文化。

二、组织与策划老年人文化娱乐活动

导入情境

为丰富老年人的生活，促进身心健康，增进老年人之间的友谊，护养中心准备举办一次文化娱乐活动。考虑到入住老年人年龄比较大，容易疲劳，活动工作者小王决定开展室内活动。老人们参加活动的积极性很高。小王考虑到新入住机构的老年人偏多，所以将本次活动的第一个环节设计为"破冰"游戏，在气氛活跃起来后，小王又组织老年人学习使用智能手机，解决了老年人的切实困难，破除了老年人与子女的沟通壁垒，增进了老年人与家人之间的感情。

工作任务：

1. 请策划本次文化娱乐活动。
2. 请根据策划方案实施本次活动。

（一）老年人文化活动

随着我国老龄化程度加深，老年人的精神文化生活越来越受到关注，组织老年人开展学习型、交往型、娱乐型等文化活动，有利于促进社会和谐与稳定。

1. 老年人文化活动概述　文化活动涵盖的范围很宽泛，常见的文化活动有各类知识学习活动、书法绘画活动以及对于传统或现代文化的宣传弘扬活动。现代社会的高速发展，尤其是信息通信技术、支付技术等新技术的广泛应用，在给老年人的生活带来了巨大便利的同时，也给老年人的生活带来了挑战。为了提高晚年的生活质量，广大老年人或主动或被动地投身于这场"终身学习"当中。他们选择利用家庭、社区、学校等空间，不断接受新知识，不断充实和完善自己，在陶冶情操中尽显"老有所学，老有所乐"的人生态度。

2. 老年人文化活动意义　老年人参加文化活动一方面可以丰富文化知识，充实自己的生活，排解孤寂，促进身心健康；另一方面也能挖掘老年人的潜能，鼓励其继续为社会发挥余热。老年人文化活动既是自身的需要，也符合社会的期望。此外，文化活动也是增进老年人邻里间情感的一个有效方式，以此来帮助老年人充实生活，扩大社交圈子，避免离退休后带来的抑郁及孤独感。

现代医学认为大脑是生命活动的高级中枢，到了老年大脑会逐渐萎缩，导致大脑的功能退化。坚持不断地用脑，可促进脑细胞的新陈代谢，脑细胞越发达，越有生命力，这样可以推迟大脑的退化和萎缩。组织老年人参加讲座、看书、观看电视节目等文化活动，可以帮助老年人掌握一些医学健康知识，这对于疾病的预防和保健具有很好的效果。

3. 活动策划和准备 见实训 4-3。

（1）活动主题：文化活动的主题可以围绕老年人的现实需要和兴趣爱好，还可以围绕某些特定事件。

（2）活动规模：老年人学习活动规模不要过小，否则现场气氛不够热烈，但这不意味着人越多越好，一旦规模过大也会显得嘈杂，而且一旦发生突发状况，处理难度太大，因此活动人数最好限定在50人左右。

（3）参加对象：文化活动对于人员的要求不高，只要有某个方面的学习兴趣或爱好的老年人均可参加，尤其是一些讲座类学习活动，即使行动不便的老年人也可以参加。

（4）举办时间及安排：文化活动的时间要求没有严格的限制，但时间安排不宜过长，以免造成老年人的疲劳。此外，还要根据活动的时间安排，提前预订活动场地，并对活动场地进行布置，整个活动流程要相互衔接，不能脱节。

（5）活动地点：一般安排在室内，如社区活动中心、养老机构的活动室等。桌椅板凳、多媒体、音响等需提前配套齐全，还要考虑到部分行动不便的老年人，要设有无障碍设施和通道。

📖 知识拓展

书法治疗对于老年人认知改善的作用

汉字是世界上最古老的文字之一，其书写表达的传统艺术——书法是中国传统文化中的瑰宝，也是人类非物质文化遗产之一。心理学家的研究表明，进行一段时间的书法训练可以促进人的视觉感知及视觉专注，同时还会促进认知活动，达到生理上的放松、情绪稳定及行动协调。此外，人们还发现，个体在进行书法训练时，其负责空间和形象思维的右脑的脑电波活动明显高于负责逻辑推理及语言表达的左脑的脑电波活动。汉字几何的视觉空间特征更符合书写者的自然视角模式，因而可以使书写者的身体受到较少不自然的特殊因素影响，并保持一种放松与平和的身心状态，这种状态可以进一步令书写者精神集中、心无旁骛、注意力分配合理等。

（二）老年人娱乐活动

常见的适合老年人娱乐休闲的活动有棋牌活动、游戏活动、桌游活动、垂钓活动等。

1. 老年人娱乐活动概述 娱乐活动是老年人活动的重要组成部分，通过娱乐活动可以排解老人内心的不良感受。娱乐活动具有自主性、拓展性和创造性，老年人丰富的阅历更能使娱乐活动发挥内涵作用。

在设计老年人娱乐活动时应注意，安全是活动的前提，在摸清老年人身体健康状况的同时，还应做好医疗应急措施，以备不时之需。此外，老年人的娱乐活动不可太过激烈，动作幅度不宜过大，以免引起老年人情绪激动。老年人的娱乐活动时间应控制在 45min 左右。适合老年人的游戏活动包括击鼓传花、套圈夺宝、猜谜会、折纸花、指令游戏等。

2. 老年人娱乐活动意义 老年人娱乐活动可动可静，娱乐活动可提高老年人的记忆力和大脑思维能力，团体活动则可以培养老年人的合作精神和团体意识。

（1）锻炼思维，启迪智慧：娱乐活动可以锻炼大脑的逻辑思维能力，培养人们独立思考的能力，启迪智慧。活动中需要把计算能力、默记能力、分析能力、战略战术巧妙地糅合在一起，有助于益智、健脑和养志。

（2）增进友谊，陶冶情操：组织娱乐活动可增进友谊，陶冶情操。以弈棋为例，除了比智力、比技巧外，还拼体力与耐力，是养性的好方法。弈棋者不争输赢，尽享弈棋之乐，可豁达心胸，除郁闷之气，促使身心愉悦。

（3）调节情绪，促进康复：老年人娱乐活动除可愉悦精神外，还能够修身养性、调节情绪、益智健脑。老年人参加户外体育类活动，既可以呼吸新鲜空气，又能够锻炼肢体，从而促进康复。

（4）延缓衰老：参加娱乐活动时保持专注和投入有助于身心顺畅，提高记忆力。老年人随着身体的老化，大脑思维能力、记忆力等也逐渐退化，经常参与娱乐活动，可以促使大脑保持注意力、计算力、学习力，这对防止大脑功能退化十分有益。

3. 活动策划和准备 见实训4-4。

（1）活动主题：为丰富社区老年人的娱乐生活，增强老年人的脑力锻炼及相互之间的交流，可以将倡导关爱老年人身心健康、丰富文化生活、增加晚年生活乐趣等作为活动主题。

（2）活动规模：一般控制在20人以内，人数不宜过多。

（3）参加对象：以社区或机构爱好集体活动的老年人为主体。应提前与老年人沟通并关注其需求的表达，运用沟通技巧与老年人建立相互信赖的关系，对不愿意参加活动的老年人不必强求、不要批判，并予以真诚的称赞和鼓励，增强他们的自信心。

（4）举办时间及安排：根据活动内容和安排，确定活动日期及具体时间。一般活动时间不宜过长，正式活动时间应控制在1h以内，如果超过1h，应安排中间休息、补充能量，避免让老年人过度劳累。

（5）活动地点：举办活动的地点选择至关重要，可能直接决定活动的成败。老年人娱乐活动可选择会议室、老年人活动中心、户外开阔的广场等。老年人活动的地方一定要方便如厕并备有残疾人卫生间，要有休息区域。开展活动之前应进行安全检查，如座椅是否牢固，光线是否明亮，设备、电线、电缆等是否阻碍通行等，尽量消除安全隐患。要确保消防出口、残疾人专用通道出入口安全通畅。根据以上确定结果，具体落实活动地点，包括报到地点、比赛地点、休息地点等。

（6）活动准备：包括场地准备、物品准备、人员准备。活动主题横幅、热场活动、活动礼品等能提高仪式感，增强老年人的参与度。组织人员把控好活动流程、做好活动服务及应急处理是活动有效、安全完成的重要保障。针对老年人在日常生活上五感的刺激，可以准备以下活动礼品（表4-2）。

表4-2 赠予老年人恰当的礼物

视觉	触觉	嗅觉	味觉	听觉
相册	防滑拖鞋	护手霜	水果	风铃
书籍	洗脸巾	沐浴皂	家庭自制的小饼干	
手工画作	围巾	薰衣草香包		

（7）活动流程：见实训4-5。

实训4-1 策划老年人生日活动

【实训目的】

1. 熟悉生日活动策划方案的撰写。

2. 学会如何组织与策划一场生日主题活动。

【实训学时】

1学时。

【实训步骤】

1. 活动主题 欢聚夕阳更美好。

2. 活动参与对象 李奶奶、李奶奶的子女、亲朋好友、机构领导、活动策划者、志愿者等共20人。

3. 活动时间 ××××年××月××日15:00—16:00。

4. 活动地点 ×××养老院二楼活动室。

5. 活动目的和意义 "老吾老以及人之老"，尊老、敬老是中华民族的传统美德。李奶奶为社会作出了贡献，举办本次生日主题活动，是为了表达对李奶奶的感谢和祝福，也是为了宣传孝文化，倡导尊老、敬老的美德。

6. 活动内容　暖身、创作、庆生、讨论(具体实训活动流程详见表4-3)。

表4-3　具体实训活动流程

活动主题	欢聚夕阳更美好		地点	×××养老院二楼活动室	
日期	××××年××月××日15:00—16:00		时间	60min	
带领者	活动策划者、志愿者				
活动流程					
进行内容	预估时间/min	活动内容		所需材料	备注
暖身	10	向活动参加者特别是寿星李奶奶问好、寒暄,进入暖身活动 活动名称:祝福拳			
创作	20	押花姓名画		圆形彩色卡纸、押花包	
庆生	20	拜寿、祝寿、献花送祝福、李奶奶发言、唱生日歌、切蛋糕、拍摄团体照		花、蛋糕	
讨论	10	活动策划者和志愿者及时跟进,与老年人交流,征询对本次活动的意见;讨论老年人在此次活动过程中的参与状况和特殊事件			

7. 人员分配　本次活动的人员安排详见表4-4。

表4-4　活动人员安排表

工作小组	工作任务	准备内容
准备组	组织与策划活动、采购活动所需物品、邀请活动参与者、购买生日派对所需用品、活动现场的布置	活动策划书、图画纸、铅笔、橡皮擦、音响、摄像机、音乐、蛋糕、茶点、花等
执行组	来客登记、安排座次、主持活动流程、现场声光设备控制、拍摄、活动现场秩序维护	签到表、现场音乐、摄像机

8. 经费预算　本次活动的经费预算详见表4-5。

表4-5　活动经费预算

项目	图画纸	铅笔、橡皮擦	蛋糕	花	茶点	合计
费用/元	50	20	300	100	100	550

9. 活动注意事项　应提前制作好邀请函。活动举办期间,做好活动现场的秩序维护,确保参与者的人身安全。提前制订应急方案,活动现场应配备医护人员。

10. 活动总结和效果评估　活动配备摄影师全程录像,并在活动结束后留存影音档案,让老年人留下温馨的回忆。活动期间注意与老年人的沟通交流,了解老年人的身体状况和承受能力。活动策划者在活动结束后对整个活动流程以及活动现场状况进行分析,形成书面的总结报告。

【实训评价】

1. 知识掌握(30%)　能掌握撰写老年人生日活动策划书的相关知识,以及活动开展的注意事项。

2. 操作能力(40%)　能学会与其他人合作开展老年人生日活动;能预计活动中的突发情况并做好应急预案;能在活动中协调各工作人员一起有效组织、开展活动。

3. 人文素养（30%） 注意老年人和自身的防护，有安全意识及风险管理理念；准备要充分，评估要全面。

实训4-2 策划端午节老年人活动

【实训目的】

1. 熟悉节日活动策划方案撰写。

2. 学会组织与策划一场节日主题活动。

【实训学时】

2学时。

【实训步骤】

1. 活动主题 "五彩端午"端午节主题活动。

2. 活动参与对象 老年人、活动策划者、志愿者。

3. 活动时间 ××××年××月××日（端午节）14:30—16:00。

4. 活动地点 ××养老院活动中心。

5. 活动目的和意义 弘扬中华传统文化，体验端午传统民俗，丰富老年人晚年生活，老年人相互交流、分享，增进情感。

6. 活动内容 暖身、手工制作、妙想龙舟赛、颁奖、合影、结束、分享（具体实训活动流程详见表4-6）。

表4-6 具体实训活动流程

活动主题	"五彩端午"端午节主题活动		地点	××养老院活动中心	
日期	××××年××月××日 14:30—16:00		时间	90min	
带领者	活动策划者、志愿者				
活动流程					
进行内容	预估时间/min	活动内容		所需准备	备注
暖身	10	向老年人问好、寒暄，祝福老年人节日快乐 暖身活动：击鼓传花		花	
手工制作	20	1. 利用课件（PPT）讲解五彩绳的祈福纳吉的寓意，以及如何利用材料包制作五彩绳 2. 老年人动手制作五彩绳并佩戴展示 3. 老年人相互交流、分享		五彩绳材料包（五彩绳、串珠）、PPT	
	20	1. 利用PPT讲解香囊的制作方法 2. 老年人动手制作香囊 3. 老年人相互赠送、佩戴，分享交流		香囊材料包（彩色布料、各种功效的材料、针线、流苏）、剪刀、PPT	
妙想龙舟赛	30	1. 老年人分别"乘坐"龙舟，分3组进行通关比赛 2. 参赛者分别通过障碍地带、脑部锻炼、找不同点3个关卡，最先通关者获胜 3. 比赛选出一、二、三等奖 4. 老年人交流、分享		纸板龙舟、PPT	
颁奖、合影	5	为龙舟赛获奖老年人颁奖并合影留念		奖品、相机	
结束、分享	5	活动策划者和志愿者及时跟进，与老年人交流，征询对本次活动的意见；在活动结束后记录老年人在此次活动过程中的参与状况和特殊事件			

7. 人员分配　具体人员安排详见表4-7。

表4-7　活动人员工作安排

工作小组	工作任务	准备内容
准备组	组织与策划活动,采购活动所需物品,邀请活动参与者,活动现场的布置、宣传	活动策划书、音响、照相机、水果、茶点、花、五彩绳材料包、香囊材料包、纸板龙舟等
执行组	安排座席、主持活动流程、现场拍摄	签到表、现场音乐、摄像机
后勤组	水果、茶点补给,应急医疗保障,处理突发事件	应急医疗设备,水果、茶点

8. 经费预算　活动的经费预算详见表4-8。

表4-8　活动经费预算

项目	五彩绳材料包	香囊材料包	纸板龙舟	花、水果、茶点	奖品	合计
费用/元	100	100	100	100	100	500

9. 注意事项　活动期间做好活动现场的秩序维护,确保参与者的人身安全。提前制订应急方案,活动现场应配备应急医护人员。

10. 活动总结和效果评估　活动配备摄影师全程录像,并在活动结束后留存影音档案,让老年人留下温馨的回忆。与老年人积极沟通,完成互动环节。注意与活动参与者沟通,获得反馈意见,及时改进活动。

【实训评价】

1. 知识掌握(30%)　能掌握撰写老年人节日庆典活动策划书的相关知识,以及活动开展的注意事项。

2. 操作能力(40%)　能学会与其他人合作开展老年人节日庆典活动;能预计活动中的突发情况并做好应急预案;能在活动中协调各工作人员一起有效组织、开展活动。

3. 人文素养(30%)　注意老年人和自身的防护,有安全意识及风险管理理念;准备要充分,评估要全面。

实训4-3　策划老年人学习使用智能手机活动

【实训目的】
1. 熟悉老年人学习活动的策划和方案撰写。
2. 学会组织与策划一场老年人学习活动。

【实训学时】
1学时。

【实训步骤】
撰写活动策划方案:

1. 活动主题　跟随潮流,智能生活。

2. 活动参与对象　××社区老人30人,社区工作人员5人。

3. 活动时间　××××年××月××日9:00—10:00。

4. 活动地点　××社区活动室。

5. 活动目的和意义　通过本次活动,让老年人学会智能手机的基本操作,开拓和家人、朋友沟通的新渠道,享受网络时代带来的精彩生活,实现老有所学、老有所乐。

6. 活动内容　见表4-9。

表4-9　具体实训活动流程

活动主题	跟随潮流，智能生活		地点	××社区活动室
日期	××××年××月××日 9:00—10:00		时间	60min
带领者	活动策划者、社区工作人员			

进行内容	预估时间/min	活动内容	所需准备	备注
		活动流程		
暖身	5	向老年人问候，介绍此次活动。为营造气氛，首先通过"击鼓传花"的游戏提高大家的热情	绣球	
主题活动	50	一、微信的视频电话功能操作 1. 请老年人在应用商城下载微信应用软件，教他们注册、登录 2. 教老年人相互添加好友（引导建立社交） 3. 教他们进行视频电话 4. 朋友圈的操作　请老年人拍下活动现场照片或者视频，发朋友圈并相互点赞（提高老年人参与活动的兴趣） 二、玩转微信群 教老年人发、抢红包，让他们体会到微信群社交的乐趣 三、网上冲浪 主持人发布主题，教老年人运用语音或者打字输入、搜索信息并分享到微信群和朋友圈	智能手机（老年人每人带一部）、多媒体、课件	
分享	5	主持人对学习活动进行总结；大家一起回顾活动的开展情况，同时评选5位"长者学霸"给予口头表扬；最后给参加活动的老年人发放小礼品	小礼品	

7. 人员分配　工作人员分为3个小组，见表4-10。

表4-10　活动人员工作任务分配

工作小组	工作任务
准备小组	邀请老年人；布置老年人活动室；购置矿泉水、纸巾、小礼品等物品
执行小组	负责PPT的制作和讲解；现场为老年人进行答疑
保障小组	环境卫生维护、茶水补给、小礼品的发放、应急医疗保障

8. 经费预算　本次活动的经费预算详见表4-11。

表4-11　活动经费预算

项目	数量	单价/元	小计/元
横幅	1条	50	50
矿泉水	3箱	30	90
小礼物	30份	10	300
合计			440

9. 活动注意事项　①活动时间控制在1h以内，不宜过长。②志愿者在教学过程中要有耐心，切勿急躁。

10. 预计效果　老年人能够掌握智能手机的基本操作,并享受到科技进步带来的方便。

【实训评价】

1. 知识掌握(30%)　能说出老年人学习活动的作用、类型和特征。

2. 操作能力(40%)　能掌握老年人学习活动的基本流程和注意事项;能预计活动中的突发情况并做好应急预案;能在活动中协调各组工作人员一起有效组织、开展活动。

3. 人文素养(30%)　关注老年人的心理状况;准备充分,评估全面。

实训4-4　策划老年人书画活动

【实训目的】

1. 熟悉老年人书画活动策划方案的撰写。

2. 学会策划和组织老年人书画活动。

【实训学时】

1学时。

【实训步骤】

撰写活动策划方案:

1. 活动主题　"挥毫泼墨度重阳"书画交流活动。

2. 活动参与对象　老年书画协会书画家5人,社区老年书画班学员10人。

3. 活动时间　××××年××月××日9:30—10:50。

4. 活动地点　××社区老年人活动室。

5. 活动目的和意义　①为书画爱好者提供展示自我的平台;②与老年人共同庆祝重阳节,营造浓厚的节日氛围;③提高老年人的书画技能,增加老年人参与书画活动的兴趣和热情。

6. 活动内容　协会书画家现场辅导老年人书法、绘画;协会书画家和老年书画班学员共同创作以重阳为主题的书画作品(表4-12)。

表 4-12　具体实训活动流程

活动主题	"挥毫泼墨度重阳"书画交流活动		地点	××社区老年人活动室
日期	××××年××月××日9:30—10:50		时间	80min
带领者	活动策划者			
活动流程				
进行内容	预估时间/min	活动内容	所需准备	备注
活动开场白	10	介绍到场的书画家;介绍活动流程;请书画家代表致辞	活动嘉宾简介资料;横幅	
主题活动	60	1. 由书画家以"重阳节""老年幸福生活"为主题,进行书画创作,并就书画创作的基本功和技巧进行讲解(20min) 2. 学员和书画家进行分组、匹配,1个书画家对应3个学员;老年书画班学员进行书画创作,由负责辅导的书画家进行指导(30min) 3. 互赠书画作品(5min) 4. 集体合影留念(5min)	书画创作用的笔、墨、纸、砚;相机	
总结	10	活动策划者征询老年人对本次活动的意见;针对活动中出现的一些突发情况及应急措施的效果和不足进行讨论		

7. 人员分配 工作人员分为3个小组，见表4-13。

表4-13 活动人员工作任务分配

工作小组	工作任务
准备小组	横幅；书画用具；茶水
执行小组	协助书画创作；被辅导学员的分配
保障小组	环境卫生维护；茶水和食物补给；应急医疗保障

8. 经费预算 本次活动的经费预算详见表4-14。

表4-14 活动经费预算

项目	数量	单价/元	小计/元
墨汁	10瓶	15	150
宣纸	5刀	30	150
矿泉水	2箱	50	100
横幅	1条	50	50
合计			450

9. 活动注意事项 笔墨纸砚等书画用物提前采购好；注意观察老年人的身体，一旦出现不适情况，及时进行治疗；多讲鼓励的话语，激发老年人学习书画的信心。

10. 预计效果 使老年书画班学员的书画能力得到提高；增加老年人学习书画的热情；使老年人体会到全社会尊老、敬老、爱老的良好氛围。

【实训评价】

1. 知识掌握（30%） 说出老年人练习书画的意义、书法和绘画的主要形式。

2. 操作能力（40%） 能学会老年人书画活动的流程和注意事项；能预计活动中的突发情况并做好应急预案；能在活动中协调各组工作人员一起有效组织、开展活动。

3. 人文素养（30%） 充分尊重老年人的意见建议，不武断；准备充分，评估全面。

实训4-5 策划老年人五子棋竞技活动

【实训目的】

1. 熟悉老年人五子棋竞技活动策划和方案撰写。

2. 学会组织与策划一场老年人五子棋比赛。

【实训学时】

1学时。

【实训步骤】

1. 活动主题 "棋"开得胜老年五子棋大赛。

2. 活动参与对象 ××养老中心爱好五子棋活动、自愿报名的老年人16人（若报名人数较多，决赛前先进行预赛选拔）、工作人员6人，医务人员1～2人。

3. 活动时间 ××××年××月××日9:00—10:00。

4. 活动地点 ××养老中心多功能活动室。

5. 活动目的和意义 增进老年人交流，促进老人们身心健康，倡导健康向上的积极生活心态。

6. 活动内容 见表4-15。

表 4-15 具体实训活动流程

活动主题	"棋"开得胜老年五子棋大赛		地点	×× 养老中心二楼多功能厅	
日期	××××年××月××日 9:00—10:00		时间	60min	
带领者	活动策划者、社区志愿者				
活动流程					
进行内容	预估时间/min	活动内容		所需准备	备注
暖身	10	向大家问好、寒暄；社区志愿服务团队带来舞蹈表演，以吸引更多老年人来观看比赛		场地准备	
主题活动	30	一、进入会场 1. 主持人请每位参赛选手抽签，确定对弈选手，并由志愿者协助参赛选手进入选手席入座（2 人 ×8 桌） 2. 主持人宣读比赛规则，注意应缓慢、清晰，确保每位老年人听懂；听力障碍的老年人可以以文字形式告知 3. 宣布比赛开始 二、淘汰赛 1. 每组派 1 名志愿者帮助监督比赛过程。采用三局两胜制，获胜的选手进入下一轮比赛，2 轮淘汰赛后，进入1/2 决赛 2. 保障组注意为观看区或等候区老年人提供茶点和饮品，以补充体力 三、半决赛与决赛 1. 主持人宣布半决赛参赛名单，再次请参赛选手抽签，确定对弈选手，并由志愿者协助参赛选手进入选手席入座（2 人 ×2 桌），宣布半决赛开始，采集活动影像资料 2. 每组派 1 名志愿者帮助监督比赛过程。每组胜出的1 名选手进入决赛，被淘汰的 2 名选手获得 3 等奖 3. 2 名选手进入决赛，胜出者获得一等奖，另一人获得二等奖 4. 其余选手现场观看，品茶、吃糕点		1. 记录纸 2. 特制彩色厚卡纸 3. 笔 4. 糕点和饮品	
颁奖	10	中心负责人为获奖老人颁奖，祝贺并给予老年人夸赞和鼓励；合影留念；整理场地		奖品	
分享	5	参赛老年人边饮茶边交流比赛心得，分享五子棋活动中的对弈技巧和比赛过程中的感受			
讨论	5	讨论老年人的活动表现、此次活动过程中的突发事件及应对情况			

7. 人员分配 工作人员分为 3 个小组（表 4-16）。

表 4-16 活动人员工作任务分配

工作小组	工作任务
准备小组	邀请活动参与者、购买所需用物、布置多功能厅
执行小组	安排选手座次、主持活动流程、维护活动现场秩序、现场摄影
保障小组	环境卫生维护、茶水和食物补给、应急医疗保障

8. 经费预算　本次活动的经费预算详见表4-17。

表4-17　活动经费预算

项目	活动横幅	糕点、茶水	活动礼品	合计
经费/元	40	100	120	260

9. 活动注意事项

（1）遵循"友谊第一，比赛第二"的原则，讲棋风，不争执，赛出风格，赛出水平。

（2）每场比赛以2人1桌，采取三局两胜淘汰制单循环赛。晋级选手设一等奖1名，二等奖1名，三等奖2名，其余设参与奖。

（3）选手通过首轮抽签决定对手。

10. 预计效果　丰富老年人的娱乐休闲活动内容，激发老年人积极参与社交活动、广交好友的愿望，确保老年人安全、愉快地参与活动。

【实训评价】

1. 知识掌握（30%）　说出开展老年人棋牌活动的注意事项。

2. 操作能力（40%）　能学会与其他人合作开展老年人棋牌活动；能预计活动中的突发情况并做好应急预案；能在活动中协调各工作人员一起有效组织、开展活动。

3. 人文素养（30%）　注意老年人和自身的防护，有安全意识及风险管理概念；准备充分，评估全面。

（吴修丽）

第二节　组织与策划老年人体育类活动

导入情境

　　某小区是一个20世纪90年代所建的老旧小区，小区居民中约70%的住户为离退休的老年人。但是由于是老旧小区，当年建设的时候没有安装健身器材，所以小区缺乏开展体育活动的条件。因此，老年人的日常活动仅仅局限在打牌、聊天等。

工作任务：

1. 请结合此小区的实际情况，说明哪些体育运动项目适合在本小区开展？

2. 请尝试策划和组织该小区的老年人进行一场体育活动。

　　老年人体育活动是指对老年人进行的，以增进健康、延缓衰老、防治老年性疾病、丰富晚年业余生活为目的的身体锻炼活动。老年人常见的体育活动包括老年人普通体育运动和老年人趣味性体育活动。老年人的健康问题产生了巨大的体育锻炼需求，这使得老年人的参与热情不断提高，也使以体育为主题的活动成为重要的老年人活动类型。

一、组织与策划老年人普通体育活动

　　普通体育运动可以锻炼老年人的心肺功能，提高老年人的体力、耐力和新陈代谢潜在能力，是最有价值的老年人活动之一。

（一）老年人普通体育活动形式

常见老年人普通体育活动包括散步、慢跑、球类运动、倒退走路、太极拳等。

1. 散步　散步是出于锻炼身体或愉悦身心的目的而进行的一种随意活动，具有休闲性。散步能使身体各器官系统更加协调，对预防高血压、冠心病、腰椎病等老年人常见疾病有很好的功效性，是一项简单、和缓的健身运动。散步根据速度、路程、姿势动作分为很多种方式，其中更适合老年人的是速度适中、路途较近、动作难度较小同时具有特定功效性的散步方式，如普通散步法、逍遥散步法、摆臂散步法、摩腹散步法、倒退散步法。

2. 慢跑　跑步是足部更加快速地远离地面的有氧运动。长期坚持跑步能够强健骨骼，锻炼肺活量。跑步技术简单，但为避免对身体健康造成影响，需要在跑步前进行简单热身。跑步分慢跑和加速跑两种，老年人应选择较为缓和的慢跑进行锻炼。

3. 球类运动　适合老年人锻炼的球类运动有健身球、乒乓球、羽毛球、网球、台球、门球和高尔夫球等，可根据个人的兴趣和爱好加以选择。其中，健身球主要是增强指、腕关节的韧性、灵活性和协调性，可增强指力、掌力、腕力，对预防老年人手抖及指关节和腕关节僵直颇有好处。

4. 倒退走路　人倒退走路的时候身体往后倾，腰部的压力也顺着往后，对于腰椎间盘突出症的老年人具有很大的益处。倒退走路可以帮助减轻腰椎的压迫感，缓解腰椎间盘突出症，有益于改善老年人的睡眠质量。

5. 太极拳　太极拳是我国的非物质文化遗产，是一种刚柔并济、急缓相间、连绵不断的中国传统拳术。其动作和缓、连贯，运气吐纳自然，适合老年人疏通经脉、修身养性。除太极拳外，太极扇、太极剑也属于太极拳中器械的一种，具有健身作用的同时，极具艺术观赏性。

6. 广场舞　是居民自发地在较为广阔的空间里，伴随音乐节奏所进行的具有健身作用的舞蹈。广场舞节奏感强、舞步简单易学、形式多样，能够增强老年人的身体协调性、节奏韵律感、思维记忆力，达到放松心情、娱乐身心的作用。

7. 瑜伽　瑜伽是集身体、心理与精神于一体的练习。瑜伽在活动身体的同时，能够改善人的心理和精神状态，故吸引着越来越多的老年人练习。需要注意的是瑜伽姿势看似简单，却需要调动人体的各种力量，因此练习时应循序渐进。老年人在最初练习时，时间应控制在半小时以内。

（二）老年人普通体育活动对身体健康的作用与意义

1. 预防心血管病　体育锻炼可以对心血管系统的形态、功能及调节能力产生良好的影响，从而提高机体的工作能力。大量研究表明，参加有规律的体育健身锻炼可以明显地降低心血管疾病的形成和发生。此外，经常参加体育运动的人，血管壁肌层较厚、弹性好，有利于血液流通，血液中胆固醇的总含量比一般人要少得多。体育锻炼可改善和加强血管运动的调节作用，降低血压。

2. 改善呼吸系统的功能　体育锻炼可以使呼吸加深，人体吸进更多的氧气，排出更多的二氧化碳，从而使肺活量增大，残气量减少，肺功能增强。经常参加体育锻炼的人，身体适应能力较强，呼吸更加平稳、深沉、匀和，呼吸频率也较慢；安静时呼吸频率为 7～11 次 /min，比不参加体育锻炼的人少5～7 次 /min；呼吸强度与呼吸中枢对缺氧和二氧化碳的耐受性增强，呼吸系统疾病的发生减少。

3. 提高消化系统的功能　由于呼吸加强可以增强体内营养物质的消耗，整个机体的代谢也增强了。体育锻炼可增强肠胃的蠕动，增多消化液的分泌，改善肝脏和胰腺的功能，提高消化和吸收的功能，从而使食欲增加。体育锻炼的过程中，膈肌大幅度地上升和下降，腹肌前后交替运动，对肠胃有按摩作用，有助于增进"流水线"的运动速度，促进消化，使肠胃的血液循环得到改善、功能增强，从而提高整个消化系统的功能。

4. 改善神经系统的功能　经常参加体育锻炼可使神经系统的功能得到适应性的变化和提高，神经系统的兴奋性和灵活性也得到改善。老年人进行合理的体育锻炼可以防止和消除大脑疲劳，保持精神饱满、思维敏捷、记忆力良好，这正是神经系统功能健壮的表现，所以体育锻炼是发展和保持神经系统功能的有效手段。

5. 对运动系统的影响　研究表明，在长期锻炼的影响下，人体的运动系统会产生一系列积极性适应，可减缓老年人骨质疏松。经常有规律地参加体育锻炼，可以使骨密质增厚，骨变粗，骨面肌肉附着处凸起明显，进而提高骨质密度和骨的强度，达到预防骨裂的目的。随着形态结构的变化，骨骼更加粗壮和坚固,在抗折、抗弯、抗压缩和抗扭转方面的性能都有了提高。另一方面,规律的体育锻炼可使肌肉发生明显的变化。

6. 减缓心理应激　体育锻炼可有效地减缓人的心理应激。应激是人体对外部环境如工作、学习、人际关系、生活等的一种身心反应。在生活与工作中,人需要一定程度的应激,这有助于提高生活的质量和工作的效率。一般而言,轻到中等程度的应激比较适宜。虽然长时间或高强度的应激会带来身心的紧张,但是研究显示,坚持参加低到中等强度、有规律的有氧锻炼(如跑步、游泳或骑自行车等)是减少应激最有效的方法。

(三)老年人进行普通体育活动的注意事项

1. 养成锻炼习惯　要有决心和毅力,持之以恒,坚持不懈,克服懒散的习惯。

2. 进行必要的健康检查　老年人开始一个项目锻炼之前和运动一段时间以后,最好请医务人员做必要的身体检查。前者旨在判断健康状况,检查是否有老年性疾病,协助选择合理、正确的锻炼方法;后者旨在分析运动和健康的关系,鉴定锻炼效果,调整或修改运动项目和强度,进一步提高运动的效果。

3. 遵守循序渐进的原则　老年人在锻炼时要根据自己的体质、原来是否运动和运动的强度来决定运动量的大小。动作要由慢到快、由易到难、由简到繁,逐渐增加锻炼的时间。每次运动要由静到动、由动到静,逐渐过渡。开始前要有准备活动,停止前要有整理运动。

4. 加强自我监督　老年人一般体质较差,运动量过小则达不到锻炼的目的,动量过大则可能会给身体带来损害。因此,自我监督十分必要,具体做法是经过一段时间的锻炼,如果运动时微微出汗,运动后感到轻松、舒畅,食欲、睡眠比以前好,说明运动恰当,效果良好;如果运动时感到头晕、胸闷、心慌、气促,运动后食欲减退、睡眠不好,有明显的疲劳感,则说明运动量过大。如果运动时心率增加不多,无发热感,说明运动量太小。

5. 选择适当的运动项目　老年人可选做体操、散步、慢跑、骑自行车(短程慢速)、球类(乒乓球、羽毛球)运动、游泳、太极拳、八段锦等。不宜做强度过大、速度过快的剧烈运动。

此外,老年人进行体育运动时还要注意,不要在饭后马上运动,以免引起胃肠道疾病或消化不良等;吃完饭1~2h后再运动比较好;如果身体不舒服,就不要勉强运动。运动时要用鼻吸气,因为空气经鼻吸入,鼻毛可阻挡一部分空气中的尘埃,防止它们进入气管和肺,鼻腔黏膜还可调节空气的温度和湿度,不致让冷空气直接刺激呼吸道;呼吸时要自然,不要长时间憋气,因为憋气时胸腔内的压力较大,不利于血液回流心脏。

📖 **知识拓展**

体育锻炼中运动损伤的预防

在运动过程中所发生的各种损伤统称为运动损伤。运动损伤与一般的工伤或日常生活中的损伤有所不同,它的发生与运动项目、训练安排、运动环境、自身条件以及技术动作有密切的关系。运动损伤对体育锻炼者来说,将影响其健康、学习和工作,也对体育锻炼者造成不良的心理影响,妨碍体育锻炼的正常开展。

由此,在体育锻炼中人们对运动损伤的预防应有充分的认识,需要很好地掌握运动损伤的发生规律,切实做好预防工作,使之最大限度地减少或避免运动损伤。同时,还应了解和掌握一些体育锻炼中常见的运动损伤的产生原因、预防和处理方法,从而使体育锻炼安全而富有成效。

(四)老年人普通体育活动的策划与准备

1. 活动主题　活动主题可以围绕体育活动的类型,如健步活动、广场舞活动、球类活动等,根据活动的目的,配合活动的特殊节点或意义开展。老年人活动主题要鲜明、有特色,才能对老年人产生吸引力。

2. 活动规模　体育活动通常人数越多氛围越热烈，但老年人体育活动具有特殊性，突发状况较多，因此活动规模要限制在一定范围内，一般在30人左右。

3. 参加对象　以自理老年人为主。

4. 举办时间及安排　老年人普通体育活动一般具有相当的活动量，因此举办的时间尽量安排在温度适宜的春秋天。时间不宜过长，一般不超过1h。

5. 活动地点　应选择地势平坦的户外或空间广阔、采光性较好的室内进行。

6. 活动准备

（1）招募活动参与人员：活动参与对象的确定一定要通过社区居委会或者物业、养老机构相关人员与老年人进行充分沟通，充分掌握老年人的身体状况信息。

（2）准备活动所需物品：横幅、奖品、急救药品等。

（3）检查活动所需物料，核对清单。

7. 活动流程　见实训4-6。

二、组织与策划老年人趣味性体育活动

导入情境

某老年公寓有孤寡老人120余名，老人们没有亲人的陪伴，整天待在屋子里不愿意出门，生活乏味无趣。一年一度的全民健身日就要到了，为了让老年人走出房门，扩大社交圈子，加强体育锻炼，老年公寓专门针对老年人组织了一场名为"我运动，我快乐"的趣味保龄球活动。

工作任务：
1. 请概述趣味性体育活动的形式。
2. 请尝试策划和组织适合老年人的趣味性体育活动。

趣味性体育活动是普通体育活动的延伸，活动组织者通过修改竞技运动规则，加入一些有趣的道具，结合老年团体游戏的玩法，将其变成趣味运动项目。它对体能要求相对较低，竞技要求降低，娱乐性增强，以达到锻炼身体、娱乐身心、营造气氛的效果，如"背靠背运球""踩气球""吹乒乓球"等。相对于普通体育活动，趣味性体育活动对参与者的运动技巧及体能要求更低，更加适合老年人群。

（一）老年人趣味性体育活动形式

1. 水上漂

器材：乒乓球、碗。

项目规则：桌子上摆放若干个碗，依次排开，第一个碗和最后一个碗中没有水，其余几个碗中装满四分之三的水，第一个碗里放入乒乓球，将乒乓球从第一个碗吹进第二个碗，依次往下，直至将球吹入最后一个碗中，中间掉球者重新开始，最快完成者获胜。该运动能使老年人的肺活量得到锻炼。

2. 保龄球

器材：空矿泉水瓶、篮球。

项目规则：用10个矿泉水瓶摆成一列（为防止水瓶歪倒，可以保留三分之一的水在瓶中），在距离矿泉水瓶5m处用篮球击打矿泉水瓶，击倒瓶子数量最多者获胜。该运动能使老年人的心肺、四肢功能得到锻炼。

3. 夹球

器材：玻璃球、碗、筷子。

项目规则：一个碗里盛放较多的玻璃球，旁边放一个空碗，在3min时间内，用筷子夹到空碗里的玻璃球最多的人获胜。筷子夹球能够使老年人的手眼协调能力得到锻炼。

4. 接力跑

器材：羽毛球、羽毛球拍。

项目规则：分为若干组，每组 5 人，每人手拿一支羽毛球拍分别站在指定位置，第一个人用球拍托羽毛球，开始快步走，距离为 10m，传递给下一个人，依次传递，最快完成羽毛球传递的小组获胜。

5. 掷飞镖

器材：飞镖、镖盘。

项目规则：镖盘置于离投镖处一定距离（视老人身体状况而定）外的墙上，每位选手掷 10 镖，最后以 10 镖累计环数定胜负。投掷飞镖除了健身功能外，还有很大的娱乐性，投掷飞镖需要一定的技巧，为了准确击中，投掷时需要凝神、静心、屏气、拢指、转腕、扭腰、转臂，使上下肢的关节均得到锻炼。

6. 套圈

器材：塑料或铁丝圈、玻璃杯。

项目规则：每人站在离投放物 1.5m 处，投 10 个圈设法将杯子套中，每个杯子有对应的分值，最后将套中的分值累加。

7. 慢骑自行车

器材：自行车。

项目规则：每人一辆自行车，哨声响后开始骑行，最慢到达终点者获胜，途中脚落地者被淘汰。该运动能使老年人的平衡能力得到训练。

8. 投沙包

器材：沙包、桶。

项目规则：分为两组，每组 5 人，每人有 5 个沙包，依次将沙包投进 3m 外的桶里，一定时间里投进最多的那个组获胜。

9. 打陀螺

器材：陀螺、鞭子。

项目规则：一组老年人同时开始抽打陀螺，工作人员开始计时，以陀螺不再旋转为止，陀螺旋转时间最长的获胜。打陀螺可以锻炼手臂的力量；打陀螺时眼睛必须盯着运动的陀螺，能够锻炼眼神。刚开始玩的老年朋友可以先从小陀螺开始，再逐渐加大陀螺，在欢笑和娱乐中不知不觉就起到健身效果了。

10. 心心相印（背夹球）

器材：篮球。

项目规则：20m 距离，两端各站 12 人，每端分成 3 组，每组 2 人，背夹一篮球，步调一致向前走，进行接力时，接力方必须在线内完成接力活动，以最后完成用时最少的队伍为胜，违规一次加时 5s。

（二）老年人进行趣味性体育活动的意义

1. 提高老年人参与积极性，改善心情　趣味性体育活动，简单易做，趣味性强，对老年人具有很强的吸引力，能激发老年人的参与热情。各种主题趣味运动项目把老年人从日常沉闷的生活中解放出来，让大家彻底释放压力。压抑在趣味中消逝，信心在运动中增强，了解和交流在不知不觉的过程中完成，集体的力量也在无限的快乐中悄悄凝聚。

2. 增强体质，有利于老年人身体健康　趣味性体育运动选择的项目充分考虑了老年人身体运动的自然状态和强度，不会过度，不会伤身，强身健体，而且还可以促成老年人养成平时爱运动的好习惯。进行这样的活动，使得老年人在身体运动起来的同时，心情也获得愉悦，非常有利于身体健康。

3. 增强沟通能力，密切人际关系　趣味性体育活动一般都是较多的人一起参与完成的，有时需要成员沟通进行，在这个过程中，可以增强老年人的人际沟通能力。

4. 使老年人心理放松，获得愉悦的心灵体验　趣味性体育活动既不同于竞技性体育运动的紧张性，也不同于普通类体育运动的单调性，能使老年人获得轻松愉悦的心灵体验。

（三）老年人进行趣味性体育活动的特点

1. 耳目一新　通过多种特制的新颖器材，令参与团体感觉新鲜，为视觉及听觉都带来更多享受，亦可让参加活动者更为投入。

2. 简单有趣 通过活动概念的讲解及简单的演示,便可明白活动的规则及参与方法;大部分活动与游戏相结合,趣味性很高。

3. 参与性强 与传统运动会相比,趣味性体育活动更凸显团体的共同参与,几十人甚至上千人均可共同参与。避免了传统运动会只能"多人观看,少人参与"的不足之处。

4. 参与门槛低 弥补了传统运动会上只拼力量、速度的不足,趣味性体育活动对体能的要求不高,不论老少、男女均能共同参与体会。

5. 气氛活跃 因趣味性体育活动区域要求不高,只需要不大的面积便可进行,观众与参赛者的距离很近,场里、场外可打成一片。开场、比赛、颁奖各个环节的气氛都特别活跃、热闹。

6. 可控性强 出色的裁判团队,细化的项目规则,有条不紊、环环相扣的项目分数统计规则能让活动顺利进行。

📖 知识拓展

老年人防跌倒训练

随着年龄的增加,老年人的身体功能出现逐渐衰退现象,其中平衡能力下降是一个突出表现。中老年人应该加强平衡练习,提高防摔倒能力。

1. "金鸡独立" 站立位,两眼睁开,两手自然放在身体两侧,任意抬起一只脚,试试能否站立更长时间。随着睁眼站立完全游刃有余之后可以进阶为闭眼单脚站立,闭眼单脚站立初期要手扶固定扶手。

2. 闭眼重心移动 闭目站立位,两脚分开与肩同宽。双臂向两侧平举,身体先向左侧摆动,再向右侧摆动。然后可逐渐将两脚向一起靠拢,以增加锻炼难度。

3. 倒走 倒走是一种很好的锻炼身体平衡和协调的练习方法,在进行倒走练习时要注意选择平整且没有机动车的道路,在倒走时速度不宜过快,最好有朋友及家人陪伴。

(四)老年人趣味性体育活动的策划与准备

1. 活动主题 活动主题可以围绕活动的类型,如击鼓传花、踢毽子、丢沙包、打陀螺等,根据活动的目的,配合活动的特殊节点或意义开展。老年人活动主题要鲜明、有特色,才能对老年人产生吸引力。

2. 活动规模 因为趣味性体育活动对老年人的吸引力较大,老年人参与的积极性较高,但老年人体育活动具有特殊性,突发状况较多。人员过多时,现场不易控制,因此活动人数要限制在一定的范围内,一般在30人左右。

3. 参加对象 社会和养老服务机构的老年人均可参加,针对不同的自理能力,可以设计有针对性的趣味性体育活动。

4. 举办时间及安排 老年人普通体育活动一般具有相当的活动量,因此举办的时间应尽量安排在温度适宜的春秋天。时间不宜过长,一般不超过1h。

5. 活动地点 应选择地势平坦的户外或空间广阔、采光性较好的室内进行。

6. 活动准备

(1)招募活动参与人员:一定要通过社区居委会或者物业、养老机构的相关人员与老年人充分沟通,充分掌握老年人的身体状况信息,以确定活动的参与对象。

(2)准备活动所需物品:横幅、奖品、急救药品等。

(3)检查活动所需物料,核对清单。

7. 活动流程 见实训4-7。

三、组织与策划老年人医疗体育活动

导入情境

某养老机构的老年人因为各种基础病的存在,所以平时的体育活动比较受限,现需要为他们制订一些针对相应疾病或体质的医疗体育活动。为了让老年人能做些适合他们身体状况的体育活动,增强体质,加强锻炼,养老机构针对患有高血压病的老年人组织了一场"体医融合,调适身心"的八段锦比赛。

工作任务:

1. 请概述医疗体育活动的形式。
2. 请尝试策划和组织适合患有高血压病的老年人的医疗体育活动。

医疗体育,又称康复体育、体育疗法,是一种特定的医疗性的体育活动,常用于治疗疾病和恢复机体功能,一般选用动作简单、运动负荷偏小的步行、慢跑、太极拳、健身气功、保健操等。对于罹患基础病的老年人,应根据疾病性质选取适合的体育运动方式以促进相关疾病的恢复及预防。本部分将针对常见的几类老年病,如高血压病、冠心病、慢性阻塞性肺疾病、糖尿病、偏瘫等,对如何组织与策划相应的老年人医疗体育活动进行介绍。

(一)原发性高血压的医疗体育活动

原发性高血压(essential hypertension)又称高血压病,是以动脉收缩压和舒张压持续升高为主要表现的临床综合征。在未服药的情况下,成年人收缩压≥140mmHg 和/或舒张压≥90mmHg 为高血压。动脉血压的升高主要是由于外周小动脉阻力增高所致,同时有不同程度的血容量和心排血量的增加。晚期常导致心、脑、肾等脏器受累发生高血压心脏病、心力衰竭、肾功能障碍、脑出血等严重并发症。

1. 运动强度和频率的控制 运动强度以中小强度为宜,运动时心率最好达到本人最大心率的60%~70%,运动强度太大,反会使运动后的血压升高。一般 60 岁以上心率应控制在 120 次/min 以内,运动时间以每次 30~60min 为宜,运动频率应视具体情况而定,一般每周 3~4 次或隔日进行。开始时运动量要小,锻炼时间不宜过长,应循序渐进,并根据病情和体力逐渐增加运动量。控制运动强度最理想的方法是对高血压病病人进行运动试验。

2. 医疗体育内容

(1)步行:可以每分钟 65~90 步、每小时步行 3~4km 的速度开始,持续 10min;主要适用于无运动习惯的高血压病病人作为一种适应性锻炼过程。以后可逐渐加快步速或在坡地上行走。国内应用医疗步行(平地行走加上下小山坡)治疗高血压病取得较好疗效。

其方法举例如下:1 600m 的路程,用 14min 走完 800m,中途休息 2min,继续用 14min 走完 800m。具体方法可因地制宜,但必须坚持循序渐进,每次活动不应出现不适反应。如感体力有余,可用延长距离、加快步速等方法来增加运动量。

(2)慢跑:高血压病病人的健身跑步要求一定的速度,运动的频度取决于个人对运动的反应和适应程度。高血压病病人慢跑时的最高心率每分钟可达 120~136 次,采用每周 3 次、隔日 1 次,每周 5 次等不同的间隔周期。一般认为每周低于 2 次效果不明显。若每天运动,则每次运动总量不可过大;如果运动后第二天感觉精力充沛,无不适感可适当调整。

(3)健身气功:高血压病的一个致病因素就是情绪紧张与急躁。气功锻炼可使人逐渐做到心静体松,消除身心的紧张状态,从而降压。现在推广的气功功法各有所长,比较适合高血压病的有五禽戏和八段锦。

(4)太极拳:练习太极拳对于轻度和中度原发性高血压病人是适宜的,即使重度原发性高血压病人在血压控制稳定后、在医务人员的指导下也可以练习太极拳。未得到控制的重度原发性高血压,或高血压合并不稳定型心绞痛、心力衰竭、高血压脑病、视网膜出血等并发症急性发作期间不要练习

太极拳。开始时可选练简化太极拳、24式太极拳。一般可以练全套，体力差者可选择部分招式，这样也同样有效。

3. 注意事项

（1）特别注意，重度原发性高血压病人和有严重并发症者不要运动。

（2）选择在清晨或傍晚进行，但是必须在空气相对清新的环境中进行。如果天气寒冷应避免突然运动，避免心血管意外事件的发生。

（3）进行医疗体育时，切忌做鼓劲憋气、快速旋转、用力剧烈和深度低头的运动动作。

（4）在医疗体育中如出现以下情况时要立即停止运动（心脏不适，心率超过140次/min，身体有疲劳、气短、心悸、头晕等现象出现时）。

（5）为了避免运动成为身体的应激事件，每次锻炼前都要有10～15min的准备活动，主要内容为辅助放松练习等。锻炼结束以后也要有10min左右的放松练习，内容同准备活动（实训4-8）。

（二）冠心病的医疗体育活动

冠心病即冠状动脉性心脏病，指冠状动脉发生粥样硬化引起管腔狭窄或闭塞，导致心肌缺血、缺氧或坏死而引起的心脏病。症状表现胸骨中下段后方发生一种压榨性的疼痛，常放射至左肩、左臂内侧达无名指和小指，或至颈、咽或下颌部、腹部及背部上方。发作的其他可能症状有眩晕、气促、出汗、寒战、恶心及昏厥。严重病人可能因为心力衰竭而死亡。冠心病病人除了按时服药外，还可以在医生的指导下，进行一些适合自己的体育活动，这不但可以提高生活能力，而且能改善心脏功能及心肌的血液供应，增强体质。

1. 运动强度、时间和频率的控制　冠心病病人的心血管病变程度差别很大，所以适合的运动强度也不同。病人在开始运动前，一定要经过心脏内科医生的检查、评定，了解冠心病的严重程度、是否可以在院外进行运动以及适合个人的运动强度。一般取最大摄氧量的50%～60%。应从小强度逐渐过渡到中等强度，运动时心率在110～130次/min为宜。一般主项耐力性运动每次20～30min，辅助性、放松性项目可每天进行10～20min。测量绝对心率应用于未服用β受体拮抗药的病人。判断运动强度是否合适最简单的方式是运动时是否稍出汗，轻度呼吸加快但不影响对话。

2. 医疗体育方法

（1）步行：简便易行，宜在安静、空气质量良好的环境中进行，对改善心肺功能、提高摄氧效果较好。步行一般宜在清晨或傍晚进行，一般保持2.5km/h的速度，可以逐渐提速。每分钟步行90步以上者可使心率达到100～110次/min。每次15～60min，中间休息1～2次，每次休息5min左右，以后可逐渐增加步行速度和持续时间。

（2）游泳：可通过多途径改善冠心病症状，使冠心病病人的峰值摄氧量提高。游泳可降低血浆纤维蛋白原水平，提高纤维蛋白的溶解能力；改善冠状动脉的顺应性或弹性；提高内皮依赖性血管舒张功能；通过重构或动脉生成扩大侧支血管的管腔面积以及增加心肌毛细血管密度。冠心病病人游泳宜从低强度、简单泳姿开始，游泳的时间不要太长，速度不宜过快，距离不宜过远，注意劳逸结合，避免过度劳累。水温过低时不宜游泳，为缩短水温和体温的差距，应该做好下水前的身体预热锻炼，而且一定要在正规游泳池、有人看护和陪同的情况下下水。

（3）骑车：在骑自行车的过程中，人的整个身体都在运动。骑自行车能够通过腿部的运动推进血液流动，同时强化微血管组织，从而达到锻炼全身的目的。考虑到外界较复杂的环境，建议病人在室内骑车。骑自行车时应将车座高度和车把弯度调好，行车中保持身体稍前倾，避免用力握把，避免脊椎受压弯曲。运动频度一般要求每周3～5次，每次持续20～60min即可。

3. 注意事项

（1）运动量宜从低强度开始，循序渐进、持之以恒。

（2）活动前要做好准备活动。活动后应通过整理活动充分放松，避免运动突然开始或突然停止。

（3）随身携带硝酸甘油等急救药品，需要时可及时服用。

（4）如果在运动中出现胸闷、胸痛、憋气、头晕、出虚汗等不适症状，应立即停止活动，并及时到医院就诊。

（三）慢性阻塞性肺疾病的医疗体育活动

慢性阻塞性肺疾病是一种慢性气道阻塞性疾病的统称，主要指具有不可逆性气道阻塞的慢性支气管炎和肺气肿等疾病；是一种以气流受限为特征的疾病，通常呈进行性发展，不完全可逆，多与肺部对有害颗粒物或有害气体的异常炎症反应有关。常见症状是呼吸困难或"透不过气来"、慢性咳嗽及咳痰。

1. 运动强度时间和频率的控制　关于慢性阻塞性肺疾病病人的运动强度，目前尚无定论，一般控制在 50% 最大摄氧量，或者用最大限度耐受相关症状来控制，可以把主观感觉即呼吸困难程度划分为 0～5 度或者 0～10 级，2.5 度和 5 级为中度疲劳或者中度呼吸困难。运动时间方面，在没有血氧测试条件下锻炼时，应循序渐进，从短时间开始训练，初始时间定为 5min，逐渐延长时间，感到呼吸困难时终止。每次运动 20～30min 为宜。如果病人仅能持续几分钟的运动，则采用间歇训练法。

2. 医疗体育方法

（1）腹式呼吸训练：腹式呼吸训练活动的正常进行需要腹压的支持，而腹肌的强弱决定了负压的大小。慢性阻塞性肺疾病的病人通常伴随腹肌松弛无力，腹肌肌力训练有助于提高膈肌功能。训练时，病人放松体位，卧位为佳，治疗者将双手放于病人两侧剑突下方。病人用鼻缓慢吸气，然后用嘴呼气。吸气时，应尽力使气体到达肺底部，将治疗者的手推起；呼气时，治疗者双手轻轻按压，帮助膈肌上移，这有利于下次吸气时膈肌更好地收缩。此法如熟练可以改为用 1kg 左右的沙袋，放置于病人腹部进行腹式呼吸训练。

（2）缩唇呼吸训练：通过医生或者指导员指导病人在呼气时，将嘴唇缩小并向前突起，使气体缓缓呼出，延长气体流出时间，提高气道内压力，增加呼吸肌力量，使肺内气体充分排出，减少残气量，帮助消除肺气肿的相关症状。具体应用时，可以吹气球，但不要迅速吹气。

（3）健身气功：主要推荐八段锦作为医疗体育方法。

（4）注意事项

1）病人进行运动时，医生和体育指导员要注意对病人进行心理疏导。病人多因害怕出现呼吸困难，变得畏惧运动，更多地依赖药物和他人的帮助。要针对以上情况进行心理疏导，解释运动疗法的效应，打消病人对活动的顾虑。

2）有支气管痉挛者，可先吸入支气管扩张剂。

3）要鼓励病人戒除烟酒这些不良习惯。

4）在运动过程中应严格监控，防止出现呼吸性酸中毒和呼吸衰竭。

（四）糖尿病的医疗体育活动

糖尿病属中医学"消渴"的范畴，是一组由遗传和环境因素相互作用而引起的、病因和发病机制尚未完全阐明的内分泌代谢性疾病。本病因胰岛素分泌绝对或相对不足导致靶细胞对胰岛素敏感性降低，引起糖、脂肪、蛋白质和继发的水、电解质代谢紊乱；临床以高血糖为主要标志；常见症状有多饮、多尿、多食及消瘦等。临床上将其分为两型，即胰岛素依赖型（1 型）糖尿病和非胰岛素依赖型（2 型）糖尿病。糖尿病公认的治疗方法有运动疗法、饮食疗法和药物疗法。长期以来，运动被认为是 2 型糖尿病治疗方法中的"基石"。

1. 运动强度、时间和频率的控制　糖尿病病人的运动强度一般为中等强度，50%～60% 最大摄氧量。运动量适当则表现为全身出汗，心率≤130 次/min。但应用血管活性药物以及糖尿病合并较为明显的心血管自主神经功能失常时，心率变化较难反映运动情况。根据肌肉能量代谢的特点，肌肉收缩的早期主要以肌糖原供能为主，以燃烧脂肪供能为主的运动方式每次运动时间推荐在 30min 以上，一般为 30～40min，可逐渐延长至 1h。运动时间过短则不能引起体内剧烈的代谢效应。一般认为，每周运动 3～4 次较为合理，且至少隔天 1 次，运动间歇超过 4d，运动锻炼的效果及运动蓄积效应会减少。

2. 医疗体育方法

（1）步行

1）缓速散步法：用慢速（50～60 步 /min）和中速（70～80 步 /min）散步，30～60min/ 次。

2）快速步行法：按 4 500～6 000m/h 的速度进行步行锻炼，每次锻炼 30～60min。

步行用于中老年病人增强心力和减轻体重，可分阶段循序渐进地进行锻炼。步行时最高心率一般应≤120 次 /min。

（2）抗阻运动：应用器械和在训练机上进行躯干及上下肢大肌群的练习。每次运动包括 3 个循环，每个循环包括 12 节运动，每节运动应在 2min 内做 8 次收缩，各节运动间休息 15～30s，每个循环间休息 2min。

（3）医疗体操

1）踮脚尖：将手扶在椅背上踮脚尖（左右交替提足跟）10～15min。

2）平地做爬楼梯状：背部要伸直，速度要依体力而定。

3）坐椅运动屈肘：两手叉腰，背部挺直，椅上坐、立反复进行，时间以自己体力而定。

4）抗衡运动：双手支撑在墙壁上，双脚并立使上体前倾，以增加肌肉张力，每次支撑 15s 左右，做 3～5 次。

5）床上运动：平躺在床上，将脚抬高（可用棉被或枕头将脚部垫高），等脚发麻时再慢慢坐起来，如此反复。

以上五种运动形式，可任选其一，也可交替进行。

3. 注意事项

（1）酮症酸中毒、空腹血糖＞13.9mmol/L、增殖性视网膜病、肾病、严重心脑血管疾病（不稳定型心绞痛、短暂性脑缺血发作）、合并急性感染的病人，血糖控制不好的 1 型糖尿病病人禁忌医疗体育。

（2）注意运动疗法应和饮食控制及药物治疗相结合，等血糖和尿糖基本稳定后，再开始运动疗法。

（3）定期测量代谢指标，判断运动疗效。

（4）避免在腿部注射胰岛素等。

（五）骨质疏松的医疗体育活动

骨质疏松是一种全身性的代谢性疾病，以骨量减少、骨组织的微观结构退化为特征，骨的脆性增加及骨折危险性增加的一种全身性骨骼疾病。在多数骨质疏松中，骨组织的减少主要由于骨质吸收增多所致。该病发病多缓慢，个别发病较快，以骨骼疼痛、易于骨折为特征，生化检查基本正常。我国骨质疏松疾病防治形势严峻。运动锻炼是通过肌肉张力的机械应力刺激成骨细胞，促进骨形成和骨重建，可以维持或增加骨量，同时增加骨的弹性。老年时期运动不仅可减缓骨量的丢失，还可以改善机体的各项生理功能，提高生活质量，降低跌倒的风险，具有简便、易学、安全、经济等优越特点。

1. 运动强度时间和频率的控制　有研究表明，在适宜的范围之内，运动强度大小与骨质密度值呈正相关，低水平运动有维持骨密度的作用，高水平运动可加强骨量。最小量的适宜运动有刺激成骨细胞的作用，而过量运动即运动强度超过了运动对骨的最大有效刺激所造成的骨组织所受应力过度，不仅使骨量不再增加，反而会阻碍骨的生长，甚至可能导致应力性骨折。运动强度一般控制在最大心率的 60%～80%，即心率为 [（220－年龄）×（60%～80%）] 次 /min，老年人为 [（180－年龄）×（60%～80%）] 次 /min。骨质疏松病人不宜进行高强度、短时间的运动，如果用自我感觉进行判断的话，运动中及运动后，应自我感觉良好，心情舒畅，出汗量正常，即使稍有疲劳，经休息后很快恢复。总的运动时间视具体情况为 30～90min。专家们认为，中老年人还是以低强度、长时间的处方效果为好。由于骨的重建周期要经历静止、激活、转换和最后成型 4 个过程，这个过程是缓慢的，1 个重建周期要持续 4～6 个月，因此，要保持骨密度和增加骨量，运动就必须常年坚持下去。通常每周参加运动锻炼的次数为 3～5 次，不少于 3 次，否则运动的效果不佳。

2. 医疗体育方法

（1）步行：以 80～90 步 /min 的速度步行，每次运动时间为 30～60min，如果病人无其他不适，推荐每天进行步行。步行时要求挺胸抬头，双臂自然摆动，注意脚步踩实以发展腿部的肌肉力量和防治下肢骨质疏松，调整呼吸。

（2）慢跑：适合骨质疏松病人的有氧运动有慢跑、踏车和登台阶等，有氧运动能够直接起到刺激骨形成和抑制骨吸收的作用。慢跑时，推荐的参考心率应控制在（170－年龄）次 /min，要求身体挺拔，手臂自然摆动，注意力主要放在腿的蹬地及腰椎受力的感受上。

（3）抗阻训练

1）手及手臂握力锻炼：握 1～2kg 哑铃，做屈伸、内收、外展运动，能防治桡骨远端、肱骨近端骨质疏松，适用于中老年骨质疏松病人。

2）运用拉力器、健身器械的身体伸展运动：通过应用相关器械使身体侧向地伸展或做等长运动，该运动的最大作用是增加肌力和耐力。在此运动过程中，相关部位骨的应力负荷增加，血液循环改善，骨密度增加。常用的方法有上肢外展等长收缩，用于防治肱、桡骨骨质疏松；下肢前屈后伸，用于防治股骨近端骨折；站位或俯卧位的躯干屈伸运动，能够使躯干伸肌群、臀大肌与腰部伸肌群的肌力增强，预防椎体、股骨、髂骨的骨质疏松。

（4）太极拳和健身气功：有文献认为进行太极拳和健身气功运动能增加骨密度，减少跌倒的发生率，尤其可防止髋部骨折的发生率。每次训练时间为 15～20min，运动时主要控制重心的运动性平衡，动作以腰为轴。运动的重点放在腰部，尤其是在做太极推手训练时要重视腰椎的感受、防止受伤。每周参加运动锻炼的次数为 3～5 次，不少于 3 次。

3. 注意事项

（1）骨质疏松病人应该避免在硬地上进行高强度的跳跃，这类运动会增加脊柱和下肢末端的压力，使脆弱的骨骼发生骨折。

（2）医疗体育过程中，避免使用致骨质疏松药物如类固醇激素等。

（3）医疗体育过程中，注意戒烟，低盐饮食，补充蛋白质。

（六）腰椎间盘突出症

腰椎间盘突出症是较为常见的疾患之一，主要是因为腰椎间盘各部分（髓核、纤维环及软骨板），尤其是髓核有不同程度的退行性改变后，在外力因素的作用下，椎间盘的纤维环破裂，髓核组织从破裂之处突出（或脱出）于后方或椎管内，导致相邻脊神经根遭受刺激或压迫，从而产生腰部疼痛、一侧下肢或双下肢麻木、疼痛等一系列临床症状。腰椎间盘突出症以腰 4～5、腰 5～骶 1 发病率最高，约占 95%。

1. 医疗体育原则 先慢后快，先小幅度后大幅度，先局部后整体，先轻后重，频率由慢到快，循序渐进，持之以恒。

2. 医疗体育的形式与内容

（1）床上锻炼

1）直腿抬高锻炼：仰卧，主动进行直腿抬高运动至不能上抬，他人辅助进一步抬高 5°～15°，病人感腰背部或患侧肢体稍感不适或轻微疼痛后，慢慢放下，双下肢交替进行。

2）仰卧位拱桥式腰背肌锻炼：仰卧屈膝，用头部、双肘及双足作为支重点，弓形撑起背部、腰部、臀部及下肢，至病人认为最高度后放下，再撑起。

3）飞燕点水式背伸肌锻炼：病人俯卧位，头、颈、胸及双下肢同时抬高，两臂后伸，仅腹部着床，整个身体呈反弓形，如飞燕点水的姿势。

（2）床下锻炼

1）脊柱小角度前屈、后伸、侧弯、旋转、环转腰部活动。

2）蹲—站—挺胸活动。

3）慢下蹲运动。

4）快、慢步交替行走锻炼。

5）如有脊柱侧弯，身体靠墙直立，双手中指贴于裤缝，一侧中指沿裤缝下滑，脊柱逐渐侧屈至极限，再还原。脊柱向右侧弯者做脊柱左侧屈练习，脊柱向左侧弯者做脊柱右侧屈练习。

（3）功能锻炼的频率：3～5次/d。

（七）偏瘫的医疗体育活动

偏瘫是指一侧上下肢、面肌和舌肌下部的运动障碍，是急性脑血管病的常见症状。轻度偏瘫病人虽然尚能活动，但走起路来，往往上肢屈曲，下肢伸直，瘫痪的下肢走一步划半个圈，这种特殊的走路姿势，叫作偏瘫步态。严重者常卧床不起，丧失生活能力。按照偏瘫的程度，可分为轻瘫、不完全性瘫痪和全瘫。轻瘫表现为肌力减弱，肌力为4～5级，一般不影响日常生活；不完全性瘫较轻瘫重，范围较大，肌力为2～4级；全瘫肌力为0～1级，瘫痪肢体完全不能活动。

偏瘫的病因多样复杂，总的来说与血脂增高、血液黏稠度增高等有着不可分割的关系，概括起来有以下几点：①动脉粥样硬化，是脑梗死最主要的原因，70%脑梗死病人患有动脉粥样硬化，高血压、高血糖、高脂血症是引起动脉粥样硬化的主要原因。②高血压，是脑出血最主要、最常见的病因，93%脑出血病人有高血压病史。③脑血管先天性异常，是蛛网膜下腔出血和脑出血的常见原因。④心脏病，如心内膜炎，有可能产生附壁血栓；心动过缓则可能引起脑供血不足。⑤代谢病中糖尿病与卒中关系最密切，30%～40%卒中病人患有糖尿病。⑥情绪不佳（生气、激动）。⑦饮食不节（暴饮暴食、饮酒不当）。⑧过度劳累，用力过猛，超量运动，突然坐起和起床等体位改变；气候变化；妊娠；大便干结；用脑不当等。⑨服药不当，如抗高血压药使用不妥。⑩任何导致大脑损伤的原因都可引起偏瘫，脑血管病是引起偏瘫最常见的原因，如颅脑外伤、脑血管畸形、脑动脉瘤、脑肿瘤、脑内感染、脑变性病及脱髓鞘病均可出现偏瘫。

体育锻炼有助于偏瘫恢复；可以增强体质，提高抗病能力，延缓衰老；能够增强心脏功能，改善血管弹性，促进全身的血液循环，提高脑的血流量；能够降低血压，扩张血管，使血流加速，并能降低血液黏稠度和血小板聚集性，从而可以减少血栓形成；可以促进脂质代谢，提高血液中高密度脂蛋白的含量，从而可以预防动脉硬化。长期锻炼能降低体重，防止肥胖。因此，体育锻炼是预防偏瘫的一项重要措施。

1. 急性期医疗体育 偏瘫急性期的主要症状为病灶对侧肢体瘫痪或麻痹，肌肉张力降低或无力，开始一个短时期内肌腱反射降低，然后增高，并出现病理反射。偏瘫急性期大脑抑制过程占优势，借以预防大脑细胞的功能衰竭。急性期的主要治疗措施是安静的休息和细致的护理。在病情稳定后可以进行一些轻手法的按摩和被动运动来预防肌肉萎缩和关节功能障碍。

2. 亚急性期医疗体育 亚急性期是急性期过后，病情改善、不再发展，其主要症状表现为一些肌肉群出现痉挛性张力增高，另一些肌肉出现低张，下肢内收大肌群、大腿伸肌和足掌屈肌的张力增高，同时上肢前臂和手指伸肌及下肢大腿屈肌和足踝背伸肌处于低张状态中，甚至表现出明显麻痹。当大脑血管损伤时，除运动系统受累外，血液循环、呼吸、代谢和其他系统的功能亦遭受不同程度的破坏。偏瘫亚急性期，医疗体育是功能恢复的重要措施。

（1）亚急性期医疗体育的作用

1）定量的医疗体育锻炼能维持大脑皮质、皮质下核和自主神经系统的功能，同时使受累的各个系统和器官的功能恢复正常。

2）改善病人的全身状况，降低肌肉增高的张力，预防患肢关节强直，促进主动运动恢复。

（2）亚急性期医疗体育方法与特点

1）被动运动：医疗体育开始时，主要进行麻痹肌肉的被动运动。为了改善患肢的血液循环，被动运动从肢体的近侧端开始，逐渐活动到远端。被动运动应慢速进行，逐渐增大活动范围，一日中多次重复。

2）传递神经冲动练习：在做被动运动的同时，令病人从大脑意念上使劲儿做意想性运动。这类意念活动能加强大脑细胞的兴奋性，增加运动神经冲动的传递，促进主动运动的恢复。

3）主动运动：开始时主要进行健康肢体的主动运动，并与呼吸运动交替进行。随着病人一般情况的改善和机体对运动的适应，可逐渐增加大肌肉群的主动运动，运动范围亦逐渐加大。当患肢主动运动出现后，应及时进行练习，开始时量少，以后逐渐增大，一日多次、每次少量进行。

4）按摩：对肌张力高的肌肉进行轻手法的抚摩和按揉，并配合病人的主动放松，来降低肌张力。对张力低的麻痹肌肉应采用中等强度的摩擦和揉捏等按摩手法，帮助维持和恢复正常的肌张力。

5）位置治疗：麻痹肢体维持在正确的功能位置，必要时用支架将麻痹肢体，特别是手腕、手指和踝关节固定在正确的功能位置，这对预防关节强直和肢体畸形有重要意义。

3. 恢复期医疗体育　恢复期病人的全身状况明显改善，机体对运动有一定的适应性，麻痹肢体开始出现主动的功能运动。

有无大脑皮质或皮质下核的单独损伤，损伤区域是否涉及皮质下核，有无两侧性多次病灶过程，一侧性病灶损伤程度大小，运动分析器的功能被破坏程度，大脑抑制过程的深度及时间长短等，在某种程度上都决定着运动功能恢复的程度。当神经系统被破坏的功能恢复时，无条件反射先恢复，然后条件反射再恢复。在大脑皮质和皮质下中枢共同参与下所发生的运动比单纯由大脑皮质起作用的运动要恢复得快。例如，手和手指的精细动作比走步要恢复得慢。发展大脑皮质的代偿功能，对恢复运动功能有着极其重要的意义。

在临床实践中观察到，一般下肢的主动运动先恢复，然后上肢运动再恢复，而且肢体近侧端的运动先恢复，远侧端的运动后恢复。有些病人的举臂外旋、手和手指的伸直运动、大拇指外展和对指运动很难恢复，甚至完全不能恢复，这是由于损伤的程度所决定的。但坚持正确的医疗体育锻炼可以提高功能恢复的程度。

（1）恢复期医疗体育的作用

1）恢复期医疗体育主要通过患肢的主动运动练习，来恢复麻痹肢体已丧失的活动功能，特别是上肢的技巧功能和下肢的持重和走路功能。

2）当运动功能不可恢复时，要通过功能练习建立代偿性运动功能。医疗体育最后要达到的目的是恢复病人的生活、工作和劳动能力。

（2）恢复期医疗体育的方法：开始时主要在病人主动传递神经冲动的基础上及时发现主动的肌肉收缩运动，并加强这些微小的主动运动练习。开始时重复次数不宜过多，以免引起过度疲劳。主动练习应同放松运动和被动运动交替进行。练习时，应特别注意上肢伸肌、手腕和手指的伸展运动以及对指等精细动作的锻炼。下肢要注意小腿屈肌和踝关节背伸等运动练习。

恢复初期的主动运动范围不大，运动力量很弱，也不协调。另外由于大脑皮质相应区域的兴奋性增高，恢复期的主动运动一般伴有联带运动，如前臂屈曲时伴有手和手指的屈曲运动。临床上观察到，如果不及时采取分离性运动练习、按摩、用夹板或其他支具固定、经常改变肢体位置等对抗措施，则联带运动将导致偏瘫性强直。分离联带运动练习时，首先应让病人在大脑中有分离的概念，再用健肢配合或在旁人的帮助下进行。例如进行前臂屈曲时，将手腕和手指固定在伸直位，下肢髋、膝关节屈曲时防止踝关节内翻等。

开始主动运动时，病人要用很大的力量才能完成。这可能影响呼吸的节律，所以在运动时应配合有节律的呼吸，防止憋气。

正确的走路步态练习是恢复期病人下地后的主要锻炼项目。一般偏瘫病人会出现病态姿势，如患侧上肢肘、腕关节和手指屈曲，前臂内旋，整个手臂贴紧躯干，患侧下肢髋、膝关节伸直，足下垂并内翻。由于这种不良的姿势，身体主要的支重点落在足掌外缘，病人在走路时下肢不得不外展，并向外划弧，因此病人一开始下地走路就要注意正确的步态练习。当提腿向前迈步时，该腿膝关节应屈曲，腿向前提的方向要正，避免向旁划弧。脚下落时，支重点应落在整个足掌上，避免落在足掌外缘，而且尽可能足跟先落地，然后再落整个足掌。起步时相反，足跟先离地，足尖最后离地。

为了使患腿的支重时间与健腿的支重时间相同，纠正跛行，可以在节拍器的声音伴随下走步，并进行跨越5~10cm高的障碍物练习，每个障碍物之间的距离为一步远。开始练习时可在旁人扶持下进行，以后逐渐过渡到扶拐杖、拐棍，最后完全自己走路。当病人的上肢运动恢复，病人已掌握平衡后，在走路时应配合上臂的正确甩动。在平地上的走路功能恢复到相当程度后，开始练习走楼梯，但要采取严格的保护措施，以免摔倒。

恢复期患侧上肢功能锻炼的重点是加强上肢的伸肌，特别是手腕和手指的伸直运动，拇指外展，对指运动和手的技巧活动练习。当主动运动基本恢复后，往往会有运动不协调，特别是上肢远端部分的运动，如扣、解衣服扣子，写字和其他精细的技巧动作不协调。在这种情况下应用专门的协调性细小运动进行锻炼，如小球游戏、下跳棋、捡火柴棍等。更重要的是应该嘱咐病人在日常生活中尽量利用患侧上肢进行自我照顾和做简单的家务劳动，因为这些动作的锻炼对病人上肢功能的恢复有着极重要的作用。

（3）恢复期医疗体育的注意事项：偏瘫恢复期的很多运动，特别是麻痹肢体的肌力练习运动需要病人用很大的力气来完成，因此在进行这些运动时应与放松运动、呼吸运动交替进行，运动期间应有短暂的休息时间。

运动中应对病人定期测量心率、呼吸，必要时测量血压，以进行医务监督，为增减运动量提供参考依据并预防过度疲劳。

在罹患疾病的老人处于急性期、发作期时，不适合进行医疗体育。禁忌证如下：①各种传染病的急性期及高热期；②心血管系统和呼吸系统疾病急性发作期；③各种创伤局部有出血倾向；④精神病；⑤巨大动脉瘤；⑥血管内栓子有脱落危险；⑦恶性肿瘤有转移以及良性肿瘤有出血倾向；⑧各种有运动猝死和出血倾向的遗传病，如血友病等。

实训4-6　策划和组织老年人健步比赛活动

为增强社区老年人锻炼身体的意识，提高他们参与体育锻炼的积极性。某社区居委会准备在周六举办一场主题为"运动陪我行，快乐伴一生"的健步比赛，为了保证此次活动安全、圆满地开展，社区专门成立了比赛筹备小组，并且展开了紧张忙碌的准备工作。

【实训目的】

1．熟悉老年人普通体育活动策划和方案撰写。

2．学会组织与策划一场普通体育活动比赛。

【实训学时】

2学时。

【实训步骤】

1. **活动主题**　"运动陪我行，快乐伴一生"健步比赛。

2. **活动参与对象**　社区年满60岁的居民，报名限额20人。社区居委会工作人员5人，志愿者10人。

3. **活动时间**　××××年××月××日9:00—10:00。

4. **活动地点**　生态公园。

5. **活动目的和意义**　增强社区老年人锻炼身体的意识，提高社区老年人参与体育锻炼的积极性。

6. **活动内容**　见表4-18。

7. **人员分配**　工作人员分为3个小组，见表4-19。

8. **经费预算**　本次活动的经费预算详见表4-20。

表4-18 具体实训活动流程

活动主题	"运动陪我行,快乐伴一生"健步比赛		地点	生态公园
日期	××××年××月××日 9:00—10:00		时间	60min
带领者	活动策划者、志愿者			

活动流程				
进行内容	预估时间/min	活动内容	所需准备	备注
准备	20	签到,发放号牌;领导讲话,介绍注意事项;做热身运动	签到表、号码牌、起点和终点划线、悬挂横幅	
主题活动	30	1. 选手比赛 根据发令枪提示,所有参赛老年人一起出发,比赛开始 2. 记录成绩 安排3名志愿者专门记录每一位老年人的成绩,并且安排专人对参赛过程中老年人的精彩瞬间进行拍照留念 3. 公布成绩 根据时间统计,确定每一位老年人的参赛成绩,确定冠、亚、季军的归属 4. 颁奖 为所有参赛老年人颁奖,志愿者与所有参赛老年人一起合影留念	休息区、矿泉水、医务人员、计时器、成绩记录单	
整理和总结	10	1. 清理比赛场地 捡拾活动场地垃圾;撤掉横幅 2. 总结反思 对活动中的一些好的做法进行总结,对问题进行反思	卫生工具	

表4-19 活动人员工作任务分配

工作小组	工作任务
准备小组	招募志愿者;参赛老年人的报名登记和资格审核;购买所需用品
执行小组	活动的主持;号牌的发放;成绩的记录;奖品的发放
保障小组	活动秩序的维护;突发状况的应急处理

表4-20 活动经费预算

项目	数量	单价/元	小计/元
号牌	30个	5	150
奖品	30份	20	600
矿泉水	5箱	30	150
横幅	5幅	30	150
合计			1 050

9. 活动注意事项 ①遵循"友谊第一,比赛第二"的原则,比赛要公平、公正。②比赛全程为1 000m,比赛设一等奖1名,二等奖3名,三等奖6名,参与奖10名。③紧密关注老年人的身体状态。老年人身体素质相对较弱,在进行普通体育活动前要对老年人的身体状况进行了解,对不适合参与活动的老年人,如心脏病病人可建议其不参加;活动过程中,避免老年人过度劳累,对出现体力下降的老年人可建议其休息;活动结束后,为有需要的老年人提供座椅和矿泉水。全程有志愿者和医务人员,及时处置突发状况。

10. 预计效果 老年人的身体得到了锻炼,激发了老年人参与体育锻炼的积极性;通过活动老年人扩大了自己的社交圈,收获了乐趣。

【实训评价】

1. 知识掌握(30%) 说出老年人普通体育活动的类型和注意事项。

2. 操作能力(40%) 能学会与其他人合作开展老年人普通体育活动;能预计活动中的突发情况并做好应急预案;能在活动中协调各工作人员一起有效组织、开展活动。

3. 人文素养(30%) 注意老年人和自身的防护,有安全意识及风险管理意识(15%);准备要充分,评估全面(15%)。

实训4-7 策划老年人趣味保龄球体育活动

【实训目的】

1. 熟悉老年人趣味性体育活动策划和方案撰写。

2. 学会组织与策划一场老年人趣味性体育活动。

【实训学时】

2学时。

【实训步骤】

1. 活动主题 "我运动,我快乐"趣味保龄球活动。

2. 活动参与对象 老年公寓老人,限额20人;老年公寓护理员5人。

3. 活动时间 ××××年××月××日9:00—10:00。

4. 活动地点 老年公寓活动中心。

5. 活动目的和意义 增强社区老年人锻炼身体的意识,提高他们参与锻炼的积极性,提高锻炼的趣味性。

6. 活动内容 暖身、主题活动、颁奖(表4-21)。

表4-21 具体实训活动流程

活动主题	"我运动,我快乐"趣味保龄球活动		地点	老年公寓活动中心	
日期	××××年××月××日9:00—10:00		时间	60min	
带领者	活动策划者				
活动流程					
进行内容	预估时间/min	活动内容		所需准备	备注
暖身	10	签到;和老人们打招呼,进行开场互动;场地布置和用物准备		签到表;矿泉水瓶、篮球	
主题活动	30	1. 讲解比赛规则 2. 抽签 按照抽签顺序进行姓名登记 3. 进行活动 按照抽签顺序进行,每人5个篮球,总成绩为5次成绩总和,记录每个老年人的总成绩。上一位老年人进行中,通知下一位老年人做好准备。每次击球完成后,有专人迅速摆好矿泉水瓶和捡拾篮球		由专人负责摆矿泉水瓶、捡拾篮球、记录成绩	
颁奖	10	1. 为获奖老年人颁奖,注意尽量做到人人有奖,减小奖品间的差距 2. 合影留念		奖品、相机	
整理和总结	10	1. 清理比赛场地 2. 总结活动的经验教训		卫生工具	

7. 人员分配　工作人员分为 3 个小组,见表 4-22。

表4-22　活动人员工作任务分配

工作小组	工作任务
准备小组	准备装水矿泉水瓶 10 个,篮球 2 个;报名登记;布置活动中心
执行小组	活动的主持;比赛按顺序进行;成绩的记录;奖品的发放
保障小组	活动秩序的维护;突发状况的应急处理

8. 经费预算　本次活动的经费预算详见表 4-23。

表4-23　活动经费预算

项目	数量	单价/元	小计/元
矿泉水	2 箱	50	100
奖品	20 份	20	400
合计			500

9. 活动注意事项　①遵循"友谊第一,比赛第二"的原则,所有参与人员都要适当奖励。②紧密关注老年人的身体状况,有特殊情况时,及时联系医务人员。

10. 预计效果　老年人从运动中收获快乐,扩大了自己的社交圈子。

【实训评价】

1. 知识掌握(30%)　说出老年人趣味性体育活动的形式和注意事项。

2. 操作能力(40%)　能学会与其他人合作开展老年人趣味性体育活动;能预计活动中的突发情况并做好应急预案;能在活动中协调各工作人员一起有效组织、开展活动。

3. 人文素养(30%)　注意老年人和自身的防护,有安全意识及风险管理意识;准备要充分,评估要全面。

实训4-8　策划高血压老年病人医疗体育活动

为增强社区罹患高血压的老年人体质,增长老年人正确锻炼身体的知识,提高老年人参与体育锻炼的积极性,某社区居委会准备举办一场主题为"体医融合,调适身心"的八段锦比赛,为了保证此次活动安全、圆满地开展,社区专门成立了比赛筹备小组,并且展开了紧张忙碌的准备工作。

【实训目的】

1. 熟悉老年人普通体育活动策划和方案撰写。

2. 学会组织与策划一场针对罹患高血压病的老年人的医疗体育活动。

【实训学时】

2 学时。

【实训步骤】

1. 活动主题　"体医融合,调适身心"八段锦比赛。

2. 活动参与对象　社区年满 60 岁、罹患高血压的居民,报名限额 20 人。社区居委会工作人员 5 人,志愿者 10 人。

3. 活动时间　××××年××月××日 9:00—10:00。

4. 活动地点　生态公园。

5. 活动目的和意义　增强社区罹患高血压的老年人体质,增长老年人正确锻炼身体的知识,提高老年人参与体育锻炼的积极性。

6. 活动内容 热身、主题活动、颁奖（表4-24）。

表4-24 具体实训活动流程

活动主题	"体医融合，调适身心"八段锦比赛		地点	生态公园
日期	××××年××月××日 9:00—10:00		时间	60min
带领者	活动策划者			

活动流程				
进行内容	预估时间/min	活动内容	所需准备	备注
准备	20	签到，发放号牌；领导讲话，介绍注意事项；做热身运动	签到表、号码牌、场地划线、音乐设备调试、悬挂横幅	
主题活动	30	1. 选手比赛　根据主持人提示，所有参赛老年人分为两组进行比赛，得分最高的一组获胜 2. 记录成绩　安排3名体育运动专家对每组老年人进行打分；安排专人对参赛过程中老年人的精彩瞬间进行拍照留念 3. 公布成绩　根据专家打分算出参赛成绩，确定个人冠、亚、季军的归属 4. 颁奖　为所有参赛老年人颁奖，专家、志愿者与所有参赛老年人一起合影留念	休息区、矿泉水、医务人员、计时器、成绩记录单	
整理和总结	10	1. 清理比赛场地　捡拾活动场地垃圾；撤掉横幅 2. 总结反思　对活动中一些好的做法进行总结，对问题进行反思	卫生工具	

7. 人员分配 工作人员分为3个小组，见表4-25。

表4-25 活动人员工作任务分配

工作小组	工作任务
准备小组	邀请评分专家及招募志愿者；参赛老年人的报名登记和资格审核；购买所需用物
执行小组	活动的主持；号牌的发放；成绩的记录；奖品的发放
保障小组	活动秩序的维护；突发状况的应急处理

8. 经费预算 本次活动的经费预算详见表4-26。

表4-26 活动经费预算

项目	数量	单价/元	小计/元
号牌	30个	5	150
奖品	30份	20	600
矿泉水	5箱	30	150
横幅	5幅	30	150
合计			1 050

9. 活动注意事项 ①遵循"友谊第一，比赛第二"的原则，比赛要公平、公正。②比赛设团体一等奖及团体二等奖，个人参与奖20名。③密切关注老年人的身体状态。老年人身体素质相对较弱，在进行体育活动前要对老年人的身体状况进行了解，对不适合参与活动的老年人，如疾病急性期、发作期者，可建议其不参加；活动过程中，避免老年人过度劳累，对出现体力下降的老年人可建议其休息；活动结束后，为有需要的老年人提供座椅和矿泉水。全程有志愿者和医务人员，及时处置突发状况。

10. 预计效果 老年人的身体得到了锻炼；激发了老年人参与体育运动的积极性；通过活动老年人增长了正确锻炼身体的相关知识，扩大了社交圈，收获了乐趣。

【实训评价】

1. 知识掌握（30%） 说出老年人医疗体育活动的类型和注意事项。

2. 操作能力（40%） 能学会与其他人合作开展老年人医疗体育活动；能预计活动中的突发情况并做好应急预案；能在活动中协调各工作人员一起有效组织、开展活动。

3. 人文素养（30%） 注意老年人和自身的防护，有安全意识及风险管理意识；准备充分，评估全面。

（潘华山 方 芳）

第三节 组织与策划老年人养生活动

自古以来，人类对健康与长寿的探索与追求从未停止过。随着精神生活内容的日益丰富和物质生活水平的不断提高，人们越来越注重生活的质量和身体的健康，盼望长寿。养生，即保养生命，意义重大。尤其是对老年人而言，养生具有强身健体、防病抗老、促进健康、延缓衰老的作用。养生需要以下三方面结合：一是依靠社会尽量创造一个良好的生存环境；二是依靠医学发挥健康咨询、养生指导和治疗疾病的作用；三是依靠每位社会成员的主观能动性，做好自我养生和帮助他人养生。

养生讲究科学方法。古语云"善养生者，上养神智，中养形态，下养筋骨"，真正的养生讲究形神协调、身心健康。在我国传统中医养生理论中，提出"顺应自然，天人合一，三因制宜、审因施养、动静结合"的养生法则，即人要顺应自然，根据气候变化、环境变化和个人体质的不同，开展不同的养生活动。

1. 精神养生 通过修身养性、修心正身，可以调节情志、节欲安神、蓄养精神，有利于气血调和，生理功能的平稳。

2. 环境养生 适应环境变化，尽量避免不利于健康的环境因素，保持人与环境的协调，使人体保持身心健康。

3. 行为养生 将养生法则与方法融于日常的休息、活动以及衣、食、住、行等生活的各个方面，使自身行为符合人体生理特点、自然和社会的规律，从而提高健康水平。

4. 中医养生 运用针灸、推拿、气功等传统医学方法，疏通经络气血、调理脏腑功能、培补人身精气，从而达到祛病强身、延缓衰老的目的。

随着社会经济进步和物质文化生活的丰富，养生活动种类也在不断丰富。现代社会中比较受欢迎的养生活动有品茗活动、健康食疗活动、气功、养生操、垂钓等。

一、老年人品茗活动

导入情境

国庆节将至，某小区居委会为丰富老年人的生活，倡导健康养生的生活方式，弘扬中国传统茶文化，计划邀请本地一家茶馆的茶艺师为社区的老年人举办一次茶会活动，开展品茗养生知识讲座，倡导老年人健康饮茶，并以此为媒介，鼓励老年人走出家庭，进行社交活动，畅谈美好生活愿景。

工作任务：

1. 请策划与组织本次茶会活动。

2. 请结合案例，谈一谈实施茶会活动的注意事项。

（一）品茗活动的意义

品茗即品茶、饮茶。茶作为一种健康、文明饮品，深受大众喜爱。茶叶的主要成分有茶多酚、茶色素、茶多糖、茶皂素、蛋白质、氨基酸、生物碱、矿物质等，有滋润肠胃、加快肠胃蠕动、促进身体新陈代谢、醒脑宁神、缓解困乏的功效。除了传统茶叶外，常见的茶有枸杞茶、西洋参茶、菊花茶、金银花茶、玫瑰茶等。不同品种茶类的功效见表4-27。

表4-27　不同品种茶类的功效

茶类品种	主要功效
绿茶	利于延缓衰老、降血脂、预防动脉硬化和心血管疾病；防龋齿、清口臭；改善消化不良
乌龙茶	利于延缓衰老；防龋齿；改善皮肤过敏
红茶	促进食欲；利尿；促进心肌功能；利于降血糖与血压
黑茶	补充膳食营养、助消化；利于降血压、降血糖、预防心血管疾病；抗氧化、利于延缓衰老；利尿
白茶	抗氧化；利于降血压、降血脂、降血糖

中国已有数千年的饮茶历史，衍生而来的中国茶文化也是最早的养生文化之一。茶文化，也称茶道，其中蕴含了茶源、茶情、茶品、茶艺、茶悟、茶语等丰富的文化形式。茶是一种情调，红茶温暖、白茶淡雅、绿茶清新，每一种茶都蕴含着特有的情怀。品茗活动可以体现一定的礼节、人品、意境、美学观点和精神思想，饮茶既是一种艺术，也是修身、养性的养生之道。适当饮茶有益健康，但在品茗活动中应该注意饮用要适量，浓度因人而异，不宜空腹饮浓茶，不宜服药时饮茶，也不宜睡前饮浓茶。

（二）老年人品茗活动的策划与准备

1. 活动主题　活动主题可根据活动的目的，配合活动的特殊节点或目的确定。常见目的有咨询老年人对某件事的意见和建议、纪念某事件、沟通和交流、充实生活等。应围绕丰富老年人文化生活、健康保健、提升趣味和品位设计主题，如"品茶香韵味，话夕阳之美""今夜相思月，乐享一家亲"等。

2. 活动规模　品茗活动参会人员规模不可过多，一般大规模茶会为30人以上；中等规模为10～30人；小规模在10人以内。

3. 参加对象　以社区或机构有此爱好的老年人为主体，可自愿报名，也可邀请特定老年人参加，提前与老年人沟通活动内容和交流主题。

4. 举办时间及安排　根据活动内容和活动安排，确定活动日期及具体时间。活动是半日、一日或连续数日应提前规划好。活动座席安排也要提前确定。茶席布置应根据茶会形式而定，常见的形式有固定茶席、流水茶席和人人泡茶席。

（1）固定茶席：一般在室内中心设立泡茶台和嘉宾桌椅，茶艺师在固定泡茶台前行茶，宾客席在主泡台两侧布置，以围坐为主。

（2）流水茶席：分设几处泡茶台，根据所泡茶的种类作相应风格的环境布置，嘉宾可以根据自己的喜好自主选择茶席入席。可沿墙散放一些椅子，让老年人小憩。这种形式的茶会有较大的灵活性和自由性。

（3）人人泡茶席：在这种茶席中，个人既是主人又是来宾，其座席是依自然地形而设，事先用连续编号做好标记，与会者抽签后根据号码自行设席。人人泡茶、人人品饮，这种茶席布置形式中最具代表性的便是"无我茶会"。

5. 活动地点　可选择养老院内或酒店内的多功能活动室；也可以选择室外，如特定事件发生地。不管室内还是室外，首先要检查地面是否防滑和安全，设备是否齐备，是否有电梯直达，公共卫生间的距离和数量是否合理等，室外还要考虑天气、交通等因素。

6. 活动准备　发布通知招募嘉宾，通知中应明确以下信息：活动时间、地点、人数、茶类、是否收费，并配上优美的图片，以增加说服力和号召力。将茶会通知通过宣传单、微信、微博或网站等方式广而告之。

准备签到表和席位书签、开场词、引导词、音响及视频播放设备、签到台、抽签台、茶的物料、拍摄设备、茶点及其他。

茶会需进行预演和试泡，准备好茶会当天所需的茶量，并多预备一些茶用于试泡练习。

检查活动所需物料，核对清单。

7. 活动流程　见实训4-9。

二、老年人健康饮食活动

导入情境

冬至渐至，气温愈加寒冷，民间素有冬天进补的习俗。××养老中心的工作人员决定组织与策划一次老年人饮食养生活动，请老人们一起参与进来，共同制作。根据养老中心老年人的饮食习惯，中心负责人决定将饺子作为活动的主食。

工作任务：

1. 请策划与组织本次饮食养生活动。

2. 请说出实施养生活动的注意事项。

（一）健康饮食活动的意义

食物是人体五脏六腑、四肢百骸得以濡养的源泉，是精气、津液、血脉的重要来源，是维持人体生长发育和新陈代谢的必要条件。合理进食是促进疾病痊愈、身体康复的重要环节，所谓"治病当论药攻，养病方可食补"。健康饮食是根据不同的人群、不同的年龄、不同的体质、不同的疾病、不同的季节选取具有一定保健作用或治疗作用的食物，通过科学、合理的搭配和烹调加工，将其做成兼具色、香、味、形、气、养的美味食品。这些食物既是美味佳肴，又具有一定的养生保健作用。

（二）健康饮食活动的注意事项

中国传统膳食讲究平衡，提出"五谷宜为养，失豆则不良；五畜适为益，过则害非浅；五菜常为充，新鲜绿黄红；五果当为助，力求少而数"的膳食原则。中国居民膳食指南推荐：食物多样，合理搭配；吃动平衡，健康体重；多吃蔬果、奶类、全谷、大豆；适量吃鱼、禽、蛋、瘦肉；少盐少油，控糖限酒；规律进餐，足量饮水；会烹会选，会看标签；公筷分餐，杜绝浪费。随着年龄的增长，老年人的器官功能出现渐进性的衰退，如牙齿脱落，消化液分泌减少，消化和吸收能力下降，心脑功能衰退，视觉、听觉及味觉等感官反应迟钝，肌肉萎缩等，这些改变明显影响老年人摄取、消化和吸收食物的能力。因此老年人膳食养生还要注意：

1. 营养元素搭配合理　中医讲"谨和五味，平衡营养"。膳食种类繁多，其所需的营养成分如蛋白质、脂肪、糖类、维生素、矿物质等是人体生命活动的必需物质。老年人饮食中热量来源以谷类为主，较成人略减；应给予优质蛋白质，占总热量的15%；应摄入少量脂肪，占热量的20%～30%；可多食谷类、蔬菜、水果等富含膳食纤维和维生素的饮食；补充水、电解质，每日食盐摄入不超过5g。

2. 食物选择要合理　食物种类多样化，注意荤素搭配、粗细搭配、干稀搭配、生熟搭配；做到"三高、一低、四少"：高蛋白、高维生素、高纤维素、低脂肪，少盐、少油、少糖、少辛辣。此外老年人饮食宜温偏热，少吃凉食，讲究膳食卫生。

3. 饮食易消化吸收　食物要做到细、松、软，既给予牙齿咀嚼的机会，又便于消化。

4. 食量分配要合理 饮食有节,不可偏食。老年人控制理想体重很重要。本着"早上吃好、中午吃饱、晚上吃少"的原则,合理分配三餐,三餐热量比为3:4:3。老年人对低血糖耐受不足,两餐之间可以适量增加坚果。

5. 配合中医膳食养生原则

(1)根据不同病证给予适合饮食:疾病有寒热、虚实、阴阳、表里之别,根据病人的不同情况,指导其选择不同属性的食物,以配合"虚则补之""实则泻之""寒者热之""热者寒之"的治疗原则。不同药物的性味、功能、主治不同,不同食物也具有各自的性味、功能和主治。各种病证的饮食宜忌总原则应以辨证为依据。热证病人宜清热、生津、养阴,故食物宜选择寒凉性和平性食物,忌辛辣之物、烟酒及温热性食品。寒证病人宜温里、散寒、助阳,故宜选择温热食物,忌生冷瓜果,忌寒凉食物。虚证病人宜补虚益损,食补益类食物,其中阳虚病人,食物选择宜温补,忌用寒凉食物;阴虚病人,食物选择宜清补,忌温热;气虚者可随病证的不同辨证施食。

(2)根据不同的治则进行饮食调护:食物的性能(即食性)同中药的性能(即药性)一样,都有"四性、五味"。应重视食物对药性的影响,并根据治疗原则选择适宜的食物,以增强药效。当热证病人用寒药治疗时,适当进食寒性食物;当寒证病人用热药治疗时,适当进食热性食物;当实证病人用泻药治疗时,适当进食泻性食物;当虚证病人用补药治疗时,适当进食补性食物,则会提高治疗效果。

(3)根据四时气候特点进行饮食调护:春季为万物生发之始,阳气卓越,应忌油腻、辛辣食品,以免助阳外泄,宜食清淡瓜果、豆类。夏季天气炎热,由于暑热夹湿,脾胃易受困,应进食清淡、解渴、生津、消暑之品,如西瓜、冬瓜、绿豆汤、乌梅小豆汤、藿香茶等。秋季万物收敛,凉风初长,燥气袭人,早晚凉爽,易致肺系病证如哮喘、咳嗽等复发,饮食应以滋阴润肺为主,可适当食用一些生津滋润食物,如芝麻、蜂蜜、菠萝、乳品、甘蔗、糯米等,以益胃生津,尽可能少食葱、姜、辣椒等辛辣之品。冬季天气严寒,万物伏藏,易遇寒邪,宜食具有滋阴潜阳作用且热量较高的食物,如谷类、羊肉、木耳等,而且宜热饮、热食,应忌生冷、过咸食品,以保护阳气,为有效预防开春的时行瘟病打下较好的基础。

📖 **知识拓展**

中医膳食养生

中医膳食养生是在中医理论的指导下,利用食物的性能特点,合理地调配膳食,以强身健体、防老抗衰的养生方法。

1. 食物的四性、五味 食物的四性指食物具有寒、热、温、凉四种不同的性质。寒凉的食物可清热泻火、解毒,适用于炎热季节和阳热体质之人;温热的食物有温中祛寒、温补作用,适用于寒冷季节和阳虚体质之人。食物的五味指辛、甘、酸、苦、咸五种不同的味。大体而言,辛味具有发散、行气、行血的作用;甘味具有补益、和中、缓急的作用;酸味与涩味都具有收敛、固涩的作用;酸味与甘味配合,能滋阴润燥;苦味具有泻热坚阴、燥湿降逆的作用;咸味有软坚泻下的作用,可以滋补肝肾、益阴补血。

2. 药食相宜相克 饮食滋味,以养于生,食之有妨,反能为害。某些食物和药物之间有禁忌,不宜配合使用,如何首乌、地黄、人参忌萝卜。

(三)老年人食疗活动的策划与准备

1. 活动主题 活动主题可根据活动的目的,配合活动的特殊节点或意义开展。围绕老年人的需求可以开展日常饮食养生、特殊疾病饮食养生活动。

2. 活动规模 根据活动方式确定活动规模。烹饪类食疗活动人数一般不超过10人。

3. 参加对象 社区或机构日常生活能力、认知能力完好、有烹饪经验且自愿参加的老年人及老年人家属。

4. **举办时间及安排** 烹饪类食疗活动时间应与老年人平日进餐时间一致。
5. **活动地点** 选择宽敞的养老院餐厅或食堂。
6. **活动准备** 环境准备、物品准备、人员准备。
7. **活动流程** 见实训4-10。

三、老年人中医健身气功活动

导入情境

气功是中国传统疗法中独具特色的一种健身功法,能强化人体内部的组织功能,有养生保健的作用。社区工作人员准备组织与策划一次老年人健身气功活动,请老人们一起参与学习,达到调适身心,强身健体的目的。

工作任务:
1. 请策划与组织本次中医健身气功活动。
2. 请说出实施健身气功活动的注意事项。

(一)中医健身气功活动的意义

气功通过姿势调节、呼吸锻炼、身心松弛、意念的集中和运用、有节律的动作等锻炼方法,调节和增强人体各部分功能,诱导和启发人体内在潜力。气功锻炼要求放松、保持安静和排除杂念,以缓冲大脑对外界的应激性反应,消除紧张情绪,使人处于一种松弛反应状态。气功锻炼能降低基础代谢和提高储能能力,对腹腔起着按摩作用,从而增进了食欲,提高了消化、吸收功能。气功锻炼还能发挥人体潜力,调动人体的积极因素,起着自我控制的作用。

(二)中医健身气功的分类

气功功法流派繁多、内容丰富,按照气功锻炼的三要素"调身、调息、调心",气功基本可分成三大类:以调心、调息为主,使身体姿势处于相对安静的状态,通过不断加强意念对自身的控制能力来养生治病的,归为静功;以调身、调息为主,强调身体姿势变化对气机运行的影响,通过姿势和呼吸的调整来养生治病的,归为动功;以运用自身按摩、拍击等锻炼方法,达到疏通经络、调和气血、增进健康的归为保健功。

1. 静功 气功中的静功锻炼,就是采取坐、卧、站等静的身体姿势,结合意念的集中和运用以及各种呼吸方法的锻炼,来达到增强体质、治疗疾病的目的。这种姿势的锻炼、呼吸的锻炼、意念的锻炼也称为"调身、调息、调心"。三者是不可分割、互相影响、互相促进的。练静功时,无论采取哪一种姿势,都要做到全身稳定、内部舒松,防止强直和松垮。按照对调息和调心的侧重,静功又可分为以下两类:

(1)以锻炼呼吸为主的静功:该类功法以锻炼腹式呼吸为主,其方法包括顺腹式呼吸法、逆腹式呼吸法、停闭呼吸法、丹田呼吸法、胎息法和六字诀吐纳法等。该类功法通过呼吸锻炼来调动人体的内气,使之逐步聚集、储存于身体某一部位,并循经络路线进行,以疏通经络气血。

(2)以锻炼意念为主的静功:该类功法以意守身体某一部位或体外某一事物为过渡,使思想逐渐入静,以达到静、松、空的境界;意守体内、体外的意境,自我诱导进入一种入静、放松的境界;以意识引导"真气"在人体内循经络运转周身,来锻炼人体内部真气。

2. 动功 气功的动功是相对静功而言的。动功通过练功者肢体的不断运动变化和意气相随,起到畅通体内气血、舒筋活络的作用。这些功法一般具有松静自然、柔和均匀、意气相随、动静相兼等特点。动功功法由肢体运动、呼吸锻炼和意念运用三个部分组成。动功功法的动作大致包括肢体部分的伸屈、转动、仰俯等,并按一定的规律、有节奏地运动,能促使全身气血流通、各部分关节灵活和筋骨强健,全面增强体质。按照动功锻炼内练和外练的侧重,动功又可分为以下两类:

(1)以内练为主的动功:这类功法的肢体运动顺其自然,注重意念的调节和呼吸的锻炼,以此达到疏通经络、调和气血、平衡阴阳、调整脏腑的功能。锻炼时显得轻松、柔和、缓慢；精神集中，专心致志，心平气和，呼吸自然，气沉丹田；以意为主，力由意生，劲出自然，不使拙力，但要有内在的道劲。例如太极意气功、五禽戏、八段锦等功法就具有这些特点。这些功法运动量较小，比较适合年老体弱者及慢性病病人练习。

（2）以外练为主的动功：这类功法比较注重肢体的运动，活动幅度较大，有时还伴有发力动作，以利肌肉、关节、筋骨的牵拉，能发展肌肉力量，利滑关节，增强韧带的弹性。动作刚柔相济，相互转化，刚中有柔，柔中见刚，不拘不僵，通过影响不同部位肌肉的紧张程度和负重力大小，调节血液循环，使循环血量再分配，促进机体内部气机运行，改善脏腑和经络的功能活动。外动内静，意念上保持松静状态，以利气血畅行。要根据动作调整呼吸，两者自然协调。在做有些发力动作时，一般采用呼气，以气助力，气力相合。

3. 保健功 保健功是气功中的一种辅助功法，既可用于治疗，也可用于保健，对体弱者和老年人尤为适宜。它的练功方法有耳功、叩齿、舌功、漱津、擦鼻、目功、擦面、项功、揉肩、擦胸、揉腹、夹脊功、搓腰、搓尾骨、擦丹田、揉膝、擦涌泉、浴手、浴臂、浴大腿等。保健功是通过自身按摩拍击来进行锻炼的功法，在锻炼的频率和力度上，要因人而异，以感到舒适、轻松为度。

（三）老年人中医健身气功活动的策划与准备

1. 活动主题 以丰富老年人的业余生活、强身健体、养生保健为目的，并为健身气功爱好者搭建交流展示的平台，以加深友谊，促进健身气功的推广普及促进健身气功的推广普及等相关主题。

2. 活动规模 一般大规模的健身气功锻炼为30人以上，中等规模的为10～30人，小规模的为10人以内。

3. 参加对象 以社区或机构有此爱好的老年人为主体，可自愿报名，也可邀请特定老年人参加，应提前与老年人沟通好活动内容和主题。

4. 举办时间及安排 根据活动内容和活动安排，确定活动日期及具体时间。活动是半日、一日或连续数日应提前规划好。

5. 活动地点 可选择社区室内可脱鞋使用的场馆。检查地面是否防滑和安全，设备是否齐备，是否有电梯直达，公共卫生间的距离和数量是否合理等，还要考虑天气、交通等因素。

6. 活动准备

（1）发布通知招募嘉宾，通知中应明确以下信息：活动时间、地点、人数、是否收费，并配上图片，以增加说服力和号召力。将通知通过宣传单、微信、微博或网站等方式广而告之。

（2）准备签到表、开场词、引导词、音响及视频播放设备、背景音乐、签到台、拍摄设备、茶点等。

（3）检查活动所需物料，核对清单。

7. 活动流程 见实训4-11。

实训4-9　策划老年人茶会活动

【实训目的】

1. 熟悉老年人茶会活动策划和方案撰写。

2. 学会组织与策划一场老年人品茗养生活动。

【实训学时】

1学时。

【实训步骤】

1. 活动主题 "饮茶香、品茶韵、享健康"养生茶会。

2. 活动参与对象 ××社区爱好茶艺或品茶的老年人20人、××茶馆茶艺师1～2人，社区工作者或志愿者5～6人，社区医务人员1～2人，活动带领者1人。

3. 活动时间 ××××年××月××日9:00—11:00。

4. 活动地点 ××社区活动中心。

5. 活动目的和意义 通过知识讲座和茶会活动增长社区老年人喝茶方面的相关知识,增进老年人的相互交流,促进老年人的身心健康。

6. 活动内容 养生知识讲座、茶艺表演、品茶、交流(表4-28)。

表4-28 具体实训活动流程

活动主题	"饮茶香、品茶韵、享健康"养生茶会	地点	××社区活动中心
日期	××××年××月××日9:00—11:00	时间	2h
带领者	茶艺师、活动策划者、社区志愿者		

活动流程				
进行内容	预估时间/min	活动内容	所需准备	备注
开场	10	1. 安排老年人入场、签到、围圈就座 2. 问候及自我介绍,并对出席活动的老年人表示感谢;介绍本次活动的目的、内容;请大家保持手机在静音状态	场地准备	
主题活动	30	养生知识讲座: 1. 简要介绍中国茶与养生文化,引出讲座的主题 2. 介绍茶艺师,邀请茶艺师上台展开品茶养生的知识讲座 3. 茶艺师介绍茶的分类及名茶、茶的养生功效、科学饮茶的方法 4. 互动提问	音乐	
	15	茶艺表演: 1. 播放相应茶品的视频,引领大家进入茶会的情景和状态 2. 茶艺演示 将4种茶样置于茶盒中,做好标签;随着音乐响起,茶艺师现场演示开汤(泡茶,助泡),提醒三泡止语;请茶友们有序赏茶	茶席布置、冲泡茶杯、茶壶、茶品、热水、音乐	
品茶、交流	35	1. 品茶 茶艺师冲泡好不同品类的茶,请老年人有序品茶 2. 志愿者送上茶杯和茶点,供老年人品茶、补充能量 3. 交流 自由换位交流,有意愿的老年人可以现场演示泡茶,交流品茶心得、冲泡技艺、茶文化等	茶具、茶品、茶点	
结束	10	随着第二次音乐响起,主持人宣布茶会结束,来宾共同歌唱,合影留念		
讨论	20	茶会结束后,工作人员及时跟进,与老年人进行交流并征询他们对本次活动的意见;工作人员于活动结束后对此次活动中的突发状况及应对方法进行讨论和总结,以待下次改进		

7. 人员分配 工作人员分为3个小组(表4-29)。

8. 经费预算 本次活动的经费预算(表4-30)。

9. 预计效果 引导老年人积极参与社交活动,了解喝茶的好处和品茗养生的技巧。

表 4-29　活动人员工作任务分配

工作小组	工作任务	准备内容
准备小组	邀请活动参与者、购买所需用品、布置活动现场	固定茶席 1 席, 桌子 5 张, 座椅 20 张, 备用座椅 5 张; 备茶品包括西湖龙井、碧螺春、信阳毛尖、安溪铁观音; 备茶具, 包括玻璃杯泡茶具、玻璃壶泡茶具、白瓷盖碗茶具
执行小组	安排座席、主持活动流程、维护活动现场秩序、现场摄影	座签表、签到表、现场音乐、摄像机
保障小组	环境卫生维护、茶水和食物补给、应急医疗保障	应急医疗设备

表 4-30　老年品茗茶会活动经费预算

项目	茶具	茶品	桌布	横幅	茶点	合计
费用 / 元	300	200	100	50	100	750

【实训评价】

1. 知识掌握(30%)　说出开展老年人茶会活动的注意事项。

2. 操作能力(40%)　能学会与其他人合作开展老年人茶会活动; 能预计活动中的突发情况并做好应急预案; 能在活动中协调各工作人员一起有效组织、开展活动。

3. 人文素养(30%)　注意老年人和自身的防护, 有安全意识及风险管理概念; 准备充分, 评估全面。

实训 4-10　策划老年人健康饮食活动

【实训目的】

1. 熟悉老年人健康饮食活动策划和方案撰写。

2. 学会组织与策划一场老年人健康饮食活动。

【实训学时】

1 学时。

【实训步骤】

1. 活动主题　情暖冬至, 喜迎幸福。

2. 活动参与对象　××养老中心的老年人 10 人、家属 5 人, 工作人员 3 人, 活动策划者 1 人。

3. 活动时间　××××年××月××日 10:00—12:00。

4. 活动地点　××养老中心餐厅。

5. 活动目的和意义　通过健康饮食活动, 提升老年人饮食相关的保健知识, 促进老年人的身体健康; 借节日增进老年人与家属的感情, 促进老年人之间的沟通和交流。

6. 活动准备　见表 4-31。

表 4-31　包饺子活动准备

项目	准备内容
环境准备	活动大厅或餐厅宽敞、明亮, 摆好桌椅、面板等物品
物品准备	桌椅 3 组, 饺子馅(荤素各 1 盆), 人参须 2 两, 面粉若干, 面板 6 张, 擀面杖 6 根, 电锅 2 个, 漏勺 2 组, 盘子、碗筷、围裙若干, 音响
人员准备	1. 老年人身心状态良好, 能参与活动 2. 工作人员与老年人、家属、食堂负责人沟通, 做好配合

7. 活动内容 见表4-32。

表4-32 具体实训活动流程

活动主题	情暖冬至,喜迎幸福	地点	×× 养老中心餐厅
日期	××××年××月××日 10:00—12:00	时间	2h
带领者	活动策划者、工作人员、家属		

活动流程				
进行内容	预估时间/min	活动内容	所需准备	备注
开场	30	1. 邀请老年人、家属、工作人员到现场。播放具有民族特色的轻快音乐。工作人员和家属协助老年人洗手、穿戴围裙,分成3组在桌前就座 2. 活动策划者宣布活动开始,问候老年人,对大家的参与表示欢迎;介绍参与活动的老年人和家属,并开展一个小游戏活跃气氛;询问老年人的饮食习惯。老年人和家属一起进行讨论,以拉近距离 3. 活动策划者简要介绍冬至节气的习俗、健康饮食的意义;介绍本次活动的目的、意义和流程,为大家做好分工	场地准备、音乐	
主题活动	50	包饺子: 1. 请食堂师傅把熬好的人参须水和到面粉之中并制作面团;每组老年人1个面团;食堂工作人员和家属引导并协助老年人擀制饺子皮,3组可以开展比赛活动 2. 每组老年人都包饺子,并均有工作人员和家属陪伴;工作人员多用鼓励性语言提高老年人参加活动的积极性,观察老年人的情绪和反应,及时提醒大家休息;注意组员之间的相互配合,中间可以互换工作,可以采用不同的包饺子的方法,相互学习技巧 3. 包创意饺子,提高活动的趣味性	包饺子的物料	
	30	吃饺子、品滋补汤药: 1. 工作人员组织大家收拾物品,擦净桌子,摆放碗筷,安排2名食堂工作人员负责煮饺子,家属协助洗手、坐下休息 2. 带领者引导老年人就本次包饺子活动发表意见,相互沟通交流 3. 热气腾腾的饺子上桌,同时把食堂预先熬制的羊肉汤端上桌,老人和家属围坐桌前,共同品尝自己的劳动成果	电锅、漏勺、餐具、食物	
讨论	10	活动结束后,食堂工作人员收拾餐厅卫生;带领者对活动进行总结,邀请大家积极参加下次养生活动;记录活动时间、内容、活动过程和老年人的表现,对老年人活动后的状态进行评估,及时反映。对于此次活动过程中的突发状况及应对方法进行总结,以待下次改进		
注意事项		1. 活动过程中注意刀、电锅使用安全,注意地面防滑 2. 活动中不要催促老年人,注意关注老年人情绪 3. 养生食疗中注意食物与药物的禁忌		

8. 经费预算 食材(羊肉、面粉、馅料配菜等)300元、横幅30元,合计330元。

9. 预计效果 老年人和家属配合好,学会食物的做法;顺利完成食物制作并进行品尝,增进老年人与家属的情感;老年人之间有了更多的交流和沟通(图4-1、图4-2)。

图4-1 老年人包饺子活动实况1

图4-2 老年人包饺子活动实况2

【实训评价】

1. 知识掌握(30%) 说出开展老年人健康饮食活动的注意事项。

2. 操作能力(40%) 能学会与其他人合作开展老年人健康饮食活动;能预计活动中的突发情况并做好应急预案;能在活动中协调各工作人员一起有效组织、开展活动。

3. 人文素养(30%) 注意老年人和自身的防护,有安全意识及风险管理概念;准备充分,评估全面。

实训4-11 策划老年人中医健身气功活动

【实训目的】

1. 熟悉老年人中医健身气功活动策划和方案撰写。

2. 学会组织与策划一场老年人中医健身气功。

【实训学时】

3学时。

【实训步骤】

1. 活动主题 强身健体,养生保健。

2. 活动参与对象 ××社区的老年人10人,家属5人,工作人员3人,气功功法老师1人。

3. 活动时间 ××××年××月××日8:00—09:30。

4. 活动地点 ××社区活动中心室内排练室。

5. 活动目的和意义 通过中医健身气功活动,增长老年人养生气功功法相关的知识,促进老年人的身体健康;增进老年人与家属的感情;促进老年人之间的沟通和交流。

6. 活动准备 见表4-33。

表 4-33　中医健身气功活动准备

项目	准备内容
环境准备	活动大厅或餐厅宽敞、明亮,地板拖洗干净,空调调好温度
物品准备	签到台、桌椅、音响
人员准备	老年人身心状态良好,能参与活动 工作人员与老年人、家属进行沟通并做好配合

7. 活动内容　见表 4-34。

表 4-34　具体实训活动流程

活动主题	强身健体,养生保健		地点	×× 社区活动中心室内排练室	
日期	×××× 年 ×× 月 ×× 日 8:00—11:00		时间	90min	
带领者	活动策划者、气功功法老师、工作人员、特邀家属				
活动流程					
进行内容	预估时间/min	活动内容		所需准备	备注
开场	30	活动策划者邀请老年人、家属、工作人员到现场,播放舒缓的背景音乐;宣布活动开始,问候老年人,对大家的参与表示欢迎;介绍参与活动的老年人和家属,并开展一个小游戏活跃气氛;让老年人和家属一起参与,以增进交流		场地准备、音乐	
主题活动	50	学习健身气功功法: 1. 请气功功法老师教授大家气功功法,多用鼓励性的语言提高老年人参与活动的积极性,观察老年人的情绪和反应,及时提醒大家休息;着重介绍呼吸吐纳和动作技巧 2. 所有参与活动者一起合影留念			
整理和总结	10	1. 清理场地　捡拾活动场地垃圾;撤掉横幅 2. 总结反思　对活动中的一些好的做法和问题进行总结反思		卫生工具	

8. 经费预算　横幅 30 元,合计 30 元。

9. 预计效果　老年人和家属配合好,学会中医健身气功功法;增进老年人与家属的情感;老年人之间有了更多的交流和沟通。

【实训评价】

1. 知识掌握(30%)　说出开展老年人中医健身气功活动的注意事项。

2. 操作能力(40%)　能学会中医健身气功功法要点;能预计活动中的突发情况并做好应急预案;能在活动中协调各工作人员一起有效组织、开展活动。

3. 人文素养(30%)　注意老年人和自身的防护,有安全意识及风险管理概念;准备充分,评估全面。

（潘华山　方　芳）

第四节　组织与策划老年人心理健康活动

　　杨奶奶今年67岁,初中文化程度,退休前是商店营业员。杨奶奶患乙肝已经有两年,到处求医,看过西医和中医,吃过各种药,但都无济于事,病情始终未见好转。杨奶奶开始怀疑自己已患有肝癌,死亡的威胁让她整天提心吊胆。她晚上经常梦见两年前因病去世的老伴,情绪烦躁不安,而且经常无缘无故地发脾气。她希望能多活一段时间,能看到32岁的儿子成婚。

工作任务:

1. 列出社区退休老人心理保健可采用的活动形式。
2. 作为本次活动的策划者,请选择一个活动主题。
3. 试着为杨奶奶编写一份完整的心理保健活动策划方案。

　　心理保健就是保持、维护和促进人的心理健康的过程。老年人的健康,尤其是心理健康,直接影响着老年人的生活质量。如何提高老年人群体的心理保健水平,使老年人在身心健康的状况下安度晚年,实现"老有所乐、老有所学、老有所为",已成为老年服务研究领域的重要课题之一。

一、老年人日常心理保健

(一)老年人心理健康的概念与标准

　　心理健康是指个体内部心理和谐一致,且与外部环境适应良好的、稳定的心理状态,具体包括认知功能正常、情绪积极稳定、自我评价恰当、人际交往和谐、适应能力良好五个方面。老年心理健康的标准可界定为:

1. 在社会和家庭环境中有充分的安全感。
2. 能够充分了解自己,对自己的能力有正确的评价。
3. 生活的目标要切合实际,能够科学地评估自己的身体状况、经济状况和家庭情况。
4. 与外界环境能保持一定的联系。
5. 保持人格的完整,自知力、性格等和周围的环境、人、物协调一致。
6. 要有一定的学习能力、探究能力和学习新鲜事物的欲望。
7. 能保持良好的人际关系。
8. 能适度地表达和控制情绪,尽量不压抑自己的情绪。
9. 在不违背社会要求的前提下,适当发挥自己的个性。
10. 恰如其分地满足自己的需求。

(二)老年人心理健康活动形式

　　1. 心理健康知识宣讲　针对低龄老年人和健康状况尚可的高龄老年人,可以开设针对老年人群体的电视教学和社区课堂,或者是心理健康专题讲座。通过知识宣讲,一方面可以提高老年人的知识水平,丰富老年人的精神生活,维护老年人的心理健康水平;另一方面还可以传授心理保健知识,引导老年人采取积极、科学的方式应对年龄增长带来的变化,做到老有所学、老有所用,帮助老年人更好地适应老年生活。

　　2. 团体心理咨询和干预　团体咨询是在团体情境中提供心理帮助和指导的一种心理咨询与治疗形式。它是通过团体内的人际交往作用,促使个体在交往中通过观察、学习、体验,认识自我、探讨自我、接纳自我,调整和改善与他人的关系,学习新的态度和行为方式,以发展良好的生活适应能力。一个老年咨询团体大约由30人组成,可分成3组。每位老年人1个月宜参加4次团体活动,每次活动的主题要与老年人生活中面临的心理问题息息相关,如压力缓解、情绪调整等。通过团体咨询,解决老年人因不善表达或不知如何寻求帮助而积压于内心的负面心理,让老年人在团体中通过互助与自我感悟解决心理困扰。

3. 个案心理咨询和干预　个案心理咨询是指心理咨询师依据来访者的心理需求,展开专业的心理辅导帮助。一对一咨询,一般是一位心理咨询师对一位来访者;一对多咨询,即一位心理咨询师对多位来访者,如夫妻、父母与子女等一起来进行的咨询。个案心理咨询能够更加详细地了解老年人的信息,可以扩展个别化服务范围,能够深入探究个体某些行为产生的心理原因,以及其发生、发展、变化的原因。个案服务更加个性化和人性化,被接受程度较高。

(三)老年人心理健康促进方式

国际上对于心理健康促进技术的研究已逐步被学者重视。运动已成为最普遍的心理健康促进活动,如爬山、旅游、渐进性肌肉放松训练。心理健康促进活动还包括暗示、音乐疗法以及心理学家开展的智力运动会等实用技术。经常参与爬山、旅游等活动,可使老年人的身、心、社会交往三方面形成良性循环。以上这些心理促进方式在策划与组织老年人活动时可灵活选用。

(四)老年人志愿服务

1. 概述　就整个社会层面来说,老年人志愿服务包括老年人参与的志愿服务和为老年人志愿服务。老年志愿者活动是老年人参与社会的一种重要形式,这意味着老年人不仅不是社会的负担,还是重要的社会资源。对于为老年人志愿服务而言,"小丑医疗"志愿服务项目对于减轻老年人就医恐惧、稳定老年人情绪有着重要意义。总的来说,老年人参与志愿者活动不仅能减轻社会和家庭的负担,还能发挥余热,帮助老年人建立积极而正面的形象,让整个社会形成和谐的尊老、敬老的良好社会风气。

志愿者(volunteer),联合国将其定义为"自愿进行社会公共利益服务而不获取任何利益、金钱、名利的活动者",具体指在不为任何物质报酬的情况下,能够主动承担社会责任而不获取报酬、奉献个人时间和行动的人。部分老年人虽然进入老年期,但身体比较健康,本人也热心于社会公益事业,有比较强烈的参与志愿者活动的需求。老年人退而不休,自愿参加志愿者活动,它所体现出来的广泛而深远的影响,已远远超出志愿者活动本身的价值。这意味着老年人不仅不是社会的负担,还是重要的社会资源。他们参与志愿者活动的内涵由休闲娱乐转向生产创造;他们发挥余热,继续为社会作贡献。目前,老年志愿者活动已呈现出多部门、多层次、多渠道、多形式蓬勃发展的良好态势。参与志愿者活动已经成为老年人社会参与的主要渠道。

2. 老年人参与志愿者活动的优势

(1)时间优势:从事志愿者活动需要花费大量的时间,而赋闲在家的退休老年人正好具备了这个条件,他们有充裕的时间参与志愿者活动。大部分老年人的生活存在单调乏味、内心空虚、娱乐项目少等问题,合理利用闲暇时间,从事志愿者活动可以丰富他们的生活,并促进他们的身心健康,同时还会产生良好的社会效益。

(2)心理优势:老年人心智成熟稳重,能够全面地分析与解决问题。老年人做事执着,有恒心,能持续参与志愿者活动。

(3)经验优势:老年人生活阅历广,具有丰富的工作经验和生活经验,处理问题方法多,尤其是对解决邻里矛盾、孩子的教育等问题有独特的方法和技巧。许多看似不可调和的问题,由老年志愿者出面调解,往往可以起到意想不到的效果。

(4)专业优势:老年人是一个特殊的群体,他们中人才济济、藏龙卧虎。他们从事过各行各业的具体工作,具备一专多能、一技之长、实践经验丰富等优势,特别是警察、律师、医务工作者等,他们在从事志愿者活动时可以充分利用自己的专业特长,做好维护社会安全、法律咨询及健康知识宣教等方面的工作,具有其他年龄组的志愿者无可比拟的优势。

(5)其他优势:很多老年人有丰厚的传统文化方面的特长,如书法、国画、戏剧等。他们可以发挥特长,做好传统文化的传承和发展。另外,老年人还具有做事细心、有耐心的特点,了解社区最基本的状况和百姓诉求等优势。老年人德高望重，用其自身为人处世的经验，给予受助者积极的开导和启发，更容易让受助者产生信赖感。

3. 老年人志愿服务活动类型

（1）社会服务：社会服务是老年志愿者活动的主要类型，包括社区服务、未成年人教育和保护、科普宣传、维护交通安全、活动志愿服务等。

（2）老年人互助：老年人互助主要是指老年人之间的互帮互助。例如身体健康的老年人为行动不便的老年人代购日用品、打扫卫生。实践证明，互助养老提高了老年人汲取社会资源的能力，满足了老年人的日常交往、精神慰藉等较高层次需要。推广互助养老模式将是积极应对人口老龄化的可靠选择。

4. 老年志愿者活动的意义 老年人通过参与志愿者活动，既得到了社会对个人的尊重和满足，又体现了个人对社会的责任和贡献，真正实现了老年人的社会价值。事实上，志愿者活动是公民义务和责任的一种表现，它不仅给社会带来了巨大的价值，也给老年人带来了新的体验以及创造了被需要的感觉，让老年人的生活丰富多彩。因此志愿者活动也是老年人适应退休后生活和体现社会价值需要的表现，社会各界应当给予理解和支持。具体来说老年志愿者活动有以下几方面的意义：①扩大交际范围，排除孤独感；②丰富人生阅历，增长知识，开阔视野；③发挥余热，实现人生价值；④作为老年人参与社会的一种重要形式，承载着积极老龄化丰富的内涵、目标和行动的重要意义。此外，老年人参与志愿者活动也可以起到良好的社会示范作用，号召全社会进行公益活动。

5. 老年人参加志愿者活动的影响因素

（1）身体状况：老年人的身体状况是影响其参加志愿者活动的一大因素，参加志愿者活动时根据自身条件"量力而行"。

（2）家庭成员的认可和支持：子女出于关心老年人身体健康的考虑或者担心会带来麻烦，因此，很多时候可能会不赞成他们参与志愿者活动。因此，老年人需多和家人沟通，取得家人的支持。

（3）社会支持力度：老年志愿者活动虽然是一种非政府、民间自发的行为，但也需要社会支持。随着社会进步，中国志愿者团体不断增加，但是以老年人为主体的志愿者团体数量还较少，覆盖范围也较小，相关部门或者相关组织应鼓励并从政策上、经济上积极支持老年志愿者活动。

📖 知识拓展

互助养老模式

老年人面临着"收入水平总体不高，失能问题日益突出，宜居建设相对滞后，全民对老年期生活准备不足等问题"，为此，开展互助养老模式，通过共建、共享、共同管理提升老年人的幸福感，成了政府和社会解决养老问题的良策。

按照互助养老的主导者，可将各地互助养老实践分为4种类型：一是政府主导型；二是自治组织主导型；三是社会组织主导型；四是家庭主导型。

互助养老模式均建立在互帮互助的基础上，能有效缓解传统家庭养老的不足，给老年人的生活增添幸福感。互助养老模式不仅节约成本，也符合中国的文化传统，是养老市场的有益补充。

二、失能老年人的心理保健

（一）失能老年人的一般心理特征

1. 失落和孤独 有的老年人失能前对社会贡献大，经济水平高，失能后由于角色反差会产生失落感，性格易暴躁，配合度较差，希望周围的人能尊重并顺从他，表现为自以为是、固执己见、独断专行、易激怒、好挑剔和责备他人。有的老年人失能后，由于生活单调，与外界缺乏交流和沟通，产生被抛弃感，因而导致性格和行为的改变，表现为固执、自尊心强、沉默寡言等。

2. 恐惧和焦虑 由于老年人的各项功能衰弱，失能初始，身体疼痛造成巨大的心理压力。例如心肌梗死的失能老年人，因持续性剧痛而产生濒死的恐惧心理，加上失能后在饮食、休息、睡眠等方面都难以适应，日常生活规律被打乱，从而精神上产生恐惧和焦虑，多表现为烦躁不安、痛苦呻吟、睡眠不佳、不思饮食，只关心治愈时间及预后。

3. 敏感和猜疑 失能老年人常敏感多疑，推测自己的失能情况很严重，怀疑照护人员甚至家人刻意隐瞒病情，心理负担较重。周围人细小的动作、轻微的表情、无意的话语都可能引起他们的猜疑。出现某一症状与某种比较严重的疾病症状相类似时，失能老年人便会对号入座，怀疑自己重病缠身，表现为情绪低沉、悲伤哀痛、沉默少语，常常无端地大发脾气或暗自伤神。

4. 抑郁 老年人的生理功能趋于衰退，常常感到力不从心，感慨老而无用，再加上失能及病情的反复、治疗效果不明显、治疗进程缓慢，容易产生抑郁。抑郁是失能老年人常见的一种负性情绪。研究表明，机构老年人的抑郁症状较社区老年人更为突出。

5. 沮丧和悲观 老年人往往同时患有多种疾病，如冠心病、糖尿病、脑梗死等。长期服药的痛苦和药物不良反应的刺激，使他们容易产生沮丧和悲观心理，常表现为意志消沉、精神忧郁、束手无策、暗自伤心落泪、冷淡，对疾病的治疗及转归表现漠然，对治疗和护理抗拒。

（二）失能老年人的心理保健活动形式

失能老年人由于身体功能的损伤以及体力和精力的不足，都不适合参加高强度的运动，但轻度失能老年人可以适当参加一些体育活动，如慢走、爬楼梯等，这些体育活动在一定程度上可以强身健体，有利于疾病的康复。失能老年人在身体允许的情况下，应该积极参与社区、团体组织的老年人活动，如棋牌赛、读书会等，注意控制活动量及安全即可。失能老年人心理保健形式主要包括：

1. 心理疏导活动 失能老年人由于长期卧床或在室内休养，对外界的耐受性和适应能力、生活自理能力下降，依赖性强，失落感倍增等，易产生猜疑、恐惧、焦虑和抑郁心理，严重者甚至产生厌世心理。因此，对失能老年人除了关爱、体贴之外，还应进行及时而有针对性的心理疏导。可组织有心理学专业背景的社工、志愿者为社区或养老院的失能老年人做专业的心理疏导；在社区或养老院为老年人构建"心理教育辅导平台""心理诉求平台"等一系列心理教育、心理危机救助体系；通过电话问候、上门慰问等形式，开展心理咨询服务，缓解老年人的心理"空巢"，帮助老年人解开心结、乐享晚年生活。

2. 往事回顾活动 老年人韶华已逝，尤其是失能老年人的生活比较单调，对往事的美好回忆是老年人温馨而甜蜜的时刻。回忆能让老年人找到归属感。老年人回首过往，宠辱不惊，会以更加平和的心态去看待生命的逝去，会更加珍惜剩下的时光。失能老年人适用的往事回顾活动类型包括：

（1）讲述生命故事：失能老年人尽情回忆自己的过往，尤其是生命中那些最精彩、最感人的部分，如果记录在册，既可与他人分享，也可闲来无事自己阅览一番，体验自己的生命价值。

（2）讲解与往事有关的衣物及各种生活、工作用品：可以在失能老年人的允许和提示下，帮助他们清理与往事有关的各种生活、工作用品，让老年人回忆并叙述这些物品背后的故事。如果家中还存有老年人儿时、青少年时或工作时的衣服，也可以拿出来清洗干净，让其仔细观赏、回味。还有过去获得的奖章、奖状和各种纪念品，都有重新欣赏的意义。

（3）整理失能老年人的笔记、图片和其他印刷品：有空时翻开看看失能老年人的笔记、日记、照片等，通过让老年人回忆起种种往事，帮助老年人"找回"年轻的感觉。

3. 文化休闲活动 部分失能老年人虽行动不便、生活不能自理，但意识清醒，可以试着参与一些文化休闲活动，如读书、看报、听音乐、听戏曲等，这样既可以修身养性，又可以填补生活的空虚。如果自己没有办法动手，也可以请子女或志愿者帮忙。

三、老年人艺术育疗活动

老年人艺术育疗是在活动带领者的引导下，老年人通过艺术材料表达情绪，并在创作历程中与带领者建立同盟关系,借由创作的作品进行深度对话,探索自身问题与困境,从而提升自我赋能。

(一)艺术育疗是从使用材料开始

每个人对于不同的材料具有不同的感受和认知,这与使用材料的经验深浅和好坏有关。例如人们小时候常用的彩色笔或蜡笔,在长大后再使用这些材料时,会触动之前使用彩色笔或蜡笔的记忆。如果使用材料的经验不是正向、积极的,使用者可能会产生抗拒的反应;反之,如果使用材料的经验是美好的,这些材料将对使用者相对更具吸引力。因此对于不同背景的使用者来说,不同的材料有其独特的育疗意义。

"可是,我不大会画画呢""我画得很丑怎么办?""一定要画吗? 我可以用说吗?""我对美术一窍不通""我画得比三岁小孩还差!"等,这是很多人听到"艺术育疗"后的反应。在艺术治疗中,绘画是常见的创作方式,通过绘画可以表达与探索自我,但对于某些因艺术创伤而缺乏绘画自信的老年人,可能因创伤而恐惧或排斥绘画,这就降低了他们接触艺术治疗的可能性,所以,艺术育疗中材料应用和创作活动指引的根本是希望教育能走在治疗之前,谓之"育疗"。让材料与创作的教与学在潜移默化中成为艺术介入生活、走进生命的疗与愈,这就是艺术育疗的概念与精神所在。

老年人艺术育疗是一系列经过设计的心理健康活动过程,而非单一的艺术创作活动。活动带领者必须先与参与者建立信任和安全的良好关系,再根据情况设计适合的艺术活动,以协助参与者在创作过程中获得宣泄与升华。此外,活动带领者亦帮助参与者引发其内在的深层对话,加深参与者对自我的认识与觉察,从而接纳与尊重自我个体的独特性,达到内心世界与外在世界的相容状态。

当艺术被应用于老年人活动策划与组织中,材料便成为一种自我表达、觉察与成长的工具。活动带领者更关心的是参与者内在的经验,而不只是作品的呈现。所有的过程、形式、内容与材料都是创作的要素,因为每一个要素都透露出参与者的人格特质和潜意识。

(二)艺术育疗的应用

艺术育疗是一种通过艺术活动而施行的心理保健,因其具有的特质,它可运用的范畴非常广泛。

1. 艺术育疗因具有非语言沟通的特质,参与艺术育疗活动的对象较一般心理治疗的对象范围广。凡不善口语表达的老年人、幼儿、丧失语言功能者,甚至虽语言表达流畅但防卫性强的青少年、精神疾患或人格违常者,以及癌症末期病人等皆适宜。

2. 艺术育疗的表达常运用头脑中对看过的东西的存留和视觉做思考,此种直觉式的思考往往能透露隐藏在潜意识中的内容。

3. 在艺术创作中,老年人会因专注而降低心理防卫,更因艺术形式的隐匿表现,能允许潜意识自然浮现,亦能有效建立良好的互动关系。

4. 艺术创作的过程能帮助老年人宣泄负面情绪、释放压力,是一种被社会所接受的、安全的发泄方式。

5. 艺术创作是一种自发与自控的行为,老年人可因此获得掌控感与自主权。

6. 艺术育疗中的作品承载了老年人的情感和意念。通过作品的呈现,老年人的内心世界与外在世界有机会得以统一。

7. 艺术育疗活动带领者从作品中获得老年人的潜意识信息,而不影响老年人的防御机制。

8. 作品可提供给专业人员作为诊断的参考,亦可通过老年人一系列的作品评估其心理健康的状态。

9. 团体艺术育疗中,通过成员的共同创作与分享能增进团体成员的凝聚与互动。

10. 创作时可增进老年人感官刺激,有利于康复。

11. 艺术表现的形式具有时空的整合性,老年人可具体联结过去、现在与未来。在艺术创作的过程中,老年人可直接联结以前的认知,使潜能得以释放发挥。

12. 定期或长期从事团体艺术活动,可帮助老年人维持稳定的情绪并获得心理支持(实训4-12、实训4-13)。

知识拓展

埃里克松人格发展的八个阶段

埃里克松（E. H. Erikson）的人格发展理论把自我意识的形成和发展过程划分为八个阶段，分别为婴儿期（0～1.5岁）、儿童期（1.5～3岁）、学龄初期（3～5岁）、学龄期（6～12岁）、青春期（12～18岁）、成年早期（18～25岁）、成年期（25～65岁）、成熟期（65岁以上）。每一个阶段都是不可忽视的。

65岁以上的老年人由于身体逐渐衰老、体力和健康状况每况愈下，因此必须作出相应的调整和适应，所以成熟期又被称为自我调整对绝望感的心理冲突的时期。自我调整一种是接受自我、承认现实之感；一种是超脱的智慧之感。如果一个人的自我调整大于绝望，他将获得智慧的品质，埃里克松把它定义为"以超然的态度对待生活和死亡"。

实训4-12 策划老年人艺术育疗活动

【实训目的】

1. 熟悉老年人艺术育疗活动策划和方案撰写。

2. 学会组织与策划一场老年人艺术育疗活动。

【实训学时】

1学时。

【实训步骤】

1. 活动主题 人生中的起、承、转、合。

2. 活动参与对象 适用于抑郁、压抑、悲伤失落等需要减压或情绪宣泄的老年人，也适合探索生命历程及存在意义的老年人。

3. 活动时间 ××××年××月××日14:00—15:00。

4. 活动地点 ××社区居委会一楼会议室。

5. 活动目的和意义 当参与者认真投入创作之后，经过起、承、转、合的历程，感受活动带领者的温暖和团队的接纳，从而产生信任、安全与归属感。

6. 活动内容 见表4-35。

表4-35 具体实训活动流程

活动主题	人生中的起、承、转、合		地点	××社区居委会一楼会议室
日期	××××年××月××日14:00—15:00		时间	60min
带领者	活动策划者、志愿者			
活动流程				
进行内容	预估时间/min	活动内容	所需准备	备注
开场	10	1. 安排老年人入场、签到、围圈就座 2. 先问候，再进行自我介绍，对出席活动的老年人表示感谢；介绍本次活动的目的、内容；请所有人保持手机静音状态	场地准备	
主题活动（4选1）	30	涂鸦叙事： 1. 请老年人闭上眼睛，左手持粉蜡笔在纸上涂鸦，随着不同音乐的引导连画4张	12色粉蜡笔、A4白纸、音乐	

进行内容	预估时间/min	活动内容	所需准备	备注
		2. 以 4 张涂鸦线条去做图像自由联想,完成 4 幅作品,并各自命名 3. 将 4 幅作品重新排列顺序,串联起来并赋予其意义,编成 1 个完整的故事		
	30	爱心拼图: 1. 将 A1 海报纸依人数画出 1 个以中心为交汇点的爱心图形并剪开,老年人每人 1 片(应使用同一幅画,否则会拼不回去) 2. 以丙烯颜料在小片上完成"我是谁",然后彼此分享 3. 待颜料干透之后,一起用"小我"拼图完成一个"大我",此时完成的大拼图会在视觉上造成一种凝聚的冲击力 4. 聚集在一起分享完成大拼图的感受、发现与心得 5. 将创作出的大拼图贴在团体室的墙上	A1 海报纸、剪刀、丙烯颜料、音乐	
	30	人生如画: 1. 老年人以圆形围坐,各自将画纸的右下角做个记号 2. 每个人将画纸往右传,然后在他人的画纸上任意涂鸦 3. 之后依序往右传画纸,再依次自由涂鸦,直到传回各自做了记号的那一张画纸 4. 通过观察老年人如何面对已被涂成混乱一圈的画,就能看出他们对待人生的方式和态度 5. 最后从各自的分享中去探讨彼此的异同,在超越对错之外,检视自我面对生命中发生的各种事件的态度与处理模式,并且用简单、自然的方式进行相互学习	A2 画纸、彩色笔、粉蜡笔、音乐	
	30	漫游彩砂: 1. 给每个老年人半包盐、1 个粉彩条和 1 张 A4 纸,指导老年人将半包盐倒在一张 A4 纸上,用刀背轻轻刮粉彩条表面成细粉状并将其和盐堆掺和、搅拌,制作成颜色各自不同的彩色砂 2. 将彩色砂装入透明塑料袋封好,剪 1 个小洞口可倒出作画;每个人围绕着团体中央全开黑色的壁报纸随意游走,将所有彩色砂自由撒落 3. 完成后一起欣赏共同创造的作品,并分享心情与感受 4. 让大家在砂画中找寻每个人最喜欢与最不喜欢之处,并将其描绘下来 5. 最后,拿出准备好的垃圾袋,请大家将砂画合力抬起倒入袋中,一瞬间黑纸从五彩缤纷的画面又恢复成空无一物的黑纸 6. 由活动带领者带入主题,进行讨论	A4 纸、精盐、粉彩条、全开黑色壁报纸、美工刀、剪刀、透明塑料袋、音乐	
作品交流	15	1. 和老年人交流,面对各自手上的两张作品(叙事涂鸦和人生如画),现在的感想如何 2. 回顾人生历程,总结不论想带走或想留住的是什么,结束是另一个开始,凡走过的必留下痕迹 3. 在整个团体结束之前,活动带领者将墙上团体创作的爱心拼图取下,以仪式化再剪开,老年人各自取回		
结束	5	随着第二次音乐响起,主持人宣布活动结束,团体老年人共同歌唱,作品合影留念		

7. 活动分组　工作人员分为3个小组（表4-36）。

表4-36　活动人员工作任务分配

工作小组	工作任务	准备内容
准备小组	邀请活动参与者并购买所需用品、活动现场的布置	12色粉蜡笔，A4纸，A1海报纸，剪刀，丙烯颜料，A2画纸，彩色笔，精盐，粉彩，全开黑色壁报纸，美工刀，剪刀，透明塑胶袋，纸胶带
执行小组	安排座席、主持活动流程、维护活动现场秩序、现场摄影	座签表、签到表、现场音乐、摄像机
保障小组	环境卫生维护、茶水和食物补给、应急医疗保障	应急医疗设备

8. 经费预算　本次活动的经费预算（表4-37）。

表4-37　老年人艺术育疗活动经费预算

项目	材料	桌布	横幅	茶点	合计
费用/元	500	100	50	100	750

9. 预计效果　团体成员分享艺术育疗作品（图4-3、图4-4）并进行活动最后的总结。活动可使参与者或团体成员更加珍惜曾经拥有的事物，学会活在此时此刻、及时放下，并且更有信心地开启新的陪伴关系。

图4-3　涂鸦作品

图4-4　砂画作品

10. 注意事项

（1）活动策划者需留意参与者对材料的初始反应，因为蜡笔、彩色纸和白色画纸的出现，对于有艺术创伤和抗拒绘画者来说是种压力，需适时、恰当地引导。

（2）活动策划者需留意参与者当下的身心状态（如是否情绪不佳或有无肢体协调等问题），并在绘图过程中根据投入程度适时给予相应的鼓励或示范。如果参与者表明不想讲出故事，活动策划者可运用故事接龙的方式进行，但故事主轴最好还是由参与者来创造。

（3）纸的大小可根据参与者的能力以及操作时间的长短调整为八开或半开。

（4）将盐染色时，如果参与者在1袋盐之中混合2种以上的颜色，容易使色彩变为灰浊的中间色调，这也可以代表某种心理特征，无须因为色砂颜色较为暗淡而作废；但活动策划者可提醒参与者，若希望色彩明亮些，最多混到2种颜色即可。

（5）本活动材料流动性很高，情感和潜意识的投射非常直接而迅速，活动策划者要留意团体里是否有潜在的特殊成员，必要时须协助其疏导情绪。

（6）活动结束前，应号召所有成员妥善处理盐沙，以免造成场地的过度脏乱，并保证参与者整理好心情后再离开。

11. 变化应用

（1）若用在个人上，可以准备 1 张 A2 的画纸，放在桌上或贴牢在墙上。参与者手拿 1 支深颜色的蜡笔放在画纸的中间，闭上眼睛（也可睁开眼睛）在纸上涂鸦（可以左、右手互换），即使画出纸外也没关系（可试着花 30s 至 1min 的时间画出一系列不同的线条）。当参与者觉得差不多后，睁开双眼，看看刚刚随性所画的线条和形状，从涂鸦中识别出形体或东西，并可以试用从不同角度观看自己的涂鸦，如反着看或远看，然后将找到的形象涂上自己想要的颜色或根据感觉再处理细节，并把形象更清楚地勾勒出来。完成后，将作品挂起来再让参与者仔细看看，最后给它取个标题。在完成整个过程后，让参与者回顾一下刚才涂鸦时的感觉，以及思考自己会找出那些形象的原因，最后试着将自己和这个作品做个总结。

（2）若用在团体中，请参与者选择 1 位伙伴并彼此对坐，然后将 A2 画纸摆放在两人中间。先决定谁是带领者、谁是跟随者，然后进行涂鸦追逐画游戏。接着 2 个两人小组组合成 1 组（4 人），亦将两张纸拼在一起重复涂鸦游戏，最后 4 人一起找出 8 个图形，再从这 8 个图形里协商挑选出 4 个，共同编撰一个故事把这 4 个图形串联起来，并将此故事绘画在另一张画纸上（如果时间允许，可用戏剧方式表演出这个故事，或作为下次团体的活动）。整个团体可再分成 2～3 个小团体进行此项活动，团体动力会在无形中产生。因为在游戏过程中，彼此合作的方式、沟通的模式、问题解决的形式以及带领者和跟随者的关系，都会因此反映出来。

（3）漫游彩砂若以 4～6 人的小组进行活动，可激发想象力、创造力来开展人际关系；若以两人小组进行活动，可在亲密互动中觉察个人相对的关系及彼此相互适应的智慧；若以个人进行创作活动，则可静心沉淀，辅助降低心理防卫、宣泄情绪、降低焦虑，以及缓和悲伤或失落。

实训 4-13 策划老年人艺术减压活动

【实训目的】

1. 熟悉老年人艺术减压活动策划和方案撰写。
2. 学会组织与策划一场老年人艺术减压活动。

【实训学时】

1 学时。

【实训步骤】

1. 活动主题 怀念。

2. 活动参与对象 心情低落的老年人。

3. 活动时间 ××××年××月××日 14:00—15:00。

4. 活动地点 ××社区居委会一楼会议室。

5. 活动目的和意义 借助材料发泄悲伤等不良情绪，建立积极正向的心态。

6. 活动分组 工作人员分为 3 个小组（表 4-38）。

表 4-38 活动人员工作任务分配

工作小组	工作任务	准备内容
准备小组	邀请活动参与者购买所需用品、活动现场的布置	各色毛根、蜡光色纸、火柴、信封、A4 信封袋、16 开画纸 1 张、色纸、小圆形蜡烛
保障小组	环境卫生维护、茶水和食物补给、应急医疗保障	应急医疗设备
执行小组	安排座席、主持活动流程、维护活动现场秩序、现场摄影	座次表、签到表、现场音乐、摄像机

7. 经费预算　本次活动的经费预算详见表4-39。

表4-39　老年人艺术育疗活动经费预算

项目	材料	桌布	横幅	茶点	合计
费用/元	300	100	50	100	550

8. 预计效果　在团体成员分享作品(图4-5)的过程中,其他成员包括活动策划者会感到悲伤,而分享者可以感受到被尊重、被聆听的感觉,并在大家的见证下,说出自己对逝者的想念。

图4-5　彩色毛根

9. 实训方法　见表4-40。

表4-40　具体活动流程

活动主题	怀念		地点	×× 社区居委会一楼会议室
日期	××××年××月××日14:00—15:00		时间	60min
带领者	活动策划者、机构志愿者			

		活动流程		
进行内容	预估时间/min	活动内容	所需准备	备注
开场	10	1. 安排老年人入场、签到、围圈就座 2. 问候,自我介绍,对出席活动的老年人表示感谢;介绍本次活动的目的、内容;请参与人员保持手机静音状态	场地准备	
主题活动	30	烛船启航: 1. 请老年人选择三条不同颜色的毛根,分别代表人生的不同阶段 2. 回顾生命中各阶段所遭遇的失落经验,包括生命的死亡(如临终疾病、宠物死亡)、实质失落(如失去身体重要部分、家人患精神疾患)、象征失落(如失去名誉或头衔)和关系失落(如失恋、退休、离婚或父母离婚) 3. 在轻柔的背景音乐中随着思绪的流转,老年人可用打结或绕圈等方式将毛根自由塑形,以此来代表回想起的每一件失落事件 4. 最后将三条毛根(若不够,可继续增加)串联在一起(串成有始有终的一条线,而不是一个封闭的圆圈)	各色毛根、蜡光色纸、圆形蜡烛、音乐	

进行内容	预估时间/min	活动内容	所需准备	备注
		5. 活动策划者请老年人分享失落线上的每一个结,评估其失落史,同时引导老年人去觉察每个失落史彼此间的关系,并讨论此时此刻老年人所面临的失落与过去的哪些失落可能有关联及其关联的原因(可以继续利用新的毛根将有关联的"结"串联在一起,从中获得洞察失落的连锁反应)		
		6. 活动策划者请每位老年人见证和分享彼此的失落线;老年人可能会发现没有一条毛根是完全平顺无结的,这象征着每个人生命中总有纠结的时候,失落不会只发生在特定的某人身上,其实每个人都有,进而获得公平感(失落事件都是生命的一部分,不妨试着学习与之和平共处)		
		7. 活动策划者可以邀请老年人将各自的失落毛根连接在一起成为一个大圆圈,放在地板上;老年人接着用示指按住毛根上的某一个结缓慢地上下、左右移动(大圆圈会因此变形,这象征着团体中每个人的失落和悲伤情绪可能会相互影响),直到找到自己觉得适当的位置后定格;大圆圈最后会成为一个"湖"		
		8. 活动策划者邀请老年人分享对整个"手动"过程的觉察并进行总结:这样的移动圆圈是老年人间彼此配合及妥协的成果,同时也代表着失落的形貌因人而异;当面对它的态度产生变化时,失落、悲伤的样貌也随之改变;只要愿意,自己可以掌控它并走向复原之路		
		9. 老年人选择一张能代表目前心境的蜡光色纸,并在纸上(单色空白部分)写下自己面对失落的期望或对失落对象想说的话、思念和祝福,然后在活动策划者的指导下,将纸折成一艘"带篷船"		
		10. 活动策划者发给每位老年人一个小圆蜡烛,顺着"湖"围成一圈。从其中一个开始点亮烛火(先关灯),然后一个接一个地传递下去,待烛火全部点燃后,老年人再选择其一放入船中,老年人用双手将烛船捧着,闭起双眼,以默读的方式将期望、思念灌注在烛船中		
		11. 最后,活动策划者引导老年人将烛船放在地板上启航,开始慢慢驶向湖心,排成一个圆圈或爱心;给老年人1min的"默哀"时间,等所有老年人都准备好后,再吹熄烛火(活动策划者通常最后吹熄蜡烛,这象征着这个阶段活动的结束);完成后一起"说再见",这个仪式也代表团体"同舟共济"的凝聚力		
作品交流	15	1. 和老年人交流,面对各自手上的两张作品(叙事涂鸦和人生如画),现在的感想如何 2. 回顾人生历程,总结不论想带走或想留住的是什么,结束是另一个开始,凡走过的必留下痕迹 3. 在整个团体结束之前,活动策划者将墙上团体创作的爱心拼图取下,以仪式化再剪开,老年人各自取回		
结束	5	随着第二次音乐响起,主持人宣布活动结束,团体老年人共同歌唱,作品合影留念		

10. 注意事项

（1）回忆失落事件难免触动情绪，活动策划者需留意参与者的身心反应，尤其在陈述过往细节时，参与者容易产生负向感觉而陷入无法自拔的状况，活动策划者应适时合乎情理地引导其口语的表达，协助其"跳出"悲伤情景。活动策划者也要留意自己在"听故事"时可能有的情绪反应，适时觉察自身状态，才能提供给参与者稳定的涵容空间去自由表达。

（2）带领团体时，活动策划者可用简报来辅助教学，把步骤放慢，保持成员的耐性，必要时查看成员的折纸状况，帮助其建构安全且稳固的承载客体。

（3）活动策划者必须缜密评估点燃烛火的仪式是否营造出温暖、安详的氛围，空间是否明暗适中，通风是否良好，有无失火风险。小圆蜡烛有厚薄之分，建议选择较厚的蜡烛，烛芯拉直点火较为容易且不容易因风吹而烧到纸船。倘若活动空间不适合点燃烛火，可选用蜡烛灯替代。

（4）活动策划者需要有处理自己悲伤情绪的能力，以免现场的悲伤氛围触动自己的内在悲伤，导致情绪失控。

（5）活动策划者要以成熟、包容的心态接纳并引导参与者，以开放的心胸学习悲伤议题，愈疗才能真正地开始。

（6）团体成员的相互支持可帮助发挥悲伤艺术育疗的力量，活动策划者应善加运用团体成员彼此间的资源。

11. 变化应用

（1）主题可以调整，如回顾生命历程中的重大事件"舍不得、放不下"的经验，或与负向情绪相关的人际关系；亦可是较正向的主题探索，如幸福时光、难忘的回忆、特殊时刻等。

（2）时间的长轴可以缩短，如只回顾近三个月内所发生的事，亦可回顾过去十年内所发生的事；或者对未来远景进行想象与期待，主题可以是"生命之路"的探索。

（3）本方案也可运用在自我探索的工作中。缅怀的"逝者"对象除了是重要他人，也可以是自身已消逝的光阴。前者是以外在关系为起始的探索，后者是以内在关系为起始的探索。

【实训评价】

1. 知识掌握（30%） 说出开展老年人心理健康活动的注意事项。

2. 操作能力（40%） 能学会与其他人合作开展老年人心理健康活动；能预计活动中的突发情况并做好应急预案；能在活动中协调各工作人员一起有效组织、开展活动。

3. 人文素养（30%） 注意老年人和自身的防护，有安全意识及风险管理概念；准备充分，评估全面。

（吴修丽）

第五节　组织与策划老年人代际互动活动

导入情境

某养老机构与邻近的一家幼儿园进行合作，拟于下周二在院内开展老幼代际活动。

工作任务：

1. 作为养老机构的活动组织者，请列举出你认为适合的老幼代际互动活动。

2. 请结合案例，用小丑医疗方式模拟实施一次代际互动活动。

"代"是对不同时间段人的划分，指不同年龄段的群体。代际，即代际关系、两代人之间关系。通常一代指20年，但代际关系的两代，泛指老年人与年轻人，如家庭中的父母辈/祖父母辈与儿孙辈的关系,他们因代际差异产生代际关系。代际互动是儿童、青年和年长一代通过情感交流、资源分享等完成代与代之间的联系过程,主要体现在经济交换、文化交换、感情交换三个方面。

一、代际互动活动的意义

随着我国人口老龄化程度进一步加深,"十四五"规划明确提出实施积极应对人口老龄化的国家战略,以"一老一小"为重点完善人口服务体系,发展普惠托育和基本养老服务体系。"养老"和"育儿"是社会两大关注重点,老年人和儿童自我发展受到社会关注与重视。如何缩小代际鸿沟,在利用资源的基础上实现两者的发展也是人们需要进行关注和探究的问题。

活动策划者通过多样化的社会代际活动应用,将老年人和儿童很好地融合在一起,这样不仅可以维持老年人的身体及认知功能,减少老年人的孤独感和抑郁感,还可提升儿童的语言表达及对生命的感知能力,促进包容性社会发展。

(一)代际互动活动是孝文化的内在要求

"孝"作为中华民族优秀的传统文化,是社会道德建设的重要内容,是一种家庭美德和社会公德。"孝"的本质是一种调节亲子代际关系的道德规范,它既是传统伦理的基础,又是调节人际互动关系的方式。孝文化的自由平等和孝敬的内涵促进代际间的良性互动,而代际良性互动又体现了孝文化中的自由平等和孝敬的精神。基于"孝"文化背景之下形成的代际互动活动能更好地促进家庭和社会的和谐稳定。

(二)代际互动活动是积极应对老龄化的要求

从儿童时期开始进行尊老、敬老优良传统的教育,让社会各年龄段的年轻人接纳老年人,与老年人互动,增进对彼此的了解,建立起互敬、互爱的和谐关系,加强代际间的团结,帮助老年人发挥最大的社会效益,才能更好地迎接老龄化的挑战。

(三)代际互动活动是促进老年人心理健康的要求

老年人因独居、缺乏社会活动等原因,易出现孤独、寂寞和失落情绪,加上年老体弱、经济收入减少、就医困难等问题,出现心理问题的概率加大。调查显示,在空巢老年人中存在心理问题的比例高达60%,严重者需要医学关注和心理干预。通过代际互动活动提供老年人与儿童的不定期相处机会,可以拉近彼此间的距离,保持亲密关系,增加老年人的活力并使其获得成就感、被需求感,从而减少孤独感和失落感,促进心理健康。

(四)代际互动活动有助于老年人、儿童教育协同发展

生命历程发展理论中指出儿童的发展特点(好奇心、活力、创造力和服务的兴趣)能够满足老年人的生理和情感需求,使老年人获得情感支持,缓解老年人寂寞和孤独的情绪;老年人通过代际体验,能将自己丰富的生活智慧和独特的生活技能传递给儿童,能促进老年人的再社会化;儿童也会把结伴的老年人看作自己的"祖父母",这有利于老年人和儿童在互动中建立一种类似于亲属关系的拟亲属关系,从而培养儿童仁爱孝悌、谦和好礼的中华传统美德,以此促进老年人、儿童教育的正向协同发展。

(五)代际互动活动有助于儿童健康成长

代际互动过程中,儿童是积极的倾诉者,他们往往乐此不疲地向身边的人展示自己的收获和发现,与此同时,老年人则是最好的倾听者,他们总会耐心地听完孩子的表述。这个过程能够锻炼儿童的语言表达能力,让儿童能感悟老年人的生活阅历、学习他们的生活经验,从而促进儿童的社会适应能力和人际交往能力,使儿童在互动中感受到关爱与陪伴,让儿童在潜移默化中加深对"老年人"及"衰老"的理解并正视衰老;促进不同代际的理解,弥合时代鸿沟,提升社会凝聚力。老年人通过互动可分享社会技能、文化价值观等,让儿童了解过去、认知未来。这为儿童搭建一个了解社会的窗口,促进孩子从不同视角去感知、观察以及适应社会的能力,为促进儿童全面健康发展奠定基础。

二、适合老年人与儿童的代际互动活动

本节主要以小丑医疗中的益智、认知类互动活动（道具魔术）形式进行老幼代际互动活动。"小丑医疗"的概念起源于 20 世纪 70 年代，其核心理念是通过爱与幽默的力量，改善住院病人治疗期间的总体状况，帮助病人克服焦虑感、挫折感等，现已经成为医学领域里替代疗法的一个分支。

魔术是一种运用特殊的技巧及设备，依据科学的原理，巧妙综合物理学、心理学、表演学等不同学科领域的知识营造错觉和认知偏差，使观众觉得不可思议的一种表演艺术。道具魔术是一种诱导型游戏，表演者在了解道具的基本使用方法后，运用自己的话术及创意元素进行表演，制造出种种让人感觉不可思议、变化莫测的现象，是让人觉得非常新奇的一种游戏。

学习魔术的益处很多，人们通过魔术练习，可训练手脑灵活性、协调性及幽默感；通过魔术展示，可增进人际关系，改变单调的生活，愉悦身心，培养自信，实现再社会能力。有学者对不会魔术者在学习魔术前、后进行大脑扫描图像比较，研究证实在学习魔术后大脑的灰质增多。大脑灰质是进行视觉信息加工和存储的区域。

（一）橡皮筋穿越

1. 操作方法

（1）把橡皮筋套在左手拇指及小指上，将右手放入左手拇指与小指之间的橡皮筋内拉开橡皮筋，双手合拢（图 4-6A），轻轻摇晃双手，橡皮筋从右手消失，出现在左手拇指及小指上（图 4-6B）。

（2）把橡皮筋套在左手背上（图 4-6C），右手从左手背划过，橡皮筋消失（图 4-6D），左手张开，橡皮筋再次出现在左手背。

（3）橡皮筋套在左手上，将操作者的右手 / 手机 / 观众的手放在操作者的左手上（图 4-6E），轻拍操作者的左手，橡皮筋转移到操作者的右手 / 手机 / 观众的手上（图 4-6F）。

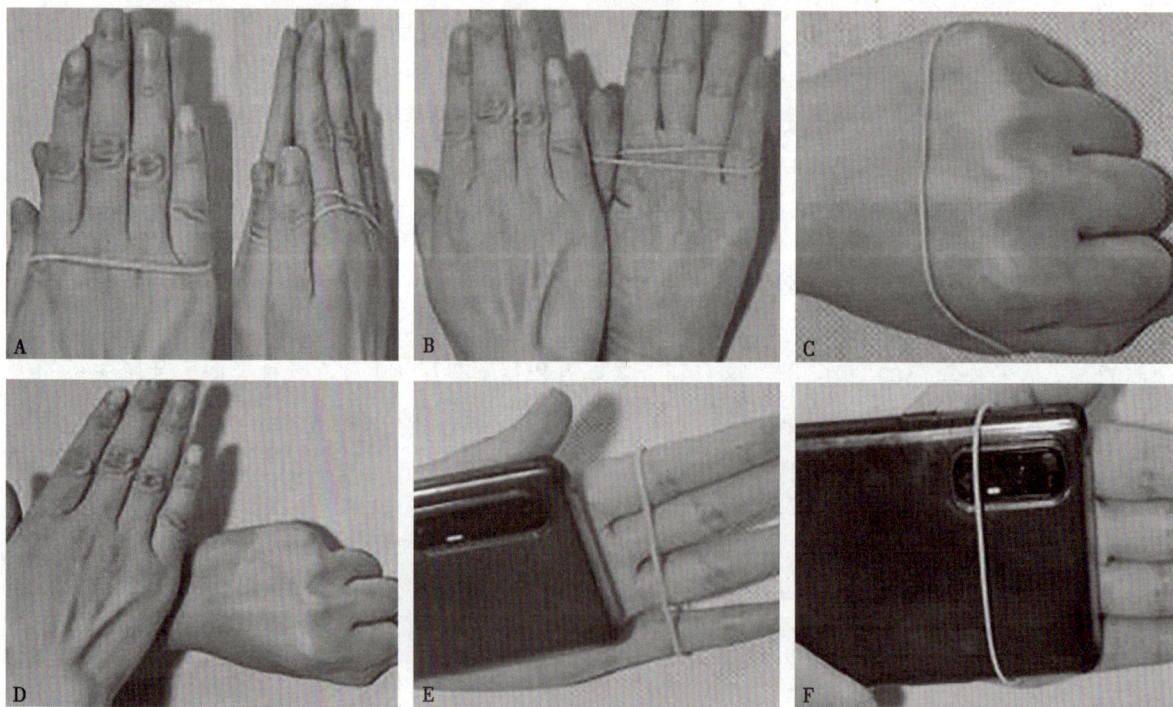

图 4-6　橡皮筋穿越

2. 游戏要求

（1）游戏时呈现右手背给观众，双手重合时，左手拇指完成与右手拇指及左手小指的橡皮筋交接。

（2）左掌心面对自己，不能让观众看见，在表演时左、右手配合协调，才能让观众产生神奇感。

（3）操作者须穿长袖，多套几根橡皮筋在左手上并遮蔽它们，不能让观众看见手背。

（4）表演时眼睛看向观众或诱导观众看向的方向。

3. 游戏揭秘

（1）给观众展示右手牵拉橡皮筋后，操作者侧身，同时右手拇指压住左手拇指的橡皮筋头（图4-7A），左手拇指套入左手小指橡皮筋内（图4-7B），双手合掌时，右手拇指松开橡皮筋头，橡皮筋回到左手拇指及小指间（图4-7C）。

（2）橡皮筋套在左手上，手背对向观众时，右手拉长橡皮筋（图4-7D），左手除拇指外其余4指握拳并握住橡皮筋，夹住拉出来的橡皮筋头并将其套在拇指上（图4-7E），从前方看左手背就是橡皮筋套在左手上，右手从左手背前方掠过的同时，左手握住橡皮筋的4指微张开，橡皮筋回到4指尖（图4-7F），左手张开时，橡皮筋由指尖回到手背。

（3）套橡皮筋在左手腕部，把橡皮筋拉长经过左手虎口位置压下去（图4-7G），用左手拇指把橡皮筋夹起来，拇指夹紧后橡皮筋原路返回（图4-7H），不能交叉，顺着拇指至小指的方向，把剩余的橡皮筋套在左手5根手指上（图4-7I），用衣服或佩饰遮蔽腕部的橡皮筋，操作者左手拇指松开，橡皮筋自然回到左手手心部。

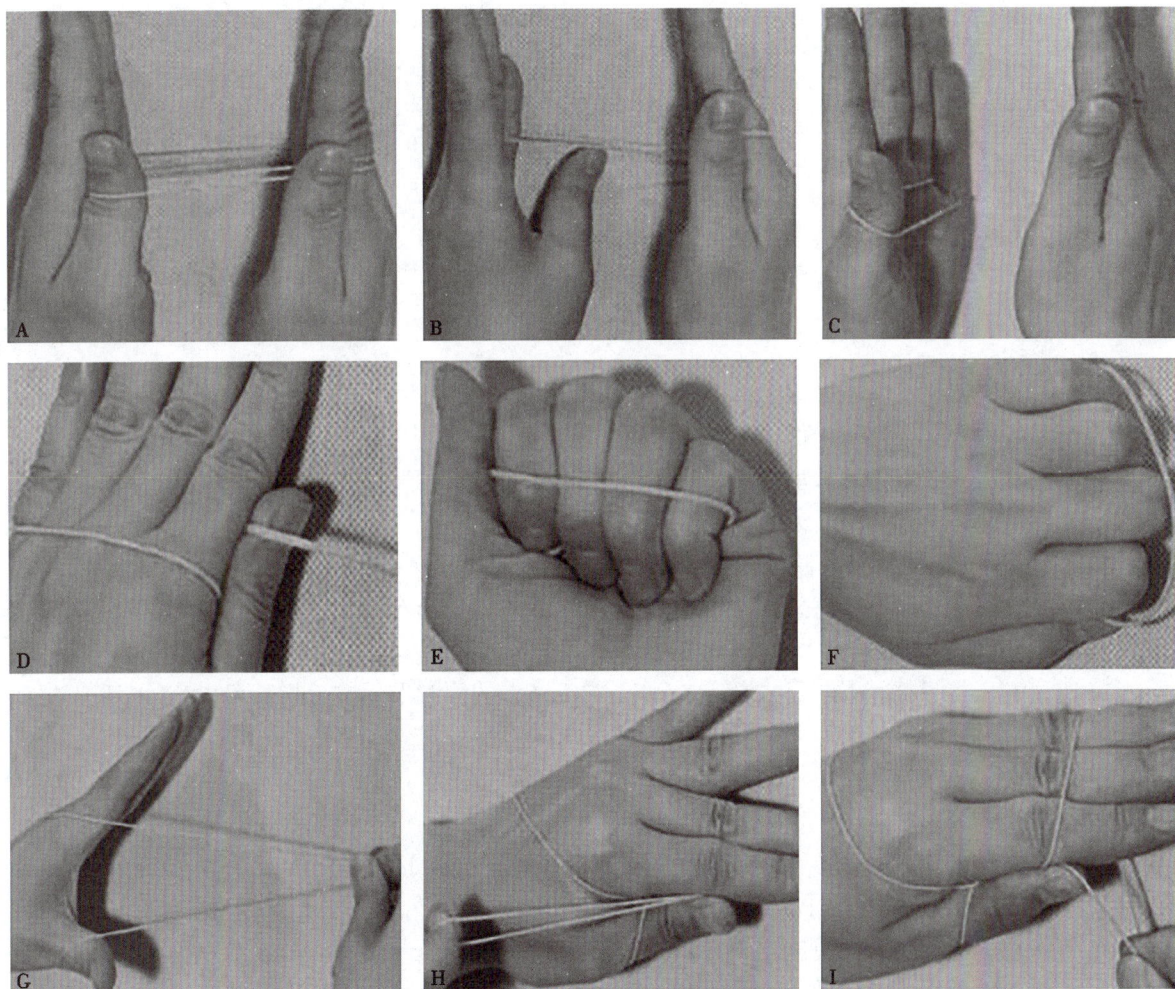

图4-7 橡皮筋穿越游戏揭秘

（二）丝巾消失

1. 操作方法

（1）操作者向观众展示双手是空的并将丝巾展开，向观众展示一下丝巾（图4-8A），随即左手握拳，右手将丝巾塞入左手（图4-8B），左手轻轻一揉或对左手吹口气，展开双手，丝巾消失（图4-8C）。

（2）左手与右手打开并交叉进行两次，在右手与左手再次交叉时，左手握拳，右手轻拍左手或对左手吹口气，右手从左手拳中拉出丝巾（图4-8D）。

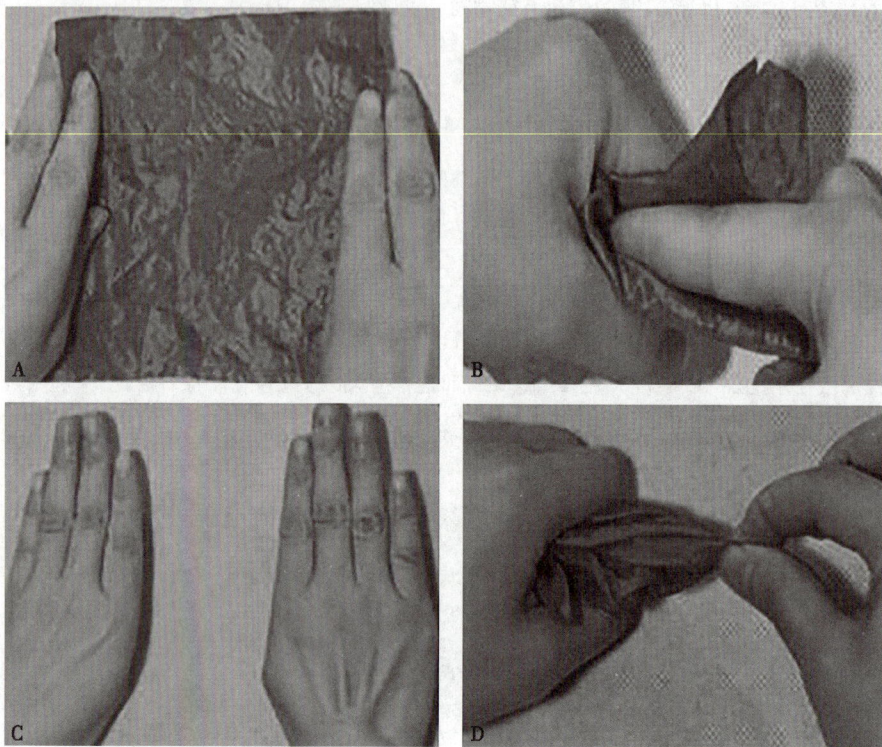

图4-8　丝巾消失

2. 游戏要求

（1）提前准备好与操作者拇指大小匹配的手指套。

（2）展示时注意戴手指套的拇指手指尖对向观众。

（3）手指套戴入或取出时，动作设计应自然、不刻意，眼睛不要盯着有拇指套的手。

3. 游戏揭秘

（1）向观众展示时，拇指套佩戴在右手大拇指上。双手交叉时，右手拇指放入左手，左手攥拳取下右手拇指套并攥于拳中。用右手示指将丝巾放入左手拳中拇指套内，完全放入丝巾的同时将拇指套戴于右手拇指上。双手张开，指尖对向观众，观众看见丝巾消失。

（2）指套戴于右手拇指，右手与左手交叉时，左手攥拳的同时取下右手拇指手指套，右手从左手拇指套中取出丝巾。

（三）乾坤袋

1. 操作方法

（1）把拉链拉好，向观众展示手上是一个袋子；把袋子下面的拉链打开，把手放入袋子里，穿过袋子向观众展示袋子为空袋子（图4-9A）。

（2）再次把袋子下面的拉链拉好，翻转袋子底部向观众展示袋子是空的。

（3）用握把手的手指打开把手处的开关（图4-9B），另一只手拿出乾坤袋内的物品（先拿出小物品、后拿出较大物品）并向观众展示（图4-9C）。

（4）把拿出来的物品再次放入袋子里面，右手手指关闭把手处开关，左手翻转袋子底部向观众展示袋子为空的。

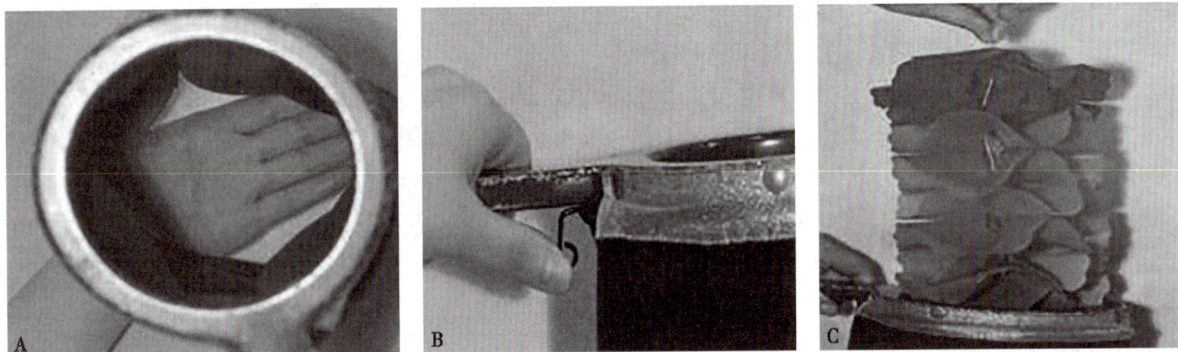

图 4-9　乾坤袋

2．游戏要求

（1）提前将道具按照展示顺序依次放入乾坤袋夹层中。

（2）表演时，操作者根据自身的用手习惯，将乾坤袋拿在左手或右手，另一只手向观众展示魔法或让观众施展魔法，营造神奇的氛围。

（3）可根据现场观众的情况将观众的丝巾或其他较轻的小物品放入乾坤袋内，先将其变无，随即再将其变出来后归还观众。

3．游戏揭秘

（1）乾坤袋为双层的，开关在乾坤袋的手柄上，内层与拉链相连。

（2）关闭乾坤袋夹层的开关，内层一侧的袋子关闭，呈现出内层一侧与底部拉链相连的袋子。

（3）打开乾坤袋夹层的开关，内层另一侧的袋子打开，呈现出提前装入内层的物品。

三、老幼代际互动活动的注意事项

本节介绍的老幼代际互动（本节幼儿主要指学龄前儿童）可以分为小组式互动和结伴式互动。小组式互动主要指一名或多名老年人和多名幼儿的集体互动。集体互动有助于老年人和幼儿建立广泛的人际关系，但容易受到幼儿发展的限制，容易忽视老年人的生理和心理特点，使得老年人缺乏自我的独立性和自主性。结伴式互动时，首先将一名幼儿与一名老年人进行配对，在兴趣匹配的基础让老年人和幼儿在配对后有更多的接触机会，以利于增进老年人和幼儿之间的亲密感和信任感，并帮助他们建立稳定的情感关系。

道具魔术操作简单、便于学习，通过音乐及适当的操作配合，便能让人产生新奇感；在表演及学习中有助于提高老年人及幼儿的动手能力、专注力、记忆力、表演能力、思维能力等，帮助他们体验到游戏的刺激和欢乐。老年人能从道具魔术中感受到生活的乐趣及生命存在的价值；对儿童来说，在体验新奇事物的同时，能增加体验感及协作带来的成就感。此类活动不需要消耗大量的体力，适宜在室内及户外开展。活动策划者可以根据当时的活动规模、参与人员的身体情况、活动条件等具体情况略作调整，使活动更贴近活动目的，以便达到预期的目标。

开展老幼道具魔术代际互动活动应注意：

1．选择适合老年人及幼儿容易模仿及使用、魔术效果强的道具魔术（如魔术书、乾坤袋、魔棒变花等），每个魔术的时间控制在 10～30s 为宜。

2．注意活动的安全性，避免老年人情绪变化过大，幼儿蹦、跳、跑或拽老年人等；活动场地宜选择明亮、宽敞、防滑且柔软的地面等，配有急救设备、应急药物，并做好应急措施等。

3. 注意活动时间不宜过长，一般总时间控制在 1h 之内。如果老年人有疲劳感，先休息片刻。

4. 注重情感交流，在活动中尽量创造老年人与幼儿之间交流的机会，通过游戏中的表演及配合，增加彼此间的情感。

5. 本节的活动需要老年人有一定的专注力、记忆力、动手能力，身体条件不允许的老年人应避免参与互动活动，以免增加老年人的自卑感和沮丧感。

6. 注意控制规模，参加成员一般在 15～20 人为宜。

7. 提前做老年人身体评估及沟通、讲解活动注意事项等，可根据老年人的需求播放魔术道具操作视频或协助指导老年人练习。在老年人表现好时，工作人员及幼儿对老年人进行言语及肢体动作（拥抱、鼓掌、竖大拇指等）的鼓励。幼儿能认真观看老年人表演及配合表演时，工作人员及老年人对幼儿进行言语及肢体动作（拥抱、鼓掌、竖大拇指等）的鼓励，营造良好的和谐氛围。

📖 知识拓展

魔术的分类

1. 按魔术的历史角度分类　古代魔术、现代魔术。
2. 按魔术的原理和技术分类　手法类、器械类、心理类、科技类。
3. 按魔术的道具与规模分类　巨型魔术、中型魔术、小型魔术。
4. 按魔术的演出场地分类　舞台魔术、宴会魔术、街头魔术（近景魔术）。
5. 按魔术的效果分类　制造、消失、移位、改变、穿透、复原、漂浮、吸引力、共同反应、控制力等。

四、老幼代际互动活动的策划与准备

（一）活动主题

为了增加老年人和幼儿彼此间的熟悉感和亲密感，可依据节日、活动的意义等设置以爱、温情（如"老幼同乐，代际共融""生命之爱，汇聚在园"等）为主题的活动。

（二）活动规模

根据活动人数选择大小合适的场地并配备一定数量的工作人员，保障活动顺利进行。为了更好的活动效果，参与活动的人数不宜过多。条件允许的话，可 1 名老年人和 1 名幼儿配置 1 名工作人员。

（三）参加对象

活动的参加对象以具有认知、自理能力、无感染性疾病的老年人及幼儿为主。无自理能力的老年人若意愿参加，则需要其子女或护工给予更多的帮助。若报名人数较多，活动前可根据老年人的身体情况与幼儿的兴趣匹配情况确定参与人员。

（四）举办时间及安排

一般安排在白天活动，时间不宜过长，正式活动时间应控制在 45min 至 1h。时间过短时老年人与幼儿的互动效果不佳，时间过长时老年人容易劳累。

（五）活动地点

根据活动类型选择室内或室外的场地，如老年人活动中心、户外活动中心等。活动地点宜靠近卫生间，道路宽敞、平稳，有休息区域能够休息。

（六）活动准备

工作人员提前与老年人、家属、幼儿园进行沟通，充分掌握老年人的身体状况、幼儿参与意愿、参与人员及家属的信息；准备活动所需物品，包括活动道具、横幅、奖品、急救药品等。

（七）活动流程

活动流程见实训 4-14。

实训4-14 以小丑医疗方式策划老年人与幼儿代际互动活动

【实训目的】

1. 熟悉老幼代际互动活动的策划与准备工作。
2. 学会以小丑医疗方式组织与策划一场老幼代际互动活动。

【实训学时】

1学时。

【实训步骤】

1. 活动主题 老幼同乐、代际共融。

2. 活动参与对象 ××养老中心有自理能力、认知功能无障碍的老年人15～20人、幼儿15～20人。

3. 活动时间 ××××年××月××日9:00—10:00。

4. 活动地点 ××养老中心多功能活动室。

5. 活动目的和意义 老年人和幼儿彼此陪伴,提高生活质量及幸福感,促进知识传承和文化传承。

6. 活动分组 工作人员分为2个小组(表4-41)。

表4-41 活动带领者工作任务分配

工作小组	工作任务	准备内容
准备组	采购活动所需物品、邀请活动参与者、购买活动所需用物、活动现场的布置、入场人员登记、现场声光设备控制、拍摄、活动现场秩序维护	签到表、摄像机、奖品、茶水、应急医疗保障物资及药品
执行组	组织与策划活动、安排座次、主持活动流程、游戏带领、表演、活动现场秩序宣讲	活动策划书、魔术道具、现场音乐

7. 经费预算 本次活动的经费预算(表4-42)。

表4-42 活动经费预算

项目	数量	单价/元	小计/元
卡通彩色姓名贴	20个	1	20
魔术道具1(橡皮筋)	3盒	10	30
魔术道具2(指套丝巾)	10个	7	70
魔术道具3(乾坤袋)	10个	8	80
倡议书	30份	1	30
矿泉水	2箱	50	100
茶点	40份	5	200
奖品	40份	10	400
合计			930

8. 预计效果 在快乐的活动中增进彼此间的友情,丰富生活,满足各自的心理需求。

9. 实训方法 见表4-43。

表 4-43 具体实训活动流程

活动主题	老幼同乐、代际共融	地点	×××养老院多功能活动室
日期	××××年××月××日 9:00—10:00	时间	60min
带领者	活动策划者、小丑医生志愿者		

		活动流程		
进行内容	预估时间/min	活动内容	所需材料	备注
暖身	5	播放欢快的音乐，小丑医生志愿者用轻快的脚步、夸张的笑容出场并挥手与大家打招呼；小丑医生志愿者站在人群中央，提醒所有人站立后展开双臂、调整站姿，边打哈欠边伸懒腰，连做 3 次后，让大家跟着口哨声原地踏步。踏步顺序：右脚踏 2 次、左脚踏 3 次，双脚分别踏 3 次，立定后深呼吸 2 次，依次大笑 2 声、3 声、5 声（口中发出"哈哈"的声音）。其他工作人员协助维持现场秩序	红鼻头、小丑装扮、口哨、轻快音乐	
破冰游戏	10	小丑医生志愿者站中间，先请老年人以小丑医生志愿者为中心，背向他围成一个同心圆；再请幼儿离老年人一臂的距离，面向他围成一个同心圆，随着音乐或口哨声响起，同心圆转动（老年人向左转动，幼儿向右转动）；音乐或口哨声一停，所有人停止转动，面对面的幼儿及老年人相互握手、自我介绍；音乐或口哨声再起，游戏继续进行 2~3 次结束；最后一次面对面的幼儿牵手老年人入座	轻音乐或口哨	
魔术表演	10	3 位小丑医生志愿者穿上魔术表演服装站成一排或 V 形等队形，站于所有老年人及幼儿面前进行魔术表演，表演过程中可选择幼儿或老年人参与互动；表演形式可根据现场实际情况进行设计，如其中 1 名小丑医生志愿者按照表演设计进行正常的魔术表演，另一名小丑医生志愿者边看第一位工作人员边进行表演，表演时可以出错（出错点在这个魔术操作难点上），但需跟上表演节奏，第三位小丑医生志愿者表演时跟上表演节奏，表演时频繁出错，但用动作及夸张的表情来弥补表演错误，偷偷看向第一位表演者时张大嘴和眼睛，做出非常惊讶的表情并鼓掌，偷偷看向第二位表演者时发现他出错，做出惊喜的表情，并根据错误处来回琢磨表演，解析出正确步骤，做出开心的表情及动作，注意跟上前面表演者的节奏。表演时尽量选用通过练习及场景设计就能出现神奇效果的魔术道具	魔术道具、音乐	
魔术练习	5	提前让每组幼儿和老年人商量选取哪一项魔术进行练习及展示，练习中每组人员自定配合形式，每组人员均安排工作人员进行指导	魔术道具、音乐、魔术操作小视频	
魔术展示	20	每组老年人及幼儿按照组号顺序进行魔术展示，每组展示 1min，每组进行展示时，其他人员要鼓掌 2 次，同时对表演者说 2 次"您最棒"	魔术道具、音乐	
讨论	10	活动策划者和志愿者及时跟进，与老年人及幼儿交流，征询对本次活动的意见；讨论老年人及幼儿在此次活动过程中的参与状况和特殊事件	记录本	

【实训评价】

1. 知识掌握（30%） 说出老年人代际互动活动种类（10%）；说出活动策划的主要内容（20%）。

2. 操作能力（40%） 能学会老幼代际活动策划书的编写（10%）；能够做好活动前期准备工作（10%）；能够与学校同学、老师及参与活动的老年人进行有效沟通，通力协作（10%）；能够针对策划内容提出建设性的创新点及评价（10%）。

3. 人文素养（30%） 注意老年人、幼儿以及自身的安全防护，有安全意识及风险管理概念（15%）；准备工作充分，评估全面，活动组织有序（15%）。

（宁雪梅 林婉玉）

第六节　组织与策划特殊老年人活动

导入情境

曾奶奶，82岁，在日间照护中心进行照护，患有轻度阿尔茨海默病。患病表现为健忘、社会决策能力降低。例如她会反复询问照护者的姓名、自己在什么地方等问题，通过提醒能记起；做数字加减游戏时不能准确回答；顺背或倒背1～20以内数字时正确复述率下降。

工作任务：

1. 请简述曾奶奶出现的主要健康问题。

2. 针对曾奶奶的健康问题，组织与策划能改善她生活能力的活动训练。

3. 请列举出特殊老年人活动组织与策划中的注意事项。

本节的特殊老年人指认知功能障碍症的老年人。认知是指人脑接受外界信息，经过智能加工处理，转换为内在的心理活动，从而获取知识或应用知识的过程，涉及学习、记忆、语言、思维、精神、情感等一系列随意、心理和社会行为。认知功能障碍指因各种原因导致的不同程度的一个或多个认知域的功能损害，从而引起老年人学习、记忆力、注意力、语言功能、执行功能、推理功能、定向能力、计算能力、应用技能等障碍，不同程度地影响老年人的社会功能及生活质量。

随着我国人口老龄化日益严重，认知功能障碍症老年人的患病数量逐年上升。预计到2050年，我国认知功能障碍症的老年人将超过4千万人。从康复的角度来看，鼓励老年人参与到一切力所能及的活动中去，通过活动来刺激大脑细胞的再生，阻止脑细胞的快速衰老，延缓其退化进程，增强老年人自主生活和自主选择的能力，提高其生活质量；活动干预可以提供刺激、安慰、舒适和放松的感受，帮助认知功能障碍症者维持更长时间的生活自理能力，消除认知功能障碍症者的症状性行为。因此，认知功能障碍症者能自己参与生活上的各种活动，是康复过程中的重要一环。随着年龄的增长，运动及参与有意义的活动对保持健康具有重要意义。

一、认知功能障碍症老年人活动

（一）认知功能障碍症老年人的活动策划

认知功能障碍症是发生于老年期的常见神经系统变性疾病，是一种以认知功能障碍为主要表现的临床综合征。轻度认知功能障碍是指记忆力或其他进行性认知功能减退，但日常生活能力没有受到明显影响。轻度认知功能障碍症者的症状为轻度健忘（近期记忆丧失），轻度语言障碍（难以找到正确的词语），抽象思维、注意力持续时间减少、决策能力、定向能力（时间转换）、集中注意力的能力、记忆和回忆能力、学习新事物的能力下降。

需要注意的是，记忆力受损的认知功能障碍症者注意力持续时间可以短至2min，也可以长达45min，这取决于所提供的活动类型（更有吸引力的活动通常会增加认知功能障碍症者注意力的持续时间)。此外,环境会影响认知功能障碍症者注意力的跨度。例如,过度刺激的环境会导致焦虑和躁动的增加,从而限制了认知功能障碍症者的注意力持续时间。影响认知功能障碍症者注意力持续的因素包括环境干扰(身为活动策划人应该尽可能地限制干扰),活动时间的选择(每个认知功能障碍症者都有自己的生物钟,可以确定一天中的某些时间比其他时间更适合参与活动),认知功能障碍症者的健康状态。此外,认知功能障碍症者的情绪也会影响他的注意力持续时间(即认知功能障碍症者必须在合适的心态下参与活动)。

(二)认知功能障碍症者的活动干预

1. 认知功能障碍症者活动干预的重要性 活动干预可以为认知功能障碍症者提供刺激、安慰、舒适和放松,帮助认知功能障碍症者维持更长时间的生活自理能力,消除认知功能障碍症者的症状性行为。养老机构应为所有认知功能障碍症者(包括晚期认知功能障碍症者)提供个性化的"以人为中心"的活动项目提供政策支持,这些符合个人兴趣、需求和能力水平的活动项目将促进认知功能障碍症者的认知及社会交流与参与。

2. 不同阶段认知功能障碍症者的活动重点 从安全的角度考虑,对于轻、中度认知功能障碍症者,应制订常规而灵活的活动策划方案,活动重点应放在维持和改善认知功能障碍症者的功能和认知能力上,活动中提供可听、可见或直接的示范,提高认知功能障碍症者的参与度和成功感,并优化环境和路线,保持认知功能障碍症者功能,尽量减少躁动。对于重度认知功能障碍症者来说,因为活动策划者几乎无法改善他们的功能和认知能力,应考虑他们的兴趣和需求,活动重点是提供刺激、舒适、安慰和放松。

3. 与认知功能障碍症者的沟通原则和要点

(1)沟通原则

1)用对待成年人的方式平等、平静、愉快地接近认知功能障碍症者。

2)与其眼睛保持平视,不要站在认知功能障碍症者上方。

3)调整认知功能障碍症者听力和视力等方面的障碍。

4)根据认知功能障碍症者讲述的内容,注意肢体及面部表情,去除杂念,专注沟通。

5)避免使用身体或语言压制认知功能障碍症者。

6)随着疾病进展,非语言沟通变得更加重要。

(2)语言沟通要点

1)使用具体短语。

2)说话缓慢而清晰。

3)在做之前先解释。

4)一次问一个问题,等待回答(等待答复时间为30s以内)。

5)提供简单的选择。

6)表扬和安慰。

7)验证感受。

8)保持语言简短。

(3)非语言沟通要点

1)注意认知功能障碍症者可以感受沟通者的态度和情绪。

2)观察他们的非语言信息作为解决问题的线索。

3)使用不带威胁感的姿势和手势。

4)演示出期望的行动。

5)表达积极、支持的态度。

6)和他们站或坐在同一高度。

7)慢慢移动。

8）触摸他们，也让他们触摸沟通者或握住沟通者的手。

9）把手臂放在他们的肩膀上。

10）通过点头、微笑和眼神鼓励交流，试图理解他们混乱语言背后的情感。

二、组织与策划认知功能障碍症老年人生活促进活动

生活促进就是运用两"能"（即能力和功能）的恢复，让认知功能障碍症老年人借此参与，达到最大的功能促进。照护目标不必要强求认知功能障碍症老年人完全恢复能力，而是能让他们在现有的"能"下安适地参与生活，这也是生活促进的终极目标。进行认知功能障碍症老年人的生活促进，首先必须先看到或找到认知功能障碍症老年人的"能"，然后用各种方式发挥认知功能障碍症老年人最大的功能表现。

（一）看到 / 找到认知功能障碍症老年人的"能"

要给予认知功能障碍症老年人生活促进，首先要先看到或找到他们的"能"。照顾者或认知功能障碍症老年人，应转换对认知功能障碍症的认识，看到认知功能障碍症者除了各种障碍、行为问题之外，还有许多"能"可以发挥，让认知功能障碍症老年人借此参与，达到最大的功能促进。

1. 认知功能障碍症老年人的失能程度评估

（1）认知能力评估：了解认知功能障碍症老年人的认知功能，常使用简易精神状态检查做简单初步评估筛检。

（2）日常生活活动能力评估：了解目前认知功能障碍症老年人的生活能力与执行情形，包含基本日常生活活动能力及工具性日常生活活动能力。

（3）生理功能评估：了解目前认知功能障碍症老年人的生理状况，如听觉、视觉、肢体、感觉及语言沟通能力等，以清楚认知功能障碍症老年人目前的障碍及尚能发挥的功能。

（4）社会心理功能评估：包含认知功能障碍症老年人的价值观、个人特质、兴趣嗜好、专长、过去职业及过去的人生故事等。

2. 常见认知功能障碍症老年人尚存且待发挥的功能

（1）熟悉的专长或技巧：认知功能障碍症老年人仍有许多过去熟悉的专长或技巧，不会因为患有认知功能障碍症而消失，如打毛线、家务处理等，只要给予机会及适当引导，仍可反射性地表现出来。

（2）幽默感：幽默感常常是认知功能障碍症老年人还能发挥的功能之一，可以找机会适时地发挥。

（3）情绪记忆：常有许多人误以为，认知功能障碍症老年人什么都不记得了。其实，即使他们会搞错时间、地点，但事件带给他们的情绪感知记忆是存在的，只是需要更多的线索来提醒他们。举例来说，也许认知功能障碍症老年人忘了某件事情执行的确实时间、地点及过程细节，但往往仍记得进行过程中的感受，因此，进行过程中的引导，能让他们对未来更有信心及愿意再次尝试。

（4）社交功能 / 技巧：过去的生活经历所养成的社交反应及技巧，不会随着认知功能障碍症而全面消失，尤其许多过去很在意这部分的认知功能障碍症老年人，往往都还保有大部分的社交功能，也能在日常生活中找机会让其发挥。

（5）感官偏好 / 知觉：认知功能障碍症老年人过去的感官偏好及知觉是尚存的功能之一，可以在生活中应用，让其发挥。

（6）动作功能：许多认知功能障碍症老年人，尤其是轻度认知障碍时，肢体功能大多是健全的，因此仍然可以在生活中持续发挥此功能。

（7）音乐反应：许多认知功能障碍症老年人对于音乐仍是很有反应的，所以音乐是介入认知功能障碍症的常用治疗工具之一。

（8）长期记忆：认知功能障碍症老年人短期记忆差，但长期记忆却很好，因此可以常用怀旧的方式，挖掘他们的"能"，让他们有机会去感受记忆中的能力与成功。

（9）其他：生活上常可以应用的活动，请参考表4-44。

表4-44 认知功能障碍症者生活中可以应用的活动

活动层面	项目		
家务活动	擦拭家具灰尘 扫地 吸尘 整理书架	折毛巾、衣服 熨衣服 将袜子分类 晾衣服	调配饮料 准备早餐 烤饼干或蛋糕 制作面包
艺术活动	制作手工艺制品(如篮子、剪纸艺术)	从杂志或卡片剪下图片 剪报拼贴	布置装饰品 花艺活动 绘画活动
户外活动	喂宠物(如狗或猫等)吃东西 园艺盆栽活动	浇花、除草活动 清扫树叶、步道	户外活动 散步
怀旧活动	生命回馈	听老歌	看老照片
个别活动	完成活动板 算术活动	简单拼图 将图卡分类	将物品分类 写信
社交活动	丢接球活动 邀请儿童来拜访 活动筋骨、跳舞	玩套环游戏 阅读或读诗	拼字比赛 唱歌、唱戏

📖 知识拓展

生命故事书

临床上除了标准化的评估之外,还有完成生命故事书的方法可以协助认知功能障碍症者或照顾者找到认知功能障碍症者"能"的蛛丝马迹,补充正式评估的不足。生命故事书可以以书面手册、绘本的形式呈现,也可以以电子化的方式呈现。制作生命故事书通常需要家属的协助,应先收集资料,了解认知功能障碍症者从出生到现在经历的所有事情,尤其是正向的事迹,包含曾参与过的事迹、曾得过的奖等,或者通过过去的照片、物品或收藏来收集资讯,甚至可以带着认知功能障碍症者一起参与制作,使这个过程成为有意义的活动安排之一。

(二)发挥认知功能障碍症老年人最大的功能表现

大多数照顾者看到认知功能障碍症老年人往往是负向的"不能"居多。能看到或找到认知功能障碍症老年人身上的"能",对大多数照顾者而言已属不易,但更重要的是要把好不容易看到或找到的认知功能障碍症者的"能",进一步让其发挥出来。

1. 生活促进方法 生活促进需通过生活的实际参与来完成,但并非单纯地把认知功能障碍症老年人简单地推回原本的生活,也不是把生活上的活动直接交给认知功能障碍症老年人。认知能力下降的认知功能障碍症老年人会遇到许多问题,因此,根据认知功能障碍症老年人的认知障碍功能程度,需要不同程度的生活协助方式,也可以说是生活促进的方法。

以下使用环境技巧建立模式来介绍生活促进应用的不同方法,大致上可以分为三大部分来说明,分述如下:

(1)使用物品简单化

1)给予辅助器材:给予一些辅具或改造环境、减少障碍,如安装扶手让认知功能障碍症老年人在如厕时支撑,可以协助认知功能障碍症老年人顺利完成如厕。

2)移位、重新安排及标志:移位会影响认知功能障碍症老年人参与活动的障碍物,如许多认知功能障碍症老年人家里常使用的通道上堆满了物品,增加了行走的阻碍,导致他们无法自行前往目的地,因此家中需要保持通道清洁、无障碍物。他们在浴室常无法拿对所需物品,这时需要协助他们把物品分类清楚、排列有序,只留下他们需要的物品,即可让其自行完成活动。另外还有许多认知功能障碍症老年人找不到要去的房间或是找不到常用的物品,可以在环境上提供更清楚的指示或在物品上贴上标示,以帮助他们更快速地找到物品。

3)视觉引导:提供更清楚、明确的指引,如视觉上的引导,这样认知功能障碍症老年人往往能表现得更好。

4)强光及阴影:认知功能障碍症老年人常常因为认知的损伤而有理解、判断的问题,如对阴影或影子有错误的解读,容易因此发生危险。因此在生活环境上需要更注意避免产生阴影或影子,最好对阴影或影子加以处理,减少混淆的机会。

5)颜色对比:在环境、常使用的物品及标识上,颜色对比要明显,否则也容易造成不清楚或误判。

6)减少混乱:将混乱无序的环境改造成整齐且清洁的环境,可以减少认知功能障碍症老年人的困难。

(2)活动简单化

1)有限制的选择:认知功能障碍症老年人参与活动时,选择太多或太开放式的问题,都容易造成他们混淆或困扰。例如在他们需要洗澡时进行询问,常用的问法是封闭式问法,可直接询问"您要在这里洗,还是在那里洗?"(意指都要洗)或者"走吧,现在该洗澡啰!"不使用太开放式的问法,如"你要洗澡吗?"(意指可选择不洗)。询问他们的想法时,也可以给予具体选择的引导,而非给予开放、抽象的问题,因为他们会因为认知障碍而答不出来,感觉到沮丧。

2)口语/肢体引导:在协助认知功能障碍症老年人参与活动时,给予适当的语言或肢体的引导(依据认知障碍程度进行弹性调整)。若他们仅需口语提示即可完成活动,则不需给予太多的肢体协助;对于口语提示无法完成活动者,则给予某种程度的肢体协助。

3)写下指导语或操作方法:有时需要将操作方法写下来作为引导,如将操作家电用具的步骤清楚、有序地写下来,即可提醒他们按部就班地完成。对于由于认知功能退化完成操作程序有困难者,可协助其完成。

参与活动简单化:先将认知功能障碍症老年人想要参与的活动作分析,了解此活动的步骤及需要具备的能力,再结合他们目前的功能,将此活动作适当修改(如减少步骤或减少阻碍),甚至搭配其他方式(如写下指导语等),让他们参与活动时更无障碍。

4)融入生活作息:将认知功能障碍症老年人所需参与的活动安排进每天的作息表,规律进行,融入生活中。

(3)调整社会环境

1)适度地改变社会环境:社会环境包含人的环境,如照顾者、家属及其他介入的人员等,也包含社会上的支持度。

2)教导接触认知功能障碍症老年人的人员:所有接触认知功能障碍症老年人的人员,包含家属、照顾人员及专业人员,都需要持续沟通并形成共识,才能给认知功能障碍症老年人创造较好的支持环境。

3)自信及沟通技巧:家属或照顾者需要更有自信、有效能的自我管理能力、营造社会环境及学习适当的沟通技巧。

4)一致的互动态度:所有接触认知功能障碍症老年人的人员需有一致的态度去面对他们,做到这点需要大量的沟通与协调工作。

5)整合社会资源:整合社会福利制度或社会资源的支持,才能更好地协助认知功能障碍症老年人。

2. 人、活动及环境/辅具的整体应用

(1)人:包含认知功能障碍症者本身、照顾者及专业人员。照顾者及专业人员应转换角度与期待,看到或找到认知功能障碍症者各种尚存的功能,以更适当的方式来引导与协助他们参与生活。

（2）活动：通过生活安排的架构及活动的分析与分级，来安排参与生活上的各种活动，或者参与不同团体治疗或活动，让他们有机会发挥目前的最大功能表现。

（3）环境/辅具：活动安排中，搭配适当辅具或进行多感官环境改造，减少他们参与生活活动的障碍，也是发挥最大功能表现的方法之一。认知功能障碍症者所需的辅具，除了一般失能者会使用的之外，还必须考虑其认知障碍需求，常被简单地分成以下四大类别：

1）提醒类：如智慧药盒（甚至可发出提醒声音）、日/月历、闹钟、计时器、备忘笔记本等。

2）活动类：如各种益智、肢体或怀旧教具，特殊的简化大按键遥控器，电脑辅具等。

3）沟通类：如沟通板、无线电对话器、电话辅具等。

4）安全类：如离床感测器等。

3. 认知功能促进 认知功能障碍症老年人由于认知功能持续下降，逐渐丧失工作及生活自理能力，不仅严重影响了他们的生活质量，也给活动策划者带来身体、情感方面的压力。认知功能促进是指通过活动设计可以刺激大脑功能的任务，来改善认知功能障碍症老年人受损的认知功能。可带领他们开展记忆力、注意力、计算力等认知训练，帮助他们提高参与生活的兴趣，延缓认知功能的恶化。

（1）记忆力训练：记忆是过去经验在头脑中的反映，指能记住经历过的事情，并能在以后再现或回忆，或在它重新呈现时再认识，或记住将来要实现的活动或意图。进行记忆力训练时需要注意控制被照护老年人因记忆失败而产生的焦虑情绪。常用方法如下：

1）复述法：指通过言语重复刚刚识记的材料，以巩固记忆的心理操作过程，包括保持性复述（又叫简单复述、机械复述）、精细复述（又叫整合性复述）。采用复述的方法，一方面可以进行记忆能力的训练，另一方面也可以训练语言表达能力。例如选择老年人感兴趣的或工作相关的材料，鼓励其朗读，或者活动策划者读一小段后，要求老年人重复刚刚听到的内容。此外，念一串不规则的数字，从三位数起，每次增加一位数，如 615、3 258、84 510、964 527……念完后立即让认知功能障碍症老年人复述，直至不能复述为止。

2）回忆训练：主要包括物品刺激法和图片刺激法。

A. 物品刺激法：给老年人看几件物品并令其记忆，如钢笔、手机、香蕉、脸盆、茶杯、电视遥控器等。物品数量可由少到多，观看的时间可由长到短，然后请老年人回忆并讲出刚才看过的物品名称。之后，可以适当增加难度，如要求老年人按顺序讲出刚才的物品名称。

B. 图片刺激法：将老年人熟悉的环境做成图片作为刺激物，如可在进食后拿着一日三餐的食物图片，询问认知功能障碍症者"您刚刚吃了什么？"或者呈现图片后立即让认知功能障碍症者回忆照片里出的食物；也可在 30min、1h、2h、4h 后再次追问。随着老年人回答正确率的提高，可逐渐减少图片呈现的时间、增加图片的数量、延长追问的间隔时间。

3）环境调整法：是指通过调整老年人的家居环境来帮助老年人减轻记忆负荷，包括尽量简化环境、用醒目而有效的标志提醒认知功能障碍症者、固定放置常用物品等。家居环境调整前，应充分与老年人沟通，了解其生活习惯。

（2）数字再认训练：数字失认是一种知觉障碍，表现为对数字和加减等符号失去认知能力，导致产生计算障碍。常用的方法包括数字再认和练习数数。

1）数字再认：向认知功能障碍症老年人展示写有不同数字和加减符号的卡片，反复指导老年人学习、重新学习卡片中的数字和加减符号的意思。

2）练习数数：在日常生活中指导认知功能障碍症老年人对各种物品进行数数，在反复练习数数的过程中，加强老年人对数字的敏感性。

（3）感知训练：感知力取决于感官对刺激的敏感程度，通过经验和知觉决定对刺激的判断。感知力障碍的临床特征主要有听觉失认症、视觉失认症、物品失认症、面容失认症、身体失认症等。

1）听觉失认训练：向认知功能障碍症老年人展示熟悉的图片并同时说出相应的话语。

2）颜色失认训练：进行颜色配对。

3）物品失认训练：训练认知功能障碍症老年人在多种物品内找出相同的物品。

4）面容失认训练：向他们出示其熟悉的家人和朋友的照片，训练其辨认。

5）身体失认训练：训练正确认知身体各个部位的名称。

6）代偿措施：日常生活中，指导者在指导他们识别某些物品时要尽量利用人类所具备的感知觉。例如对于某种水果，可以通过触觉、视觉、嗅觉、味觉来进行辨别。

（4）手工活动：手工活动主要包括适合认知功能障碍症老年人参与的益智游戏及绘画疗法。适合他们参与的益智游戏有手指操、手指口令游戏、反口令游戏等。

1）手指操：种类较多，应尽量多掌握几种，可根据他们的认知水平选择难易水平相当的游戏进行训练。若训练时播放有节奏感的音乐，效果更好。

2）手指口令游戏：双手配合完成，如发出指令"一枪打4只鸟"。认知功能障碍症老年人一手作枪、一手摆出4根手指。此游戏可训练认知功能障碍症老年人对数字的判断反应能力。

3）反口令游戏：例如发出伸出右手的指令，认知功能障碍症老年人就要伸出左手。此游戏适合轻、中度认知功能障碍症老年人参与。

4）绘画疗法：属于手工活动的一种，是通过线条和色彩刺激感知，为认知功能障碍症老年人提供一种非语言的沟通渠道，克服了语言能力受损后不能表达自我、宣泄负面情绪等方面的欠缺，在改善注意力和精神行为症状、提高生活质量及社会交往能力等方面有一定作用。国外从20世纪90年代后期开始将绘画疗法作为艺术与人文要素相结合的社会心理疗法应用于认知功能障碍症研究领域。绘画疗法包括美术作品欣赏、绘画、拼贴画、涂色画等多种形式。随着人工智能的应用，绘画疗法将呈现更多的形式。

绘画疗法在认知功能障碍症治疗中的作用主要包括四个方面。①改善认知功能：绘画疗法是一个复杂的干预活动，在活动过程中，认知功能障碍症老年人全身心投入创作，注意力集中，注意力和定向力都会有所提高。②改善精神行为症状，提高幸福指数：绘画过程中提供安全、舒适的环境，通过语言或非语言沟通方式使认知功能障碍症老年人的负面情绪得到宣泄，表达自我，并体会创作的喜悦；引发他们的兴趣，使其通过完成作品获得一定的成就感，减少消极情绪，这有利于减少其精神行为症状的发生，提高其生活质量。③提高手眼协调能力：绘画过程中对美术材料的拿捏可提高手指灵活度和手眼协调能力，改善他们对手部活动的调控能力。④促进沟通，改善社交能力：在团体美术活动中认知功能障碍症老年人与活动策划者、其他老年人的互动有助于形成良好的人际关系，降低社交孤立感。

（5）音乐疗法：即音乐治疗，是以音乐为媒介的治疗方法，具有促进身心健康和培养人格的功能。音乐疗法包括聆听、演奏、歌唱、音乐和歌词创作、即兴演奏、与舞蹈和美术的结合，以及音乐投射和音乐联想。目前在诸多国家，音乐疗法被广泛应用在学校、诊所、社区、养老机构、幼儿园、心理治疗室等，用于精神减压、情绪调试、生物反馈、疼痛控制等（音乐疗法具体内容可参考本章第八节）。

（6）日常生活活动能力训练：基础性日常生活活动指每日生活中与穿衣、进食、保持个人卫生等自理活动，以及坐、站、行走等身体活动有关的基本活动。工具性日常生活活动指人们在社区环境独立生活时所需的较高级的关键性技能，如家务杂事、炊事、采购、骑车或驾车、处理个人事务等，这些大多需借助工具进行。

📖 **知识拓展**

适合认知功能障碍症老年人参与的绘画活动

1. 粘贴画　是将各种废旧材料的小碎片拼接、粘贴、制作成各种图案、装饰艺术品的活动。选材丰富，也可以用日常生活中的废弃品，如树叶、碎布片、纸片、花瓣等。粘贴画手工活动操作简单、易于学习、作品形式丰富、趣味性强，适用于各种程度的认知功能障碍症老年人。

2. 涂色涂鸦画　取材简单、安全、易于操作、形式丰富多彩,日常生活中随处可画,易于学习和创新,可以锻炼认知功能障碍症老年人对色彩、图形的认知能力,可以改善理解力、发挥创造力、提高耐心和集中注意力,有助于稳定情绪,适用于各种程度的认知功能障碍症老年人,也可以以小组形式开展,有助于改善认知功能障碍症老年人的沟通、交流能力,是易推广普及、深受大家喜爱的手工活动。

（三）认知功能障碍症老年人生活促进活动的策划与准备

1. 活动主题　活动主题可根据生活促进的目的、配合活动的特殊节点或意义开展。常见目的有认知功能障碍症老年人的记忆力训练、感知力训练等。围绕老年人生活促进的目的如"趣味家务活动——我能""唤醒活力感官,找回生命热情"等。

2. 活动规模　生活促进活动可以是一对一的,也可以是群体性的,参会人员规模不可过多。

3. 参加对象　以社区或机构轻度认知功能障碍症老年人为主体,可自愿报名,也可邀请特定老年人参加,尽可能提前与他们及家属沟通活动内容和交流主题。

4. 举办时间及安排　根据活动内容和活动安排,确定活动日期及具体时间。活动时间应提前规划确定好,可以是半日、一日或连续数日。活动座席安排也要提前确定。

5. 活动地点　可选择养老院内多功能活动室。首先要保证安全,确认地面是否防滑、设备是否齐全、是否有电梯直达、公共卫生间的距离和数量、照明、温度、湿度等。室内灯光宜柔和,应减少外界干扰,气氛应轻松;室外要考虑天气、交通等因素。

6. 活动准备

（1）发布通知招募嘉宾,写清楚信息,包括活动时间、对象、地点、人数、是否收费;可配上图片,以增加说服力。

（2）准备签到表和席位书签、开场词和静心引导词,音响及视频,签到台,抽签台,茶或饮品的物料,拍摄设备,茶点及其他。

（3）检查活动所需物料,核对清单。

7. 活动流程　见实训4-15、实训4-16。

实训4-15　模拟晨间苏醒活动方案

【实训目的】

1. 熟悉认知功能障碍症老年人晨间苏醒活动策划和方案撰写。
2. 学会组织与策划一场认知功能障碍症老年人晨间苏醒活动。

【实训学时】

2学时。

【实训步骤】

1. 活动主题　唤醒活力感官,找回生命热情。

2. 活动参与对象　活动策划者、认知功能障碍症老年人、照顾者、社区志愿者等。

3. 活动时间　××××年××月××日9:15—10:15。

4. 活动地点　××机构老年人多功能活动室。

5. 活动目的和意义　模拟提供触觉、听觉、视觉和嗅觉刺激并提高认知功能障碍症老年人的反应能力,促进放松、疼痛管理,鼓励其与他人互动,增加社会接触,增进老年人之间的交流,改善照顾者与认知功能障碍症老年人的关系。

6. 活动内容　暖身、主题活动等。

7. 人员分配　工作人员分为3个小组,见表4-45。

表4-45 活动人员工作任务分配

工作小组	工作任务
准备小组	邀请活动参与者,购买所需用物、多功能活动室现场的布置
执行小组	安排座次、主持活动流程、维护活动现场秩序、现场摄影
保障小组	环境卫生维护、茶水和食物补给、应急医疗保障

8. 经费预算 本次活动的经费预算详见表4-46。

表4-46 活动经费预算

项目	活动横幅	活动耗材	合计
经费/元	40	200	240

9. 活动注意事项

(1)活动的大部分设施应在人群聚集前准备好,在每项活动开始前,准备所有需要的设备和用品,并根据设备管理条例及流程对活动设备进行清洁和消毒。

(2)整个过程中活动策划者应四处走动,以确保每个认知功能障碍症者能成功完成活动所提供的可见、可听或直接的示范指导。

(3)高血压、癫痫、哮喘、皮肤敏感者、正在接受医学或精神治疗者的老年人,应避免使用精油。

10. 预计效果 提供触觉、听觉、视觉和嗅觉刺激并提高认知功能障碍症老年人的反应能力,鼓励其与他人互动,增加社会接触,增进交流,改善照顾者与认知功能障碍症者的关系。

11. 实训流程与结果

(1)实训流程:主要包括暖身、主题活动、分享等(表4-47)。

表4-47 具体实训活动流程

活动主题	唤醒活力感官,找回生命热情		地点	××机构老年人多功能活动室
日期	××××年××月××日 9:15—10:15		时间	60min
带领者	活动策划者、社区志愿者			
活动流程				
进行内容	预估时间/min	活动内容	所需预备	备注
暖身	10	1. 早餐后,将参与者带入多功能活动室;房间灯光应柔和,减少外界干扰,使气氛轻松,使认知功能障碍症者围坐一圈 2. 在参与者聚集后,播放轻松柔和的背景音乐,营造平静、充满安全感的气氛 3. 向每一位参与者问好,轻轻地触摸或者拥抱他们 4. 将他们安置在舒适的椅子上,确保他们的舒适,可以用毯子包裹他们,这会让他们感到安全	1. 场地准备 2. 音乐 3. 舒适的椅子、毯子	
活动	25	1. 伴随着大自然清新的视频和舒缓的背景音乐,用一系列的活动开启一天的生活 2. 温柔地梳理他们的头发,用按摩的手法在他们的手上、脸上、脚上涂上乳液,利用多感官刺激的材料,为每个参与者一对一服务	1. 记录用纸 2. 笔 3. 梳子、乳液 4. 香草、薰衣草	

续表

进行内容	预估时间/min	活动内容	所需预备	备注
		3. 与此同时,用支持性的语言和他们谈论天气、当前的季节、即将到来的假期、目前养老院发生的事情、家庭等 4. 使用芳香疗法,如采用香草或薰衣草 5. 变化/适应/修改 活动策划者必须根据团队中每个人的身体和认知能力水平调整方案;整个过程中活动带领者应四处走动,以确保每个认知功能障碍症者成功完成活动提供的可见的、可听的或直接的示范指导;必要时重新规划活动、简化任务,并为能力下降的参与者提供更多的帮助(他们可能只能在手把手的示范下完成任务)		
分享	10	和参与者交谈,给予夸赞和鼓励;合影留念;活动策划者负责整理场地	照相机	
讨论	15	带领者于活动结束后讨论此次活动中的突发事件及应对情况		

(2)实训结果

1)老年人顺利完成此次晨间唤醒感官活动,活动现场无紧急状况发生,老年人的参与度高。

2)对整个活动流程以及活动现场状况进行分析,总结优、缺点,并形成书面的总结报告。

【实训评价】

1. 知识掌握(30%) 说出晨间唤醒活动对于认知功能障碍症老年人的作用(10%);说出活动策划的主要内容(20%)。

2. 操作能力(40%) 能学会晨间唤醒活动策划书的编写(10%);能够做到前期调研的真实、客观(10%);能够与同学、老师及参与活动的老年人进行有效沟通,通力协作(10%);能够针对策划内容提出建设性的创新点及评价(10%)。

3. 人文素养(30%) 注意老年人和自身的防护,有安全意识及风险管理概念(15%);准备充分,评估全面(15%)。

知识拓展

多感官环境

有试验证明,感官刺激减弱或缺失会对个体健康产生有害影响,且会导致认知功能障碍症者出现行为问题。认知功能障碍症老年人长期居住的环境如果是单调、一成不变、缺乏感官刺激的,就会造成认知功能障碍症者的感官剥夺,他们的思维和注意力都会受到负面影响。研究成果证明,多感官环境(multi-sensory environment, MSE)可以有效改善一些精神行为,如冷漠、抑郁、激越和攻击行为,以及言语愤怒等,但对于平衡能力、认知能力、运动和日常生活能力的影响尚有争议。

实训4-16 模拟认知促进活动方案

【实训目的】

1. 熟悉认知功能障碍症者认知促进活动策划和方案撰写。

2. 学会组织与策划一场认知功能障碍症者认知促进活动。

【实训学时】

2学时。

【实训步骤】

1. 活动主题 "唤醒认知，幸福你我"。

2. 活动参与对象 医养照护与管理专业学生。

3. 活动时间 ××××年××月××日15:15—16:15。

4. 活动地点 ××多功能活动室。

5. 活动目的和意义 模拟带领认知功能障碍症老年人开展记忆力、注意力、计算力等认知训练活动，帮助他们提高参与生活的兴趣，延缓认知功能的恶化。

6. 活动内容 暖身、主题活动等。

7. 人员分配 工作人员分为3个小组，见表4-48。

表4-48 活动人员工作任务分配

工作小组	工作任务
准备小组	邀请活动参与者、购买所需用物、老年人多功能活动室现场的布置
执行小组	安排座次、主持活动流程、维护活动现场秩序、现场摄影
保障小组	环境卫生维护、茶水和食物补给、应急医疗保障

8. 经费预算 本次活动的经费预算详见表4-49。

表4-49 活动经费预算

项目	活动横幅	糕点、茶水	活动礼品	活动耗材	合计
经费/元	40	100	120	100	360

9. 活动注意事项

（1）活动前熟悉老年人的行为习惯，根据他们的认知程度、兴趣爱好、职业特征等制订训练方案。

（2）活动前评估老年人的身体情况、情绪状态和意愿，无意愿者不可强迫。活动过程中，若老年人无兴趣，应先中断活动，观察2～3min，如老年人仍不配合可终止。

（3）若老年人脾气不好，可提前设计交流、沟通方式，以取得老年人的配合。

（4）训练过程中，适当增加难度可刺激老年人的认知能力，但要避免因难度过大而引起的焦虑情绪。

10. 预计效果 老年人顺利完成记忆力、注意力、计算力等认知训练，提高了参与生活的兴趣，延缓了认知功能的恶化。

11. 实训方法 见表4-50。

表4-50 具体实训活动流程

活动主题	唤醒认知、幸福你我		地点	××多功能活动室	
日期	××××年××月××日15:15—16:15		时间	60min	
带领者	活动策划者、社区志愿者				
活动流程					
进行内容	预估时间/min	活动内容		所需预备	备注
暖身	10	安排认知功能障碍症者围坐一圈，向大家问好、寒暄		场地准备	

续表

进行内容	预估时间/min	活动内容	所需预备	备注
主题活动（可选择其中一项进行模拟）	25	记忆力训练： 1. 成员介绍　工作人员进行自我介绍 2. 当次活动介绍　向参与者说明随后要开展的活动内容及程序 3. 引导认识物品　向参与者出示准备好的数字卡片，带领参与者逐一认识、通读 4. 向参与者示范训练内容　将任意数字组合在一起，读出数字，并逐步增加位数 5. 带领参与者开展训练　将任意数字组合在一起，带领参与者辨认、熟记；组合数字的位数由三位数起，每次增加一位数字，念完后立即让参与者复述，直至不能复述为止 6. 整理　同参与者一起将数字卡片等物品收纳起来 7. 洗手，记录参与活动的表现、活动效果等	普通磁力白板、彩色磁力数字卡片1套、笔、记录用纸	
	25	数字再认训练： 1. 训练室安静、舒适，活动策划者与参与者坐在桌子前，活动策划者从一些数字图片中随机找出标有不同数字的卡片摆在桌子上，问参与者："您知道这是多少吗？"若参与者回答正确，则活动策划者继续抽取下一张数字卡片让参与者识别 2. 在活动中，找到一张"3"的图片，问参与者："您知道这是多少吗？"若参与者回答错误，则应耐心地告诉参与者这个数字是多少："您看，这个弯弯的、长得像耳朵的数字是3，来，请您跟我读"，引导参与者反复复述认识错误的数字 3. 在活动中，要关注认知功能障碍症者的情绪变化，若其出现不耐烦或烦躁的情绪，可以暂停活动，观察2～3min，如仍不配合可终止 4. 在小杯子里放上若干小球，对参与者说："请您帮我从杯子里拿出2个小球"，然后将装有小球的杯子递给参与者，观察参与者能否准确地从杯子里拿出相应的小球，以此来训练参与者对数字的敏感性 5. 整理　指导和陪同参与者把训练物品整理好并收走 6. 记录参与者在训练过程中的表现和情绪的变化，用于指导、调整训练方案	数字卡片1套、小球20个、杯子1个、笔、记录用纸	
	25	感知训练： 1. 活动策划者和参与者坐在安静、舒适的训练室内，活动策划者从桌子上找出日常使用频率较高的物品图片摆在桌子上，问参与者："这是什么？请说出这个物品的名字"，等参与者回答后，继续询问："您知道这个东西应该怎么使用吗？"接下来，让参与者详细描述该物品的使用方法和步骤 2. 在训练中，指着微波炉的图片询问参与者："您知道这是什么吗？"若参与者回答正确，接着询问："您知道这个物品是用来干什么的吗？"接着让参与者描述微波炉的使用方法及安全注意事项。在参与者描述的过程中，要注意他是否有错误和疏漏的地方，因为这个错误和疏漏可能导致安全问题 3. 参与者描述结束后，先肯定参与者的描述非常棒："您说得很好，但是还存在一些小小的问题。"接着告诉参与者一些正确的使用步骤。应特别注意观察参与者的情绪变化	生活用品卡片1套、日常衣物1套、老照片1套	

续表

进行内容	预估时间/min	活动内容	所需预备	备注
		4. 指导参与者穿衣　给参与者准备一件宽松的 T 恤,在安静、舒适的环境里,对参与者说:"我给您准备了一件帅气/漂亮的衣服,我们今天练习穿衣吧!" 5. 指导参与者完成穿衣　"您看这件衣服有三个'小洞',我们把头钻进中间最大的这个洞里,两只胳膊分别放进两边的洞里,我们来试着穿一下" 6. 指导参与者认识家人　提前准备好家人的照片,带参与者到舒适、安静的环境中,询问参与者是否还记得自己家人的情况,对参与者进行评估。问参与者:"您好,我这里有些照片,您帮我看看他们是谁?"向参与者依次展示其家人的照片 7. 重点训练参与者不认识的家人;在训练中,帮参与者找出家人的特点有助于参与者更好地认人 8. 整理　指导和陪同参与者把训练物品整理好并收起 9. 记录参与者在训练过程中的表现和情绪的变化,用于指导、调整训练方案		
分享	10	带领参与者回顾活动过程,赞扬参与者的积极参与,肯定他们的表现	照相机	
讨论	15	活动策划者于活动结束后讨论此次活动中的突发事件及应对情况		

【实训评价】

1. 知识掌握(30%)　说出认知促进活动策划对于认知功能障碍症老年人的作用(10%);说出活动策划的主要内容(20%)。

2. 操作能力(40%)　能学会认知促进活动策划书的编写(10%);能够做到前期调研的真实、客观(10%);能够与同学、老师及老年人进行有效沟通,通力协作(10%);能够针对策划内容提出建设性的创新点及评价(10%)。

3. 人文素养(30%)　注意老年人和自身的防护,有安全意识及风险管理概念(15%);准备充分,评估全面(15%)。

📖 **知识拓展**

创造性故事疗法

创造性故事疗法(creative storytelling project)是活动引导者利用图片激发老年认知功能障碍症者的创造性思维,并一起分享老年认知功能障碍症者所讲述的故事的活动。它以鼓励想象、发挥创造性潜力来取代回忆的压力。在活动实施者的协助下,老年认知功能障碍症者可以畅所欲言、享受活动的乐趣,从而促进交往、增强自信心、缓解寂寞。

（林婉玉　宁雪梅）

第七节　组织与策划不同性别老年人活动

男性老年人和女性老年人的区别不仅仅体现在生理特点上,还体现在心理特点上,他们的兴趣爱好、生活习惯和生活方式、为人处世等方面都有很大的差异。因此,在策划和组织老年人活动的时候要充分考虑到老年人的性别特征,尽量选择符合不同性别老年人期望和需求的活动。

一、组织与策划男性老年人活动

导入情境

××养老中心的工作人员决定每月组织与策划一次男性老年人饮食养生活动,提供针对男性老年人的早餐和午餐,请老人们一起参与进来,共同制作。男性老年人与员工之间积极互动,促进友谊,分享故事和美食,同时也展示了自己的厨艺。

工作任务:

1. 请结合案例,给养老中心撰写一份活动策划方案。

2. 请依据撰写的活动策划方案,模拟实施一次男性老年人饮食养生活动。

相较于女性老年人关注家庭生活、服饰、妆发等,男性老年人在日常生活中,更加关注社会热点、军事动态、体育活动等。因此,在组织与策划男性老年人活动时,活动主题的选择要有针对性。

(一)男性老年人喜爱的活动

1. 钓鱼 据有效的数据统计,近年我国男性老年人的兴趣爱好排在第一位的就是钓鱼。与广场舞的热闹相比,钓鱼活动就显得十分的安静、祥和。男性老年人在钓鱼的同时,还能享受清新的空气和明媚的阳光;等待鱼上钩的时候还可以养心、养性,让自己的心境得到锻炼。

2. 谈论时事热点 相比大多数女性老年人更加关注家庭和生活,男性老年人的注意力更多地放在家庭外,他们普遍对社会热点新闻等时事热点感兴趣。

3. 体育比赛 在大部分的体育赛事中,男性观众的数量远超女性观众,如足球比赛、篮球比赛、乒乓球比赛等各种比赛。

4. 棋牌 棋牌对弈特别能体现一个人的智慧和格局。绝大多数男性对于棋牌钟爱有加,尤其男性老年人,还有充足的时间来参与这项活动。

5. 饮食养生 男性不仅喜欢品尝美食,更爱制作美食。通过饮食的合理搭配起到养生的功效,这也是很多男性老年人的关注点。

6. 地中海饮食 地中海饮食,顾名思义它是来源于地中海的一种膳食模式。其主要特点是日常饮食中以水果、蔬菜、干果、豆类、未精制的谷类为主,食用的油类主要是橄榄油,而肉类则以鱼肉和禽肉为主,这种饮食模式是非常值得推荐的。在我国,人们食用的谷物目前还是以精制的谷物为主,优点是保存时间长,缺点是一些营养物质在加工中流失严重。

研究发现,地中海饮食的好处主要体现在以下三个方面:可预防心脏病,能够延缓老年人的认知障碍,具有逆转心血管疾病的功效。众多研究表明,地中海饮食是一种健康的饮食模式。随着心血管疾病的多发,这种饮食方式值得推荐。

(二)男性老年人饮食养生活动的策划与准备

1. 活动主题 活动主题可根据活动的目的,配合活动的特殊节点或意义开展。主题可以定为"不负食光""食全食美"等,定期举办。

2. 活动规模 聚餐活动一般人数越多越热闹,但也应控制参与规模,避免发生意外。人数一般为15~20人。

3. 参加对象 参与对象限定为养老机构的男性老年人,实行自愿报名的原则,此外为保障活动顺利开展,还要有活动策划者、养老机构营养师、社工群体的加入。

4. 举办时间及安排 一般情况下,考虑到老年人的身体状况,时长不要超过1h。在整个活动安排中,各个环节要衔接紧密,动手烹饪、聚餐闲聊、餐后合影等都是聚餐活动不可或缺的环节。

5. 活动地点 养老中心的餐厅。

6. 活动准备 发布活动公告,邀请老年人参加。活动公告的信息要标注清楚,包括活动时间、地点、人数、茶类、是否收费及活动仅限男性老年人。准备签到表和席位签、开场词等。准备烹饪所需的食材和烹饪工具等。检查活动所需物料,核对清单。

7. 活动流程 见实训4-17。

二、组织与策划女性老年人活动

中国女性相对男性承担了较多家务工作,休闲时间较少,承受了较大的家庭压力。因此为女性老年人开展活动策划时,可以选择帮助女性老年人舒缓压力、与女性生活相关的传统辅助生活活动,如手工制作、烹饪、园艺、精油按摩、读书会等(实训4-18、实训4-19)。这些活动能让老年人放松身心,缓解压力,扩大人际交往范围,增强社交能力,提高晚年生活质量。

导入情境

某社区贾奶奶与杜爷爷夫妻俩一起生活,他们的年龄在75岁左右。杜爷爷五年前因卒中偏瘫,左侧身体功能障碍,衣食起居不能自理,生活主要由贾奶奶照顾,家务也全由她承担。他们的儿子在国外工作,一年最多回家一次。五年来,贾奶奶一人照顾杜爷爷,但随着年龄增长,贾奶奶的身体状况越来越差,逐渐无法承担照顾任务。活动策划者针对社区内的老年人成立了"老年人照顾者喘息服务活动—老年女性园艺活动小组",小组的主要目的是为有需要的照顾者提供服务,通过园艺活动帮助她们进行心理疏导、处理负面情绪、完善家庭关系。贾奶奶自从参加活动后,既愉悦了身心、缓解了作为照顾者的压力,又增进了与其他老年人照顾者之间的关系。大家相互支持和理解,积极地面对生活。

工作任务:
1. 请列出贾奶奶目前面临的照顾压力。
2. 作为活动策划者,组织与策划一场女性老年人的园艺活动。
3. 试撰写一份女性老年人园艺活动的策划书。

组织与策划女性老年人园艺疗法活动

1. 园艺疗法的概述 园艺疗法是指在活动策划者专业的指导下,运用植物或园艺材料、园林绿地坏境,以园艺活动作为媒介,通过植物栽种、修剪和接触自然环境,对人开展身心方面的疾病治疗的辅助手段。在人与植物的交互中,会体会到生命的意义,平复或者转移负面情绪,提升正向情绪,使身心放松,进而达到身体以及心理层面的疗愈效果。借由实际接触和运用园艺材料,维护、美化植物/盆栽及庭园。通过接触自然环境而舒缓压力与复健心灵,提升人际关系交往的能力,适应社会,重新了解及构建自己与周围环境的关系。在生活中感受到压力的人,将获得心理的疗愈,身心将得到正向发展。目前园艺疗法运用在一般疗愈和康复医学方面。

2. 园艺疗法活动对女性老年人的意义 园艺疗法极具独特性,根据老年人视觉、听觉、嗅觉、味觉、触觉等感官需求,通过搭配不同层次的植物、种植具有食疗功能的药材等,丰富园艺花木的色彩,让老年人在园艺疗法中体验到植物的生命力量,舒缓社会外界或家庭带来的心理困扰,获得身心健康。因年岁渐增,多数老年人的身体活动量逐渐减少。园艺活动属于中等强度的身体活动,是一种能与老年人日常生活结合的健康促进活动。老年人若长期从事园艺相关活动,不但能降低自发性心搏骤停与心肌梗死的风险,还能有效改善身体健康,如降低总胆固醇、血压等。园艺疗法作为心理辅导工具之一,能够促进心理健康、增加与社会的互动、培养兴趣爱好。让老年人亲身体验栽种的乐趣,有益于营造良好的文化养老氛围,这也是他们参与社会性活动的表现。

知识拓展

园艺疗法的效益

园艺疗法中的任何部分与环节,皆可成为疗愈的素材,如植物本身及其生长历程,参与成员的照顾与培育,植物含有的香氛、色彩、触感等。

园艺疗法的效益有很多,包括生理效益(减缓心搏速度、改善情绪、减轻疼痛)、认知效益(学习新技能、增强认知能力、激发好奇心、提升观察力)、情感效益(增加自信和自尊、促进兴趣、发挥创造力、促进自主自我表达和情绪控制)、社交效益(与同伴交流和与外界交流)、休闲效益(休闲得到快乐)。

3. 园艺疗法活动策划的主要内容

(1)确定主题:活动开展前要确定好活动的主题和内容,并且要细化到每一次活动中去,满足老年人的各方面需求。

(2)需求评估:全面并准确地评估需求是有效开展园艺疗法活动工作的前提。在本活动工作开展前期,活动策划者可采用问卷调查或者访谈的方法对老年人进行调查研究,了解老年人的真实需求,以及对园艺疗法的认知和期望。

(3)确定参加对象:老年人园艺疗法活动的成员为社区内的女性老年人,她们长期从事家庭照护工作,承受较大的压力,需要舒缓疗愈。在对园艺的认知方面,老年人之间有些差异。因为生活经历的不同,有的老年人有一些栽培基础,有的对花草种植很感兴趣,有的完全没有园艺方面的知识。因此,招募对象时要积极地向老年人宣传园艺疗法对健康的促进作用,提高老年人参与的兴趣。

(4)确定活动的时间:园艺疗法活动采用小组活动的方式,设计几节小组活动,每节小组活动应合理安排时间。每节小组活动前,都要提前告知老年人本次活动的主题,确认参加的老年人,活动时间,活动策划者、园艺治疗师和志愿者等人员的安排,活动的场地,物资准备等内容。每节小组活动的过程中,都要鼓励老年人积极参与,合理安排活动的时间,并且要进行风险控制。每节小组活动结束后,都要对本次活动进行小结。所有活动结束后要形成最终的评估报告。

(5)确定活动形式:采用小组活动的方式,组员的选择尽量以同质性为主。每节活动的形式须配合主题,可以采用游戏、讨论、手工栽种等方式。

(6)活动流程:见实训4-18。

实训4-17　策划男性老年人地中海养生早午餐活动

【实训目的】

1. 熟悉老年人地中海饮食养生活动方案的撰写。

2. 学会策划和组织一场针对男性老年人的养生早午餐烹饪活动。

【实训学时】

1学时。

【实训步骤】

1. 活动主题　不负食光、食全食美。

2. 活动参与对象　养老机构的男性老年人15~20人,营养师1人,社工或志愿者3~5人,餐厅工作人员1~2人。

3. 活动时间　××××年××月××日9:30—10:30。

4. 活动地点　××养老中心餐厅。

5. 活动目的和意义　通过集体准备简易的地中海养生早午餐、聚餐、分享故事和美食,促进男性老年人之间、男性老年人与工作人员之间的社会互动。

6. 活动内容 工作人员准备好半成品食材,每5～6位老年人一组,合力制作5～6道菜肴,并起上一些比较有寓意的名字。制作完成后,大家进行集体聚餐,分享自己制作美食的技巧。最后,老年人们与活动工作人员进行合影留念。

7. 人员分配 工作人员分为3个小组,见表4-51。

表4-51 活动人员工作任务分配

工作小组	工作任务	准备内容
准备小组	邀请活动参与者、购买所需用物、活动现场的布置	食材、烹饪用具、横幅、相机
执行小组	安排座席、主持活动流程、维护活动现场秩序、现场摄影	座席表、现场音乐、流程表、相机
保障小组	环境卫生维护、应急医疗保障	急救箱

8. 经费预算 活动的经费预算详见表4-52。

表4-52 活动经费预算

项目	食材	横幅	小礼品	矿泉水	合计
费用/元	500	50	200	100	850

9. 预计效果 活动锻炼了老年人的动手能力,让老年人体会到"自己动手、丰衣足食"的成就感,还能增加老年人之间的社会交往。

10. 注意事项 菜肴的搭配要遵循营养均衡的原则,因此老年人和餐厅工作人员制作的菜肴要注意合理搭配;老年人在制作自己掌勺的菜肴时,其他人可以备菜、休息,不要都拥挤在后厨内;注意饮食卫生和安全问题;聚餐时,根据老年人的身体状况,应控制饮酒量。

11. 实训方法 见表4-53。

表4-53 男性老年人地中海养生早午餐活动流程

活动主题	不负食光、食全食美			地点	××养老中心餐厅
日期	××××年××月××日 9:30—10:30			时间	1h
带领者	活动策划者				

		活动流程			
进行内容	预估时间/min	活动内容		所需准备	备注
开场白	10	1. 活动致辞 2. 根据餐厅提供的灶数进行分组,每组5～6人,并配备指导厨师;确定每组烹饪的先后顺序		致辞稿,烹饪食材、用物等,人员分组名单	
主题活动	40	1. 老年人按提前填报的菜名准备食材并进行烹制。烹饪过程中和完成后,为老年人拍照留念 2. 按照分组进行聚餐,介绍老年人烹饪的菜肴,并请其他人品评 3. 引导大家畅谈烹饪的技巧和心得 4. 每个小组评选一道最受大家喜爱的菜肴,并邀请烹饪者讲心得体会 5. 老年人与活动策划者、餐厅工作人员等一起合影留念		老年人前期所报菜名和食材用物,烹饪工具,餐桌,相机,话筒和音响	
讨论和总结	10	1. 听取老年人对活动的意见和建议 2. 讨论活动中存在的不足,以备后续改进 3. 评估活动中突发意外情况的应急处置措施			

【实训评价】

1. 知识掌握（30%） 说出开展针对男性老年人地中海养生早午餐活动的目标成果。

2. 操作能力（40%） 能根据实际情况控制规模、照顾到特殊需要等，学会协调和调动大家的工作积极性，熟练掌握流程。

3. 人文素养（30%） 注意男性老年人就餐的规矩，提前了解所有人的饮食禁忌等，做好操作中的安全控制。

（林婉玉　许秀军）

实训 4-18　策划老年人园艺疗法活动

【实训目的】

1. 熟悉园艺疗法的活动方案撰写。

2. 学会策划和组织老年人园艺疗法活动。

【实训学时】

2 学时。

【实训步骤】

1. 活动主题 了解植物、感受生命；勾勒愿景、种植植物；花扇制作、感恩相伴；告别彼此、收获满满。

2. 活动参与对象 10 名女性老年人，均为家庭或者机构老年人照顾者。

3. 活动时间及次数 1 周 1 次，共 4 次。

4. 活动地点 社区活动中心。

5. 活动目的和目标 园艺活动可以促进老年人的身心健康，改善生活质量。

（1）总目的：通过鼓励老年人参与园艺活动，提升自我效能感，在种植植物过程中使手、眼、足协调活动，改善活动能力；鼓励老年人参与社交活动，扩大社交范围，缓解照顾者的压力，促进照顾者和被照顾者的身心健康。

（2）分目标：搭建一个老年人相互交流、沟通的平台，构建老年人朋辈沟通网络；参与本次小组活动的 80% 的老年人在体能、精细动作等方面有所提升；参与本次小组活动的 80% 的老年人通过园艺活动获得成就感、自我效能感提升，达到疗愈的目的。

6. 经费预算 本次活动的经费预算详见表 4-54。

表 4-54　活动经费预算

项目	花卉种植材料	团扇、胶水等材料	名牌、奖品	合计
经费 / 元	500	200	120	820

7. 活动流程 活动内容共 4 次（具体见表 4-55～表 4-58）。

8. 活动准备 准备小组活动策划书、招募组员、购买园艺活动所需物品、联系场地等。小组的具体活动由一名活动策划者整体控制并按步骤依次执行，同时请一名专业的园艺师指导，一名志愿者进行辅助配合并记录活动过程。

9. 活动注意事项 材料准备充足；与老年人沟通要有热情、耐心；小组活动开展期间，做好活动现场的秩序维护，确保参与者的人身安全；提前制订应急方案，活动现场应配备医护人员。

10. 活动总结和效果评估 活动过程中活动策划者应观察每节活动的效果，并与参与者分享感受。活动结束前请组员填写意见反馈表，通过组员的主观感受及其被照顾者的描述进行评估。活动策划者在活动结束后对整个活动流程以及活动现场状况进行分析，并形成书面的总结报告。

表 4-55　第 1 次小组活动具体实训活动流程

活动主题	了解植物、感受生命		地点	社区活动中心
日期	××××年××月××日 14:30—15:30		时间	60min
带领者	活动策划者、园艺师、志愿者			
活动流程				
预估时间 / min	活动目的	活动内容	所需材料	备注
活动开始前半小时		签到	签到表、笔	
5	组员和活动策划者初步认识	活动策划者和园艺师进行简短的自我介绍，并清晰地向组员介绍成立园艺小组的目的、小组的计划和目标		
10	组员间相互熟悉和了解	破冰游戏：名字接龙		
15	提升组员对种植花卉的兴趣	活动策划者展示不同花卉的图片并请组员说出它们的名字；组员简单分享以往种植花卉的经验	PPT，花卉的图片	
20	增强组员的动手能力和成就感	制作报纸育苗盆及种植花苗：将报纸折成三等份，用圆杯当模型轻轻卷，卷完后将上方报纸往杯口压，压完后将圆杯抽出，以手指把报纸折叠处往下摊平成为底部即完成，之后放入自己想种植的种子	旧报纸、圆杯、剪刀、订书机、营养土、花籽	
5	制订小组约定	活动策划者引导组员为园艺活动小组起名、制订小组约定并张贴在墙上		
5	活动总结	活动策划者总结，让组员分享经验，并告知下一次的活动安排		

表 4-56　第 2 次小组活动具体实训活动流程

活动主题	勾勒愿景、种植植物		地点	社区活动中心
日期	××××年××月××日 14:30—15:30		时间	60min
带领者	活动策划者、志愿者、园艺师			
活动流程				
预估时间 / min	活动目的	活动内容	所需材料	备注
活动开始前半小时		签到	签到表、笔	
10	回顾	活动策划者简要回顾上一次的活动内容；组员分享各自花苗的生长状况，大家共同分享喜悦	花苗	
5	组员熟悉本次活动内容	活动策划者介绍本次活动的流程		
30	提升组员的动手能力和想象力、创造力	迷你花园制作：将花盆底部的排水洞放上石头或报纸，可防止土壤流出；放入土壤于底部，将第一次活动中培育的花苗移入花盆中，再放入些许土壤填满花盆（约九分满）；在花盆的土壤上放置彩色石头，石头图案可自行设计	彩色花盆、营养土、室内植物、彩色石头	

续表

预估时间／min	活动目的	活动内容	所需材料	备注
10	发挥组员的想象力和创造力，鼓励和激励组员	1. 让组员为自己装饰好的迷你花园命名，并阐述制作理念 2. 活动策划者为老年人的迷你花园制作名牌，设置十个"最佳××奖"，并为组员们颁奖和合影留念 3. 老年人交流、分享此次活动的心得体会	名牌、奖品	
5	活动总结	活动策划者总结，并告知下一次活动的安排		

表 4-57　第 3 次小组活动具体实训活动流程

活动主题	花扇制作、感恩相伴		地点	社区活动中心
日期	××××年××月××日 14:30—15:30		时间	60min
带领者	活动策划者、志愿者			
活动流程				
预估时间／min	活动目的	活动内容	所需材料	备注
活动开始前半小时		签到	签到表、笔	
10	回顾	活动策划者简要回顾上一次的活动内容；组员分享各自迷你花园花苗的生长状况，共同分享喜悦		
5	组员熟悉本次活动内容	活动策划者介绍本次活动的流程		
30	提升组员的动手能力和想象力、创造力	制作干花扇子：准备好白色无图案的团扇，也可以预先在团扇上放入图案以增加联想能力；利用牙签和镊子将用白胶压好的花粘在团扇上，写上有意义的字句并撒上装饰粉，等待晾干即完成	团扇、牙签、镊子、花、白胶、彩色笔、装饰粉	
10	分享制作成品的喜悦	分享作品、合影留念	相机	
5	活动总结	活动策划者总结、组员分享；提前告知组员小组活动将于下一次结束		

表 4-58　第 4 次小组活动具体实训活动流程

活动主题	告别彼此、收获满满		地点	社区活动中心
日期	××××年××月××日 14:30—15:30		时间	60min
带领者	活动策划者、园艺师、志愿者			
活动流程				
预估时间／min	活动目的	活动内容	所需材料	备注
活动开始前半小时		签到	签到表、笔	
10	回顾	活动策划者简要回顾上一次的活动内容，组员分享参加这几次活动的感受		

续表

预估时间 / min	活动目的	活动内容	所需材料	备注
5	组员熟悉本次活动内容	活动策划者告知组员本次小组活动为最后一节活动，并介绍本次活动的流程		
30	回顾总结、分享快乐	1. 组员分享各自的迷你花园，由园艺师点评；每位老年人分享交流种植过程中的心得 2. 回顾小组过程，将组员的成果照片一一在媒体上呈现，肯定组员的参与收获 3. 举行简单的收获仪式，肯定老年人的付出，大家分享参加活动的收获	迷你花园、PPT、成长收获卡	
10	分享喜悦	跳庆祝舞蹈：组员和活动策划者围成一圈，跟着音乐，拍手、动动脚	音响	
5	结束小组	1. 活动策划者总结本次的活动内容，填写活动意见表 2. 送向日葵种子，鼓励组员回家种植	活动意见表、向日葵种子	

11. 小组活动满意度调查表 见表4-59。

表4-59 小组活动满意度调查表

尊敬的奶奶：

您好！

我们的小组活动已经圆满结束了，非常感谢您这五次活动的配合。在活动的最后，请您回忆参与小组活动的情形，然后回答以下问题（在相应的选项框内打"√"），并填上您的宝贵意见，非常感谢！

本表采用匿名制，不会对您参与活动及您的生活造成影响，请放心填写，谢谢！

条目	非常满意	满意	无意见	不满意	非常不满意
1. 我对小组活动的时间安排					
2. 我对小组活动的内容安排					
3. 我对小组活动的场地安排					
4. 我对工作人员的表现和态度（活动策划者、园艺师、志愿者）					
5. 活动过程中我能投入其中并感受到快乐					
6. 我的社交能力得到提升					
7. 我建立了积极的心态，达到了喘息服务的目的					
8. 我加深了对生命的认识和了解					

您对活动的其他意见或建议：

【实训评价】

1. 知识掌握（30%） 掌握撰写老年人园艺疗法活动策划书的相关知识，以及活动开展的注意事项。

2. 操作能力（40%） 能学会与其他人合作开展老年人园艺疗法小组活动；能预计活动中的突发情况并做好应急预案；能在活动中协调各工作人员一起有效组织、开展活动。

3. 人文素养（30%） 注意老年人和自身的防护，有安全意识及风险管理理念；准备充分，评估全面。

实训 4-19　策划女性老年人读书会活动

【实训目的】

1. 熟悉读书会活动的方案撰写。

2. 学会策划和组织读书会活动。

【实训学时】

1 学时。

【实训步骤】

1. 活动主题　书香伴读、快乐人生。

2. 活动参与对象　6～8 名喜爱读书的女性老年人。

3. 活动时间　60min。

4. 活动地点　老年人活动中心。

5. 活动目的　开展读书会活动的目的是多方面的,带领老年人读书、读报等,可让老年人扩大知识面、开阔眼界、陶冶情操,增进友谊、排解孤独,并可通过读书及交流等保持思维敏捷,提高认知能力,从中享受知识和阅读的乐趣,从而建立积极的人生态度,丰富老年人的精神文化生活等。

6. 经费预算　本次活动的经费预算详见表 4-60。

表 4-60　活动经费预算

项目	书	糕点、茶水/果汁	合计
经费/元	180	120	300

7. 活动流程　问卷调查、开场、读书活动、分享等(具体实训活动流程见表 4-61)。

8. 活动准备　准备活动策划书、招募组员、购买活动所需要的书籍和物资、布置场地等。活动由一名活动策划者整体控制并按步骤依次执行;邀请一名志愿者进行辅助配合并记录活动过程。

9. 活动注意事项　在活动过程中随时观察老年人的身体状况;准备好老年人常用的各种医用物品等。

10. 活动总结和效果评估　活动策划者在活动结束后对整个活动流程以及组员的分享进行分析,形成书面的总结报告。

表 4-61　具体实训活动流程

活动主题	书香伴读、快乐人生		地点	老年人活动中心	
日期	××××年××月××日9:00—10:00		时间	60min	
带领者	活动策划者、志愿者				
活动流程					
进行内容	预估时间/min	活动内容		所需材料	备注
活动准备	活动前半小时	1. 布置现场,准备好老年人喜爱的书籍,在入口处铺上红毯,播放老年人喜爱的轻音乐(控制音量在30～40dB),让老年人进入活动场地后产生平静、放松的感觉和愉悦的心情;老年人入座后(围圈而坐),为老年人送上茶点及茶/果汁,引导她们翻看喜爱的书籍 2. 老年人签到,粘贴姓名牌在右胸前		音响、签到表、笔、姓名牌、茶点、茶/果汁	
问卷调查	10	活动策划者为老年人做一个简单的身体状况问诊表,主要了解老年人视觉、听觉、喜爱的书籍等方面的情况,并进行分析,为相关老年人备好喜爱的书籍		问卷调查表、笔	

进行内容	预估时间 /min	活动内容	所需材料	备注
开场	5	1. 活动策划者先问好、再自我介绍,对到场的老年人一一问候、表示欢迎来参加本次活动 2. 暖身活动(如成员介绍:每个人介绍名字后,其他成员对介绍者说:"好文采、好名字";介绍完毕后,第一个人在纸上第一排写出自己的名字,并根据自己名字中的一个字与名字并排写一个成语,传给第二个人;第二个人在纸上第二排写上自己名字,并根据第一个成语结合自己名字中一个字写出第二个成语,依此类推,直到传递给第一个人结束,志愿者收好相关纸张)	话筒、音响	
读书活动	30	1. 志愿者为手中没有书籍的老年人递上她喜爱的书籍,并为需要眼镜 / 助听器的老年人递上相关物品,请老年人围坐在茶几旁 2. 每个老年人依次将自己喜欢的书介绍给大家,并给大家讲解书中的主要内容 / 自己喜欢它的原因;对一些自己特别喜欢的章节、段落,可动情地朗读给大家听(也可让策划者 / 志愿者进行朗读);读书的人一定要读得有感染力,这样才容易让听的人听得入神 3. 遇到老年人产生共鸣的地方,可引导其进行讨论,也可把书中内容联系社会实际 / 生活趣事等	眼镜、助听器	
分享	10	1. 每位老年人分享此次读书会的体验 2. 大家合影留念(照片中放入开场时所有老年人留下的姓名及成语一起合影,便于老年人看见照片时能相互称谓及联络)	相机、糕点、茶水	
讨论	5	活动策划者和志愿者及时跟进,与老年人交流,征询对本次活动的意见及建议;在活动结束后记录老年人在此次活动过程中的参与状况及特殊事件		

【实训评价】

1. **知识掌握(30%)** 掌握撰写老年人读书会活动策划书以及活动的注意事项。

2. **操作能力(40%)** 能学会与其他人合作开展老年人读书会活动(10%);能预计活动中的突发情况并做好应急预案(15%);能在活动中协调各工作人员一起有效组织、开展活动(15%)。

3. **人文素养(30%)** 注意观察老年人情绪变化和互动情况(10%),有安全意识及风险管理理念(10%);准备充分,评估全面,活动开展有序(10%)。

(林婉玉 宁雪梅)

第八节 组织与策划一对一老年人活动

活动是指由共同目的联合起来并完成一定社会职能的动作的总和。一对一活动是指针对个人的活动,是所有活动项目中的重要组成部分。一对一活动主要适用于不能或不想参与团体活动的来访者,是团体活动的一种补充,也是部分想要参加活动但又由于种种原因无法参加团体活动的人的重点需求。

本节将对音乐治疗一对一活动进行一些说明介绍,并就这些活动提供一些方法与技术。

导入情境

某日医院接到了一名病人,男,63 岁,南京人。病人于 3 个月前突发疾病,临床诊断为脑出血术后(右侧偏瘫、高级脑功能障碍、日常生活能力下降等)。病人意识清醒,失语,精神状态正常,主述病史为右侧肢体功能障碍伴言语不能。

工作任务:

1. 作为音乐治疗活动的组织者,针对该病人做好准备工作。

2. 对病人进行评估,明确选择适合该病人的音乐治疗技术并制订治疗计划。

3. 请结合本案例,模拟实施音乐治疗活动。

从 21 世纪初开始,随着中国社会经济的发展,人的平均寿命有所延长,中国人口老龄化的进程加快。2021 年 5 月 11 日,第七次人口普查结果公布,全国人口共 141 178 人,其中 60 岁及以上人口占 18.7%,65 岁及以上人口占 13.5%。中国大部分家庭将面临一对夫妻要照顾两对父母的情况。社会的发展带来了经济效益,人们的生活水平明显提高了。但是由于快节奏的工作、高压力的生活,越来越多的人出现了心理问题。老年人群虽然退休不用忙于工作,但由于子女忙碌疏于关怀,退休在家没有爱好、无事可做等原因,也产生了很多心理问题。因此,如何关心老年人的身心健康,为家庭更为社会减轻负担,已成为全社会关注与重视的问题。

音乐治疗在中国起步较晚,虽然我们的先祖也曾经留有一些和音乐治疗有关的古籍资料,但是数量非常少。在 20 世纪末西方关于音乐治疗的理论方法等被带入中国后,国内开始关注并发展现代音乐治疗。随着音乐治疗在中国的发展,越来越多的人开始认识到音乐治疗在很多领域的重要作用,其中就包括老年领域。

(一)音乐治疗的作用

国内外很多研究资料证实,音乐治疗对人的作用既有生理和物理方面的,也有心理方面的。音乐可以引起人的一些诸如减慢心跳、降低血压、调整呼吸等方面的生理反应,产生明显的镇痛作用。音乐治疗中的音乐活动可以提高人的社会交往能力,减少人们的焦虑情绪,使他们发泄消极情绪,获得积极情绪,从而获得生活的乐趣,增强自信心。

虽然目前音乐治疗已开始广泛应用于各个领域中,但真正惠及大众的关于音乐治疗的普及还远远没有能做到,尤其是音乐治疗在老年领域的应用方面,远不能满足我国老龄化社会的发展与需要。相比较在一些音乐治疗起步较早的国家,音乐治疗在老年病的治疗中已经很受重视了。

1. 音乐治疗在认知障碍症领域的作用 很多关于认知障碍症治疗的研究表明,音乐可以有效地刺激和强化人的记忆力。音乐活动受到包括老年人在内的多数人的喜爱,而认知障碍症病人在其他认知功能都退化的情况下常常对音乐仍有反应,因此音乐治疗在针对认知障碍症的治疗中能发挥其独特的作用。对于认知障碍症病人,当语言对其失去功效时,选择音乐治疗对他们的作用主要在于:改善睡眠、调节情绪;刺激大脑语言中枢,改善记忆力;尤其在针对认知障碍症病人的防止记忆力退化和调整情绪的治疗中,是一种安全有效的治疗方法。音乐治疗能够通过歌曲讨论、音乐引导想象、聆听音乐的同时进行放松训练来改善认知障碍症病人的记忆力;即兴音乐演奏、聆听音乐、团体音乐治疗能够改善认知障碍症病人的健忘症、失语症等认知行为;歌曲讨论、聆听音乐等接受式音乐治疗可以改善认知障碍症病人的情绪。有些研究表明音乐治疗对认知障碍症的作用除了这些效果外,治疗中的音乐选择、病人的背景不同都会给治疗造成不同的效果。通过音乐治疗可以保持和改善病人身体现有的各项功能,调节老年人的心理状态。

2. 音乐治疗对老年抑郁症的作用 歌唱疗法是主动性音乐治疗中的一种方法技术,集体歌唱疗法对于辅助治疗老年抑郁症与单纯药物治疗相比较治疗效果更快、更好。集体歌唱可以提高病人的自信心,与人交往的能力,获得愉悦感;歌唱疗法对改善病人的抑郁症状、舒畅情绪有着很大的作用。同时集体歌唱疗法是辅助治疗的非药物治疗手段,无副作用、效果好,所以是治疗老年抑郁症的一种更好的治疗选择方法。音乐治疗与中医也可结合,给病人治疗时选择具有理气、通络、解郁作用的角音音乐,通过音乐刺激大脑皮质、大脑边缘系统、脑干网状结构等,起到改善情绪的作用。针灸疗法与音乐疗法相结合,可以对人起到疏肝、理气、调和脾胃与气血、宁心安神,舒畅情志的作用,从而改善抑郁症病人的不良情绪,达到治疗目的。

3. 音乐治疗对改善老年病人神经系统功能的作用 接受式音乐治疗在老年精神障碍的神经音乐治疗中主要可以改善老年病人的神经系统功能,而表达式音乐治疗亦然。老年精神障碍神经音乐治疗的评估包括基础诊断和干预方案,评估常用方法与技术。结论是虽然接受式和表达式音乐治疗一样重要,但是根据研究结果可以得知表达式音乐治疗方法更具神经系统功能康复和改善的特性。

4. 音乐治疗对老年慢性病的作用 音乐能够通过节奏、旋律、声调、音色等对人体产生各种生理和心理反应,因此对老年慢性疾病有治疗作用。对高血压病病人适合使用舒缓的音乐和放松音乐疗法,以使其心率减慢、血压下降;对糖尿病病人适合使用聆听式音乐疗法和选用舒缓的音乐,以帮助病人克服焦虑、抑郁情绪,使病人自身的生长激素——胰高血糖素、肾上腺素的分泌减少,有利于病人的血糖控制,改善病人的治疗效果和生活质量;对脑血管意外病人,可以选择节奏明快、活泼的乐曲,音乐频率可以直接刺激脑垂体释放内啡肽以缓解病情,改善脑瘫痪和肌肉萎缩,提高皮质神经的兴奋性,促进神经系统的修复能力。

国内一些研究人员通过对接受经皮冠状动脉介入治疗(PCI)的病人进行了音乐治疗后,得出的研究结果表明老年冠心病病人在经皮冠状动脉介入治疗术后,易出现抑郁、焦虑、恐惧等情绪影响预后,而音乐干预可以稳定老年冠心病病人 PCI 术后的血流动力学。音乐可以在改善病人紧张、焦虑、抑郁等情绪的同时,降低病人的心肌耗氧量,减轻其心脏负荷,缓解心肌缺血和缺氧等症状,达到有效的预防和治疗目的。音乐治疗对于自主神经平衡状态的影响有着确切的疗效,一是只能作为一种辅助治疗手段,二是必须坚持数年以上才有效。

5. 音乐治疗对健康老年人群的影响 研究者通过调查研究音乐对老年人影响的普遍规律,结合理论证明音乐对老年人身心健康的作用,指出音乐能够通过音乐本身的旋律、节奏、音高、力度、音色等变化使病人改善情绪。有些研究人员提出了运用音乐治疗干预老年性疾病的方案,方案内容包括曲目选择、治疗场地、治疗设备、治疗方法、治疗过程等。中国古代的《黄帝内经》记录了大量的关于音乐养生、保健、医疗的思想及理论,对现代音乐治疗具有重要的借鉴作用。虽然无法论证五音疗法的具体作用,应该说音乐本身并不能完全治愈或治疗疾病,而是在药物治疗的前提下,以音乐进行干预并对病人的心理产生影响,对其五脏六腑进行调理,使引发疾病的根源得以减轻或消除,达到治疗作用。

(二)音乐治疗的形式

音乐治疗的形式可以分为个体音乐治疗与团体音乐治疗(图 4-10)。个体音乐治疗是一种一对一的治疗方式(图 4-11),包括一个治疗师和一个病人。在这种一对一的治疗方式中,治疗师与病人双方的关系建立非常重要,双方必须建立起一个理解、平等、可信任、安全的治疗环境。在整个治疗过程中,双方都要高度配合,并以一种非常积极的态度去共同完成治疗计划,以达到治疗目的。

大部分的音乐治疗会采取团体形式,其原因首先是考虑到治疗成本,此外在团体治疗时可以利用小组成员之间的团体凝聚力和人际关系的影响来提高治疗效果。团体音乐治疗与个体音乐治疗相比,更注重团体成员之间的互动关系。团体音乐治疗时建立的团体好比是一个缩小的社会,音乐治疗师帮助团体成员们创造了相对安全的、类似于一个缩小的社会环境,来引导和帮助成员们解决在这个环境中出现的问题,使团体成员们能以更健康的状态面对现实社会,这就是团体音乐治疗的主要目的。团体音乐治疗参与人员的分类选择是需要重视的一个内容,音乐治疗师应该从参与人员的年龄、功能水平或有类似特征与需求等方面去组合,进行正确地分类并组成音乐治疗的团体。

图 4-10　团体音乐治疗

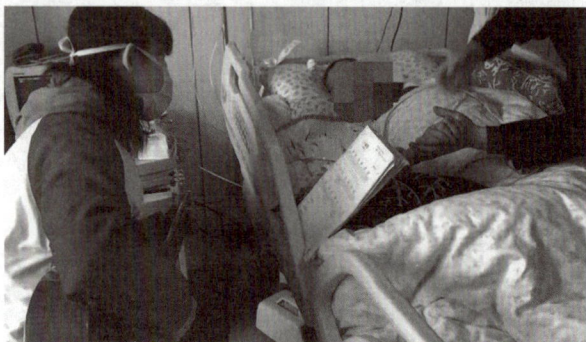

图 4-11　一对一老年人音乐治疗

（三）音乐治疗的方法

音乐治疗的方法有很多，大体可分为接受式音乐治疗方法，再创造式音乐治疗方法与即兴演奏式音乐治疗方法。

1. 接受式音乐治疗方法　美国著名音乐治疗学家布鲁夏（Kenneth Bruscia）对接受式音乐治疗方式的定义是在接受式的体验中，来访者在聆听音乐的同时，以语言或非语言的方式并通过其他媒介对音乐产生反应。这些音乐可以是已出版发行的各种类型的音乐，如布鲁斯、爵士乐、摇滚乐、古典音乐、新世纪音乐等；也可以是现场演奏包括即兴演奏在内的音乐。演奏者可以是治疗师也可以是来访者。这些音乐聆听的重点在于生理层面、精神层面、审美层面或者情绪等层面上的反应，来访者的反应应该通过治疗目标来进行设计。接受式音乐治疗方法有很多种，常用的方法有歌曲回忆、歌曲讨论、音乐肌肉渐进放松训练、音乐催眠、音乐减压放松等。

2. 再创造式音乐治疗方法　再创造式音乐治疗的特点是突出创造，以音乐本身进行各种形式丰富的创造，而各种活动的过程也是为了创造音乐本身，并且通过这种音乐再创造的方式获得活动或治疗效果。

3. 即兴演奏式音乐治疗方法　即兴演奏式音乐治疗方法是指音乐治疗师以及来访者在特定的乐器上，用没有音乐创作限制的方式随心所欲地进行演奏。其特点是突出即兴，以即兴发挥创造音乐来达到心理治疗的目的，而即兴的是音乐本身。

（四）神经学音乐治疗

神经学音乐治疗对病人的治疗作用主要是从以下三个方面进行干预训练：病人肢体的感知觉运动、语言言语和认知功能。

1. 肢体的感知觉运动　神经学音乐治疗在针对病人肢体的感知觉运动训练方面，主要采用以下三种技术来帮助这些病人：节奏听觉刺激、模式性感觉促进、治疗性乐器演奏。这部分病人是指因为神经受损而具有严重步态障碍的人群。神经学音乐治疗这三种技术可帮助这些病人在康复训练中提高他们的运动控制能力，提升他们步态的稳定性和适应性，加强步态的平衡，提高病人的肢体力量和忍耐力，以及提高手部关节的功能性和手指功能的灵活性。

2. 语言言语　神经学音乐治疗在针对病人的语言言语障碍训练方面，主要采用旋律音调治疗、音乐性的言语刺激等技术来帮助病人。这几种技术对于因神经受损所致的语言障碍的人群的训练，主要是用来促进这类病人的自主性和自发性的语言，帮助病人恢复正常语言功能的韵律、音调和节奏，刺激病人语言的清晰度，改善病人的肺活量，帮助病人稳定语速和恢复语言的连贯性，改善病人的言语功能，训练病人正常的语言沟通交流。

3. 认知功能　神经学音乐治疗在针对病人认知功能的训练方面，主要体现在注意力、记忆力和决策功能的训练。这对于改善病人的注意力，提高病人的记忆力并促进他们记忆功能的恢复，帮助病人区分和确定声音的各种因素，提高病人的判断和决策能力等都有着显著的效果（实训4-20）。

（五）一对一老年人音乐治疗活动组织者应具备的技术与素养

音乐治疗临床实践是对于成为一名合格的音乐治疗师非常重要且必需的一个环节。前期的理论与技能的学习固然重要，但如想要成为一名音乐治疗师，临床实践是必不可少的一步。音乐治疗是一个需要终身学习的专业，音乐治疗技术有多种流派、几百种方法，可以应用于不同的领域。大家在学习其他国家成熟先进的音乐治疗技术的基础上，要立足于本国国情，并根据自己的能力特点，在自己感兴趣的领域继续学习、研究、创新，使自己最终能成为一名优秀的音乐治疗师。在音乐治疗活动的实践过程中，做到以下几点很重要：

1. 评估　在转接到病人后，应及时与主治医师或其他相关人员沟通，了解病人大概的病情；与家属沟通，了解病人的一些人生经历、音乐爱好等情况；对病人进行音乐治疗评估。

2. 治疗计划的制订及调整　根据评估初步制订治疗计划；根据病人的治疗情况进行及时的调整；根据治疗效果进一步改进。

3. 创新能力的培养　在已有的音乐治疗技术的基础上进行技术的创新虽然不容易，但是可以尝试使用不同的方法。可在学习前人技术方法的基础上根据自己的能力特点，根据病人的不同，创新并掌握自己的治疗方法。

4. 与导师的及时沟通　与导师的沟通包括给病人治疗前的沟通；给病人治疗期间的沟通；学习督导后的沟通。每次治疗既要有前期计划，又要有后期记录。与导师沟通每次的治疗效果，并及时调整不合适的治疗方案。

5. 与同行的交流学习　与同行的交流也是提高音乐治疗技术的重要方法，包括多与音乐治疗师们探讨音乐治疗技术及方法；案例分享和交流；观察同行的治疗活动，互相学习并提出改进意见。

6. 态度　作为一名音乐治疗师，对病人要有爱心、耐心、细心；对专业技术要不断学习、复习、总结、再学习并有书面的呈现；对同行要多学习、多交流，乐于分享，乐于帮助他人，谦虚善学（实训4-21）。

实训4-20　策划脑出血后右侧肢体功能障碍伴言语不能的病人的神经学音乐治疗操作活动

【实训目的】

1. 掌握老年人一对一神经学音乐治疗活动的方法。
2. 学会老年人一对一神经学音乐治疗操作流程。

【实训学时】

1学时。

【实训步骤】

1. 来访者评估　一名脑卒中后需要康复训练的病人。病人的主述病史为右侧肢体功能障碍伴言语不能。主要病情描述为脑出血术后（右侧偏瘫、高级脑功能障碍、日常生活能力下降等）。病人意识清醒，失语，精神状态正常。

脑卒中是指起病迅速的、由脑血管疾病引起的局灶性脑功能障碍并且持续数小时或引起死亡的临床综合征。生存下来的脑卒中病人中至少有一半留有不同程度的残疾，出现运动障碍、认知障碍、交流障碍等各种障碍，其中最主要的是运动障碍。

音乐治疗师对该病人进行了治疗前评估。病人存在吐字非常不清楚或不正确，基本不能说出想要表达的字或词，表现的症状是失语，右侧肢体偏瘫，失去运动功能，认知有障碍。病人病前对音乐没有特别的喜好，听过一些歌，因此需要寻找病人的积极资源，进行音乐治疗干预活动。

2. 制订音乐治疗计划与目标 治疗计划应有短期目标与长期目标。作为一名负责的音乐治疗师，除了必须要与病人的主治医生沟通，了解过病人的主要病情外，还要与家属联系，了解病人的成长背景、兴趣爱好、工作性质、发病原因等以制订合理的音乐治疗的短期与长期目标。

病人背景：对音乐没有特殊爱好，偶尔会唱一些流行歌，身份是一位企业老板。音乐治疗师于2月底根据病人的情况制订治疗计划（其中 G 为长期目标，O 为短期目标）：

G1 为改善病人的语言功能：O1 为病人能说清楚字和词语；O2 为每次治疗时病人能说清楚句子（两句以上）；O3 为病人可以在三个月内完整地唱清楚三首以上歌曲的歌词。

G2 为改善病人的逻辑思维能力：O4 为病人可以在一个月内数出一周的天数，并能说出前后顺序；O5 为病人能分清一年的不同季节，并说出季节的特征。

G3 为提高病人的右上肢运动能力：O6 为在一个月内的治疗中病人可以达到 1min 内往下敲击铃鼓 30 次；O7 为在两个月内病人用双手敲击铃鼓，可以从左右各 45° 以 88 次 /min 的速度达到 52 次；O8 为在三个月内病人可以往上举双手至头顶敲击铃鼓，并达到 72 次 /min 的速度。

3. 音乐治疗活动场地与设备准备 完成这些治疗目标需要的准备主要包括场地与设备。

场地：一个相对安静、封闭的房间，房间需要有一定的隔音效果，最好是确保不会受外界环境干扰的房间。

设备：几把椅子，供治疗师和来访者的家属或者护理人员使用，病人因特殊情况是坐在轮椅上的。一把吉他，一个架子鼓，铃鼓，钢片琴。

4. 音乐治疗操作

（1）治疗目标一：改善病人的语言功能。

采用的方法是音乐中言语刺激。这种方式是音乐治疗师找到病人熟悉的歌曲，有的时候也可能只是几个乐句，在中间空出一个或几个字，让病人自发地完成几句或一首歌曲。例如治疗师唱："好一朵美丽的____花，好一朵美丽的____花，芬芳____丽满山崖，又香又____人人夸，我有心采一朵戴又怕那看花的人儿骂。"病人是熟悉或听过这首歌曲的，能够唱出"茉莉、美、白"这几个字。前期治疗的时候，治疗师只空出了一首歌中间的几个部分；后期根据治疗目标与计划，同时也有可能要根据病人的实际治疗效果及时调整，从空出几个字、词到最后空出完整的一句，来改善病人的语言功能。

（2）治疗目标二：改善病人的逻辑思维能力。

这里采用了多种方法，一是再创造式音乐治疗方法。例如使用《茉莉花》这首歌，将歌词改成："你好，你好，我是_____（病人的姓名）。我的家就在南京_____（区名），我的房子虽然_____（不大），家庭却是很_____（幸福）。我的老婆她贤惠又温柔，她名叫_____（病人妻子的姓名），儿子很懂事叫_____（病人儿子的姓名）。"

另外可采用音乐记忆力训练，音乐治疗师用吉他即兴弹奏，引导病人说出今天是星期几？昨天是星期几？明天是星期几？一年有多少个季节？一年有多少天？一年有多少个月？这些都可以是治疗师用即兴演奏的方法弹唱的内容。正常人看似简单的问答，作为脑卒中后有认知障碍的病人，却可能要用三个月以上的时间才能把这些说清楚。

（3）治疗目标三：提高病人的右上肢活动能力。

在这里，治疗师一般采用感觉模式增强技术。这项技术针对的是诊断为运动平衡功能受损与偏瘫的病人，适用于需要提高肢体力量和忍耐力的病人。可以使用钢琴等乐器来促进病人的四肢运动功能。在这个案例中治疗师最初使用了铃鼓，使用的音乐是歌曲《青春舞曲》，治疗目的是改善病人的左侧肢体运动功能。治疗师边使用铃鼓边唱，注意歌曲速度不能太快，当然后期在治疗的过程中可以根据病人的实际情况做调整，具体方法如下：治疗师手拿铃鼓，在病人可以够到但又不是特别容易够到的高度，边打节奏边唱："太阳下去明早依旧爬（这里让他敲一下）上来，花儿谢了明年还是一样的开（敲一下），美丽小鸟一去无影踪，我的青春小鸟一样不（敲一下）回来，我的青春小鸟一样不（敲一下）回来，别的那呀呦，别的那呀呦，我的青春小鸟一去不（敲一下）回来。"

要强调的是病人敲击铃鼓的次数和高度是需要不时调整的。病人敲击铃鼓的次数是在病人可以接受的程度上进行调整；高度应为病人既不是太容易够着也不会够不着的高度，但在病人适应某一个高度后，需要继续往高处调整。

5. 治疗记录评价 观察、记录治疗活动的时间。从 2018 年 3 月 5 日至 2018 年 5 月 17 日，通过 30 多次的音乐治疗活动，病人歌词演唱的正确率以及清晰度从最初的 20% 提高到 95%；病人能正确地说出一周的天数以及一年的天数和季节变化，正确率从最初的 15% 提高到 85%；病人双手向左、右以 45° 角敲击铃鼓的速度从最初的 10% 提高到 90%；病人双手向上敲击铃鼓的高度和速度从最初的 5% 提高到 85%。综合所有治疗项目可以看出，病人各项治疗活动的效果呈上升趋势，所设定的靶行为明显得到改善和提高（表 4-62～表 4-65）。

表 4-62 观察目标 1：病人能够完成歌词的后一句

治疗次数	1	2	3	4	5	6	7	8	9	10	11	12
完成率	20%	30%	30%	35%	55%	60%	60%	70%	80%	80%	90%	85%

表 4-63 观察目标 2：病人能够按顺序数出一周的天数并描述不同的季节

治疗次数	1	2	3	4	5	6	7	8	9	10	11	12
完成率	50%	52%	55%	60%	58%	65%	70%	75%	65%	50%	80%	85%

表 4-64 观察目标 3：病人每分钟向左、右以 45° 角敲击铃鼓的次数和速度

治疗次数	1	2	3	4	5	6
敲击次数/速度	15/48	20/50	30/52	35/56	28/56	40/56
治疗次数	7	8	9	10	11	12
敲击次数/速度	40/56	45/66	55/66	52/66	55/62	50/88

表 4-65 观察目标 4：病人向上敲击铃鼓的高度和力量

治疗次数	1	2	3	4	5	6	7	8	9	10	11	12
完成率	10%	10%	15%	18%	30%	20%	35%	55%	60%	70%	80%	85%

治疗记录与评价对于每次的音乐治疗活动都是必要的一个环节。因为有治疗记录，才能有对比、有观察，才能从中看出病人的变化与治疗效果。所做的记录不仅仅是为了及时调整治疗计划、使音乐治疗达到更好的效果，也为了留下科学的数据资料，为后期的研究作出贡献。

【实训评价】

1. 知识掌握（20%） 说明音乐治疗活动对老年人的作用（10%）；熟练讲述音乐治疗活动的方式方法与对应目标（10%）。

2. 操作能力（50%） 能正确完成来访者评估（10%）；能策划针对来访者症状的长、短期治疗目标的活动（10%）；能按照计划实施治疗活动并根据治疗效果及时调整活动计划（20%）；能做好每次治疗活动的记录（10%）。

3. 人文素养（30%）　具备音乐治疗活动引导者应有的素质（10%）；对来访者的评估要全面并力求正确（10%）；音乐治疗一对一活动的准备包括场地、设备的准备等要符合要求（10%）。

实训 4-21　策划老年人一对一音乐治疗活动

来访者，退休教师，祖籍上海，子女都在国外工作生活，老伴最近刚去世。王××最近比较焦虑，经常失眠，身体状况明显变差；不愿意出去见朋友，也不愿意和亲戚交流，饭量下降，莫名头晕、心慌。

【实训目的】

1. 掌握老年人一对一音乐治疗活动的方法。
2. 学会老年人一对一音乐治疗活动操作流程。

【实操学时】

1学时。

【实操步骤】

1. 准备工作　对老年人进行活动前评估：评估老年人最近以及当下的情绪，了解造成这种情绪的原因。

2. 设定活动目标　活动前评估和设定活动目标是为了对活动效果有一个科学、客观的评价，为以后的活动设计提供有用的经验。

3. 场地准备　场地的准备重点是做一对一音乐治疗活动时，其必须是一个安静、不受干扰的房间。房间最好是隔音的，如果不隔音，起码保证没有他人在房间里或者在房间外走来走去、讲话等形成干扰，这样才能保证达到最好的活动效果。

4. 设备准备　一张小床或一把坐着比较舒服的椅子给老年人，一把椅子给治疗师。一套可以播放音乐的音响设备。舒适的睡姿或坐姿可以帮助老年人放松。

5. 实训方法　见表4-66。

表 4-66　具体实操活动流程

活动名称	音乐减压放松		地点	×× 音乐治疗工作室	
日期	××××年××月××日 9:30—10:20		时间	50min	
带领者	活动策划者、志愿者、学生				
活动流程					
进行内容	预估时间 /min	活动内容		所需准备	备注
活动前评估	5	评估结果：病人吐字比较清晰，思维尚可，但不愿意参加社会活动，也不愿意和其他人多接触，脸部没有表情；此外，病人下肢不便，经常需要借助轮椅；情绪轻度抑郁、焦虑，下肢功能退化 音乐治疗活动带领者针对病人的情况制订了本次一对一音乐治疗活动计划，首次活动采用了音乐减压放松来改善来访者的焦虑、烦躁情绪 G1 为改善病人的焦虑情绪 O1 为在十次治疗内能开始与音乐治疗活动带领者眼睛对视 O2 为能在三个月内开始参与社交活动 G2 为改善病人的下肢步行运动能力 O1 为能坐在轮椅上抬起脚尖踢铃鼓			
活动前准备	4	要求病人找到一个舒适的姿势躺下或坐下		房间准备床或椅子	

进行内容	预估时间 /min	活动内容	所需准备	备注
活动过程	6	等病人躺好或坐好后,活动带领者要做的就是语言的导入 导入语:请大家调整姿势,放松一下肩膀和颈部,动一动全身,然后,我们一起来开始做深呼吸。现在,让我们闭上眼睛,集中注意力在自己的呼吸上,当你呼气的时候,所有的烦恼、不愉快、不舒服一起被呼出去了,当你吸气的时候,所有的温暖、健康、放松、平静都被深深地吸进了你的身体	床或椅子	
	20	播放音乐: 1. 音乐的选择　这些音乐并没有特别指明必须是哪一首,但是音乐的选择又特别重要。多数音乐治疗的活动带领者在活动开始前会用很多时间反复筛选音乐,通过了解自己、家人、朋友、同学听音乐的感受从而谨慎地选择活动所用音乐。这些音乐的特性是基本没有完整的音乐结构和明确的情绪表达,往往让人听了虽然记不住但是都会觉得很放松 2. 活动带领者播放音乐,同时进行语言引导。语言用到有很多种,目的是让病人放松。这里参考的是很多音乐治疗师都会用的接受式音乐治疗方法中的一种——注意力集中,具体引导如下: "请把全部注意力放到你的脚上,双脚放松了……放松了……越来越放松了……"停顿大概10s,"放松的感觉让你的双脚微微发热了……发热了……发热了……"停顿大概10s,"仔细地体会双脚放松和发热的感觉",停顿大概15s。然后放松小腿,"请把你的注意力集中在你的小腿上……小腿放松了……放松了……越来越放松了……"说的是和放松脚一样的语言导入。放松小腿后的部位依次是大腿、臀部、腰部、腹部、胸部、双手、小臂、大臂、脖子、面部、头部 3. 说的时候要注意语速、音量,要把握好语言导入的节奏感,另外发热的词一定要说"微微发热了"。通过这些练习,让来访者放松		
	5	导出语: 放松结束后,引导病人慢慢回到清醒的状态:"好了,我们今天的放松练习到这里就结束了。先不要急着睁开你的眼睛,请感觉一下身下的椅子(床)……呼吸新鲜的空气……活动一下你的双脚……活动一下你的双手……在你感到舒服的时候,请慢慢睁开你的眼睛" 一定要是逐步唤醒放松对象,切记不要让放松对象突然睁开眼睛、突然清醒,这会让前面放松的效果大打折扣	床或椅子	
反馈	5	问一下病人现在的情绪:"您有什么样的感觉?"不管这个感觉是如何的都要继续问一下身体的感觉		
记录	5	记录病人这次活动的情绪变化,设计下一次活动计划		

【实训评价】

1. 知识掌握(20%)　说明音乐治疗活动对老年人的作用(10%);熟练讲述音乐治疗活动的方式方法与对应目标(10%)。

2. 操作能力(50%)　能正确完成来访者评估(10%);能策划针对来访者症状的长、短期治疗目标的活动(10%);能按照计划实施治疗活动并根据治疗效果及时调整活动计划(20%);能做好每次治疗活动的记录（10%）。

3. 人文素养（30%） 具备音乐治疗活动组织带领者应有的素质（10%）；对病人的评估要全面并力求正确（10%）；音乐治疗一对一活动的场地、设备准备等要符合要求（10%）。

（朱晓红）

思考题

1. 本章节中老年人的活动组织与实施，哪些可进行优化及活动项目拓展？

2. 如果想在一个 60min 的单元活动内，安排"肢体活动""大脑专注力训练""手作艺术"这 3 个小活动，如何安排这 3 个活动的先后顺序比较适当？

第五章

老年人活动策划与实施的评价

学习目标

1. 掌握老年人活动策划评价的内容和实施过程。
2. 熟悉老年人活动策划与实施的评价方法以及标准。
3. 了解老年人活动策划与实施评价的意义。
4. 学会老年人活动评价报告撰写。
5. 具有老年人活动评价报告撰写的基本素质。

评价是指判断某事物的价值、正确性、可行性,给予可取性判断的过程。评价的对象包括很多,如软件方面的评价包括项目、构建服务、一些文档数据等。老年人活动策划评价是指客观地、科学地对已经实施过的老年人活动策划项目进行评价。老年人活动策划与实施的评价要围绕着对老年人的关怀、尊重、理解这些要点,从老年人活动策划与实施者的政治素质、职业素养、服务态度、奉献精神、服务意识,从活动的尊老、敬老、爱老、为国分忧等方面综合考虑。

第一节 概 述

导入情境

某卫视为某区老年人组织了××××年××月某区"老年红歌会"。活动结束后该卫视要求活动策划部对此次活动进行评估,并撰写活动评价报告。

工作任务:

1. 活动评估需要做的准备有哪些?
2. 活动评估的内容有哪些?
3. 请结合案例,模拟完成此次的活动评价报告。

老年人活动策划评价的内容包括对老年人活动策划的评价、活动实施过程的评价以及活动效果的评价。以活动评价来判断活动是否达到预期效果,活动的策划实施是否合理。

一、评价老年人活动策划与实施的作用和目的

(一)提升老年人活动工作者的能力

通过对活动策划方案的实施情况进行评价,包括活动举办的时间长度、场地情况、是否完全按照策划方案进行,来判断活动是否符合预期效果。检查活动的实施与管理是否合理,并以此提升活动的质量与活动工作者的能力。

（二）为老年人活动提供决策依据

通过对活动的前期调研筹备、活动策划、活动宣传推广、活动实施、活动反馈等各个阶段评价、分析，系统梳理、总结活动的成功与不足之处，为其他的老年人活动策划与管理提供有效的经验与决策依据。

（三）争取更多老年人活动的机会

通过对活动信息资料、对参与人员的满意度反馈、对活动的经济效益和社会影响进行总结和分析，得到有利于活动开展的各方面信息，增强活动组织单位或投资方的信心，为以后的同类活动争取更多机会。

（四）提供合理的老年人活动评价模板

通过活动评价报告的撰写，提供规范、合理的老年人活动评价报告模式，积累活动相关的资料信息，为提升老年人活动质量提供有效的支持。

二、评价老年人活动策划与实施的意义

活动策划评价是对某活动策划项目实施的可行性、价值或活动意义作出判断的过程。活动策划评价是活动组织管理的重要组成部分。因为老年人活动项目具有持续性、可循环操作性，只有对前一次活动进行及时的评价和反馈，才能进行真实有效的分析总结。而有效的活动评价可以为以后的活动策划积累经验，也可以为调整正在进行中的活动提供重要依据。

掌握老年人活动策划项目评价的方法，是为了让活动效果更明显，让活动参与者获得更多益处，为同类活动的举办提供可参考的经验。

三、评价老年人活动策划与实施的方法

评价老年人活动策划与实施的方法一般以调查法为主。调查法是指综合运用观察法、问卷法、访谈法等方式，对活动进行综合的比较分析、总结归纳，从而搜集有用资料的方式。

（一）问卷调查法

问卷调查是指根据所需要信息制订问卷，通过让被调查者填写问卷的方式，进行资料收集、情况调查的一种方法。因为这种问卷通常是为了调查某些相关信息编制的，所以又被称为调查表。问卷调查法可以根据不同的问卷传递方式、与被调查者不同的交谈方式分类，是调查法中运用较多的一种方法。

（二）观察法

观察法是指研究者用科学理性的方法，根据特定的研究对象、研究目的、研究提纲或观察表等，运用自身的多种感官观察与感知被研究对象，有计划、有目地获得有效资料的一种科学的研究方法。要注意的是观察法具有以下几个特点：观察法是一种有计划、有目的地搜集资料的认识活动；需要运用一定的观察工具，如设备、仪器等；观察的对象具有直接与真实性，是当下正在发生的事情；是一个能动的反应过程，必须以一定的理论指导为前提。

（三）谈话调查

谈话调查又分为面谈和电话访谈，是指研究者根据调查研究需要，与被调查者进行交谈，口头提出问题，通过被调查者的回答收集有效资料，作出评价总结的一种方法。这种调查方法灵活多样，信息更真实、全面，因为采取的是直接谈话的方式，所以既方便可行，又可以使谈话双方在交谈过程中及时调整相关内容，获得更合理的信息资料。

第二节　评价老年人活动策划与实施的要求与类别

导入情境

某社区为增强社区老年人的健康意识、改善影响老年人健康的不良因素、预防疾病、提高老年人自我保健的能力，特别举办了"健康常伴你我"的系列活动。活动包括健康知识讲座，现场中医技术指导，多媒体播放养生保健知识，发放健康宣传资料等形式。活动结束后承办活动的公司要求策划部对此次活动进行活动评估，并撰写活动评价报告。

工作任务：

1. 活动评估需要做的准备有哪些？

2. 活动评估的内容有哪些？

3. 请结合案例，模拟完成此次的活动评价报告。

一、老年人活动策划与实施评价的原则

（一）规范化原则

活动评价的实施、活动评价的过程、活动评价信息资料的整理搜集、活动评价报告的内容、活动评价报告的撰写都要力求规范化，以发挥对活动进行评价的最大作用。

（二）实事求是原则

老年人活动策划与实施评价必须针对具体活动，从实际出发，反映活动的真实情况，体现活动的真实作用。如果这个评价过程缺乏真实性，评价的意义就不再存在。

（三）客观公正原则

评价过程的客观公正是建立在实事求是原则的基础上的。要求参与活动的评价者实事求是，对所评价的活动项目作出客观公正的判断，以得到真实有效的活动评价。

（四）价值性原则

随着老龄化社会的到来，老年人的身心健康越来越得到社会与家庭的关注。老年人活动策划与实施经常会得到政府、社会公益组织、企业家、赞助单位的各种支持，即便如此，人们还是需要考虑活动的成本和效益这两个问题。在进行活动评价时必须要考虑到活动的效益成本，并为以后同类型的活动制订更好的活动策划方案提供可靠依据。应杜绝一些为了不必要的活动浪费资源，或为了经济效益不顾活动质量的现象。

知识拓展

活动的 360 评价

360 评价从字面的理解就是 360°的评价，是指全方位的评价或者从多种渠道来源进行的评价。根据问题认知维度的多元化评价，包括自评、同事互评、被服务者满意度评价、利害关系者满意度评价等。评价者如果与被评价者是关系比较密切的人，可以采用匿名的方式对其进行评价。总之，360 评价是对活动的主题、活动的策划、活动的宣传推广、活动的经费、活动的风险、活动的组织实践、活动的效果、活动参与者的反馈等多方面进行的评价。

二、评价老年人活动策划与实施的种类

老年人活动过程包含前期活动策划、中期活动实施、后期活动总结或活动效果评价，在这三个时

期都需要进行评价。可以根据活动的不同时期对老年人活动评价进行如下分类：

（一）定位性评价

定位性评价也可以说是预备性评价，主要是在老年人活动进行之前对这个活动的策划、筹备等前期准备阶段进行评价，是对该活动进行调研、策划、立项阶段的评价，是为了确定该项目立项的可行性。对活动项目从调研阶段开始，进行各项可行性分析研究，以确立该项目立项的成功率，以此推断该项目是否可行。评价内容包括活动前期的调研分析，活动时间与场地的安排布置，活动的宣传营销，活动的材料与设备准备，活动的经费预算，活动的风险等。这个阶段的评价建立在对活动的立项条件评估之上，包括社会影响、经济效益、参与者受益等方面，换个角度来说也可以从天时、地利、人和这几个方面去进行评价。

（二）过程性评价

过程性评价也常常被称为形成性评价，是指在活动过程中进行的评价。对活动实施阶段的评价是指在活动实施的过程中对该项目进行评价。评价内容主要包括活动时间是否准时、活动地点是否合适、参与者是否符合预期计划、活动流程是否顺利等，而其中最主要的是活动参与者情况的评价。这个阶段的评价是通过掌握活动进展、根据活动要求及时调整活动，以使活动更完美的衡量办法。

（三）终结性评价

终结性评价是指对活动效果的一个总体评定。首先是活动满意度调查，主要是对活动参与者的满意度调查；其次是对活动的社会影响、经济效益的满意度调查。另外对活动中出现的问题与存在的不足进行评价、分析，也是活动评价的必要内容之一。每次活动肯定会有不足之处，每次活动都是独一无二、不可复制的。即使活动方案类似甚至一致，但是由于活动流程执行的细致程度不同、执行人员的不同以及参与人员的不同，每一次活动必然是不会重复的，这意味着每次活动都会有不同的问题出现。活动评价正是对活动实施前、后出现的不同问题进行分析研究、总结经验教训，以使下一次活动做得更好。

第三节　老年人活动策划与实施的评价内容

导入情境

为迎接重阳节的到来，××文化公司组织了"关爱长辈——九九重阳，快乐与您一起长长久久"音乐疗愈活动，活动结束后公司要求策划部对此次活动进行评价，并撰写活动评价报告。

工作任务：

1. 请写出为撰写活动评价报告所做的准备。

2. 请说明活动评价报告的内容。

3. 请结合案例撰写此次活动评价报告。

老年人活动策划项目是为了实施某项老年人活动，根据参与者的条件、活动目的进行评价后设计、策划活动方案的过程，包括前期调研、资料分析、目标设定、方案撰写、宣传营销、财务预算、风险评估、方案执行、活动评估等内容。对活动进行评价就必须要了解活动策划的主要程序：研究活动的背景、确定活动的目标、收集活动相关资料和信息并进行分析、讨论拟订活动的策划方案、编写活动策划报告、确定活动策划方案并进入执行阶段。

一、老年人活动策划与实施评价的对象

（一）对活动策划项目主办者和承办者的评价

对老年人活动策划、组织、实施者以及参与者，包括活动项目的总负责人、活动策划方案设计人

员、活动执行人员、活动监控人员、参与活动的老年人等进行评价。

对活动组织方的评价主要是工作职责的评价：工作人员是否认真完成自己的工作任务，工作人员对活动参与老年人的态度表现，工作人员的团队合作能力。

对参与活动的老年人的评价主要包括老年人在活动中的参与程度，老年人在活动中的情绪状态，老年人在活动中的互动情况，老年人在活动后的满意程度与再参与同类型活动的意愿。

（二）对活动前期调研策划工作的评价

对活动主题和活动目标、活动的整体策划方案、活动的市场调研、活动时间长度、活动的流程安排的评价。评价主要包括活动的主题是否符合要求，活动策划方案是否经过前期调研、整体统筹制订，活动时间长度设计是否合理，活动流程安排顺序是否适当。

（三）对活动宣传营销的评价

对活动的广告设计、宣传文案、推广渠道、信息发布、传统媒体与互联网的媒介方式等进行评价。

（四）对活动项目实施阶段的评价

对老年人活动实施阶段的评价是指对活动的实施过程进行评价。评价内容主要包括活动时间是否准时，活动地点是否合适，参与人员是否符合预期计划，活动流程是否顺利等。

这方面的评价是评价活动是否准时开始，活动进行的时间是否与预期相差不大，活动场地的安排包括座椅、环境、温度等是否舒适，活动流程是否按方案顺利进行。

（五）对活动效果的评价

对活动效果的评价主要包括对参与活动的老年人满意度调查（这部分主要用问卷调查的方式，也可以采用观察、采访、面谈、电话调查等方式），对活动的经济效益评价，对活动社会影响力的评价。除此之外还包括活动不足之处的评价反馈。

二、评价老年人活动策划与实施的主体

（一）活动主办或组织方

很多组织与策划老年人活动的单位会设置专门负责评估的部门，一般是在活动策划部或者人力资源部；或者养老机构的社工部门。也有些单位会在活动筹划、举办期间，临时成立活动评价小组，负责活动的评价工作。

（二）转介给专业的评价公司进行评价

转介的原因通常有三个：一是因为活动组织方人手不够；二是没有专业评价人员能进行评价工作；三是因为活动比较重要、需要专业的评价公司来完成这项工作。为了体现评价的公平、公正、客观、真实原则，活动组织方需要在活动筹备阶段就邀请进行评价公司安排专业人员介入并参与整个活动的过程，故会增加一定的成本。

三、评价老年人活动策划与实施方案的工作安排

（一）制订评价方案

根据被评价活动的要求，制订评价方案，包括评价人员的工作安排，评价的各项措施安排。

（二）制订评价方法

针对活动策划方案与实施制订评价方法，如设计调查问卷、安排面谈或电话访谈、进行个案研究等。

（三）进行评价人员专业培训

对参加评价活动的部门人员进行工作培训，预估评价会遇到的问题或困难，并对此制订解决方案。

（四）撰写评价报告

评价完成后，根据评价内容与工作安排撰写评价报告。

实训5-1　撰写老年人活动的评价报告

××文化公司组织了"关爱长辈——九九重阳,快乐与您一起长长久久"音乐疗愈活动,请公司策划部对此次活动进行评价,并撰写活动评价报告。

【实操目的】

1. 掌握老年人活动评价报告的撰写方法。
2. 了解撰写老年人活动评价报告的基本要求。

【实操学时】

2学时。

【实操步骤】

(一)活动评价说明

1. 评价目的　通过对本次活动进行评价,总结经验,找出活动过程中存在的问题与不足,为未来同类活动的开展积累宝贵经验。

2. 评价内容

(1)活动前期准备工作和活动策划书的评价

(2)活动宣传营销和活动费用的评价。

(3)活动执行过程的评价。

(4)活动效果的评价。

3. 评价人　活动策划部×××。

(二)活动评价报告内容

一年一度的重阳佳节即将来临,为了表达对××高校退休教职工的关爱,××文化公司组织了"关爱长辈——九九重阳,快乐与您一起长长久久"音乐疗愈活动。创造一个尊老、爱老的社会环境,关爱今天的长辈,就是关心未来的自己。活动结束后,活动策划部人员×××对活动进行了评价。评价包括以下几个部分的内容:

1. 活动前期准备工作的评价

(1)对活动项目参与人员的评价:这次活动项目的参与人员包括××文化公司项目组活动开发负责人、项目组活动执行人员、工程部质量监督处人员、参与活动的老年人、音乐活动引导师。项目组人员负责该活动项目的前期调研、活动策划、参与人员组织、活动流程安排、活动场地联系等事项。工程部质量监督处人员负责活动的执行监控。

(2)对举办活动前期调研准备的评价:包括活动的背景、活动的预算、活动的价值以及活动可行性预估的评价。

公司在活动前对此次活动的背景进行了调研:重阳节是中国传统节日中属于老年人的节日,××文化公司举办这次活动的目的,正是借重阳节这样一个特殊的节日,为老年人举办一次特殊的活动,给他们带来快乐,提高他们退休后的生活质量。提到重阳节,大家自然而然会想到登高赏菊,但是对于部分老年人来说,因为身体的原因,已不适宜登高远行。原来传统的登山等项目使老年人心有余而力不足。因此公司通过多方调查了解,选择举办一场音乐疗愈活动,大部分老年人都能参加,而且也会有很好的活动效果。

从经费上考虑,有现成的场地可免费为活动所使用,除了需要租赁乐器和必要的音响设备以及音乐疗愈带领者活动费用支出外,基本没有其他的费用,经费是在可控范围之内。

从效果上来看,这次活动准备使用音乐治疗中的歌曲讨论和音乐回忆,此外在活动中再加入鼓圈。接受式音乐治疗中的歌曲讨论及音乐回忆对于老年人有着非常好的效果。人类可以通过歌曲表达感情,并改善与他人的关系。尤其是在听到自己喜欢的歌曲时,必然会引起老年人对一些美好时光的回忆,引起他们感情上的共鸣。

现在有很多音乐治疗师都喜欢在团体活动中运用鼓圈。鼓圈虽然不是音乐治疗,但是可以作为音乐治疗尤其是音乐治疗团体活动中的一种形式使用。很多老年人退休在家、没有目标后容易出现抑郁等问题,因此辅助采用对参与者要求更低一些的音乐疗愈方式,即运用了音乐治疗中的一些方式、方法,但降低了专业要求,却同样也有较好的活动效果,鼓圈就是其中之一。

鼓圈是一种特殊的团体即兴打击乐演奏形式,不仅适用于健康群体,同样也适用于心理异常群体(特殊儿童,自闭症、孤独症等病人)。常见的鼓圈类型包括社区娱乐性鼓圈、教育性鼓圈、团建发展性鼓圈、健康治疗性鼓乐等。鼓圈既是一种好玩有趣的减压活动,也是社区音乐在干预心理健康方面的重要形式。

这些前期准备工作的综合评价显示,选择音乐疗愈作为此次重阳节活动的项目非常合理,也应该会有不错的效果。

2. 活动策划书的评价

活动名称:

"关爱长辈——九九重阳,快乐与您一起长长久久"

——××公司重阳节音乐疗愈活动

(1)活动策划背景:中国已经进入老龄化社会,对于每一个家庭来说,关心老年人的身心健康是一件非常重要的事情。尊老、爱老是中华民族的传统美德。"老吾老以及人之老",每个人都会老,变老是不可抗拒的自然规律。关爱今天的老人,就是关爱未来的自己。通过多方调研,选择音乐疗愈的形式来组织重阳节活动,让老人们通过活动留下美好的回忆,带给他们更多的快乐。

(2)活动策划的目的及意义:活动的目的是关爱老年人,提高老年人的社会人际交往范围;缓解老年人的焦虑、抑郁等不良情绪,获得积极情绪,提高老年人的生活兴趣。活动可以帮助老年人回忆过去的美好时光,并使他们珍惜当前生活的美好;让老年人感受社会与他人的关爱与尊重,获得社会价值感,提高生活质量。

(3)活动的主题:"关爱长辈——九九重阳,快乐与您一起长长久久"。老年人得到关爱有利于家庭的稳定、和睦,老年人情绪稳定可以让子女安心工作,可以为社会带来稳定,促进人们的工作积极性,促进社会发展。

(4)活动策划的举办机构

主办方:××市老年协会。

承办方:××文化公司。

协办方:××音乐疗愈工作室。

赞助单位:××××广告公司;××××集团。

(5)活动参与对象:××市60~80岁有自理能力的老年人,人数在60人左右。

(6)活动地点:××楼。

(7)活动时间:××××年××月××日14:30—16:00。

(8)活动流程:见表5-1。

该策划书总体较完整,活动举办后的评价显示策划书的内容框架很清晰,其中的活动流程实施得很顺利。

3. 活动宣传营销和活动费用的评价

(1)活动宣传的渠道:首先是政府引导宣传,包括政府文件,由××市老年协会发送至各街道和相关单位;其次是媒体宣传,新媒体如微信推送,传统媒体如用报刊刊登相关活动的信息。

(2)活动的费用:场地与椅子由××楼免费提供,参加活动的老年人由家人陪同或自行到场。活动的费用总支出为4 200元,包括乐器设备租赁费用3 000元,两位音乐治疗师的活动带领费用1 200元。原来的费用预计是6 000元,因此从费用支出来看活动的成本是比较合理的。

表 5-1 活动流程

活动流程	
活动准备	场地租赁、人员组织
	乐器租借，与人数相等的椅子及按照活动要求放置在特定位置

活动现场流程策划	
活动流程	时长 /min
×× 市老年协会领导讲话	10
主持人讲解参加活动的注意事项，同时宣布活动开始	10
音乐治疗师带动，鼓圈为开场活动	30
歌曲讨论、歌曲回忆	30
分享活动感受	10
活动结束，总结	5

（3）活动宣传评价：此次活动需要参与的人员不多，所以也不需要很复杂的宣传方式，在这次活动还没通过媒体进行宣传之前参与人员基本已经额满。但是因为在老年人活动中运用音乐疗愈的方式比较新颖，为了下一次活动的需要，也为了推广这种健康的活动，才按照原计划进行了各种宣传。通过活动后的调查问卷反馈可以得知这次宣传还是很有必要的，因为参加活动的大部分老年人希望下次还能参加这样的活动，很多没能参加活动的老年人也表示希望下次能有机会参加类似的活动。

4. 活动执行过程的评价 活动从 ×× 月 ×× 日 14 时 30 分准时开始，活动所需要的设备主要是椅子和乐器，椅子按照音乐治疗师的要求摆放在固定的位置，乐器也按照要求提前放置于指定位置。报名参加活动的 60 位老年人来了 56 位，其他 4 位是因为身体或家庭原因未能来到现场。因设备的麦克风未调试好，开场的 ×× 市老年协会领导讲话比预计的时间迟了 5min 左右。领导讲话结束后，主持人（也是音乐治疗师之一）首先检查了老人手里的乐器，并按照缺席人数重新调整了部分座位，讲解了活动规则与注意事项后宣布活动正式开始。音乐治疗师先从鼓圈开始带领大家活动，老人们起初担心自己没有音乐基础、不会打鼓，但是随着音乐治疗师的带领，气氛越来越融洽，大家的情绪也越来越好。鼓圈持续 30min 之后，治疗师准时让活动进入歌曲讨论、歌曲回忆环节。根据老人们的推荐，治疗师给大家播放了《让我们荡起双桨》和《阳光总在风雨后》这两首歌曲，之后分别挑选了6 位老年人针对每首歌提了几个问题。例如听完这首歌曲之后您的感受是什么？这首歌给您带来的这种感受让您想到了什么？在您的生活中什么时间段的生活经历曾经给您带来过这种感受？这首歌给您带来的感受对您今天的生活有没有影响？如果有影响，是带来了什么样的影响？

通过评价活动流程可以看到，活动进行得相对还是比较顺利的。在歌曲讨论、歌曲回忆环节，被选中回答问题的老年人回忆往事时，有的兴高采烈，有的流下眼泪，也有的比较平静，但不管是哪一种反应，活动结束后老人们的情绪明显得到了改善。而没有被选中回答问题的老年人也很急切地想要回答治疗师的问题。总的来说，活动除了开场耽误了一会儿，其他进行得都还比较顺利，没有什么意外情况发生。

5. 活动效果的评价 活动效果的评价主要是对参与者参与活动时状态的评价。通过活动可以看到老人们参加活动时还是很主动、积极的：在参加活动的过程中老人们的情绪与精神是处于积极状态的，在活动中与他人的交流互动也很不错，鼓圈活动时的参与程度与回答问题时的语言表达能力也都非常不错。其次是通过评估活动结束时老人们的发言和活动第二天的调查问卷得出结论。活动结束时治疗师邀请 20 位老年人用一个词语或一句话对参加活动做一个总结，老年人用"开心""感动""放松"

"温暖""支持""力量""感觉自己又年轻了""与这么多人在一起没有感受到拘束反而很亲切""带来了很多美好的回忆""感受到被大家关心和爱护的温暖""手脚变得有力量了"……表达自己当时的心情。

活动效果调查问卷设计见表5-2。

表5-2 老年人活动满意度调查表

尊敬的长者们： 　　为提高活动质量、了解大家的真实感受，现对此次活动进行满意度调查，希望您能认真、翔实地填写该调查表。在此，感谢您对我们工作的支持，同时为耽误您的宝贵时间表示歉意！			
请您在以下的选项中选择一个正确答案，并在此选项上打 √			
1. 您对本次活动的评价	A 非常满意	B 满意	C 一般	D 不满意
2. 您对音乐的喜欢程度	A 非常喜欢	B 一般	C 没感觉	D 不喜欢
3. 您是通过什么渠道了解到这次活动信息的	A 社区	B 家人	C 朋友	D 微信
4. 您对这次活动时间的安排	A 非常满意	B 满意	C 一般	D 不满意
5. 您对这次活动场地的安排	A 非常满意	B 满意	C 一般	D 不满意
6. 您对这活动的形式	A 非常喜欢	B 一般	C 没感觉	D 不喜欢
7. 您对这次活动的治疗师的评价	A 非常喜欢	B 一般	C 没感觉	D 不喜欢
8. 您对这次活动中工作人员的服务评价	A 非常满意	B 满意	C 一般	D 不满意
9. 您对这次活动的感受	A 非常满意	B 满意	C 一般	D 不满意
10. 您认为活动还有没有可以做得更好或者需要改进的地方？如果有请写下您的建议。			
11. 请写下您的年龄、性别及您喜欢的音乐类型。			
12. 您是第几次参加此类活动？同时请您用一个词或者一句话写出您对本次活动感受。			

　　　　　　　　　　　　　　　　　　　　　　　　　填表日期：　　　年　　月　　日

通过对56位参加活动的老年人进行调查问卷的反馈，可以看出此次活动的总体效果是很好的。虽然参加人数不多，但是因为活动是在××楼这样一个特殊的地方举行，每天有很多市民会前往，再加上媒体的宣传，除了参加活动的人数，围观的人数陆续也有几百人。活动既取得了良好的效果，也增加了××文化公司的企业知名度。

6. 活动存在问题的评价 活动整体比较成功，但也存在不足之处，主要有以下几点：

（1）鼓圈中所使用的乐器比例问题：鼓圈是几十人围在一起打鼓的一种活动形式，其主要使用的乐器是鼓，另配置一些散响乐器。鼓圈中对所使用的乐器比例是有一定要求的。这次活动中所用的鼓的比例和以往的鼓圈是一样的、没有做调整，但是因为参加活动的对象是老年人，鼓的比例就显得有些偏多，到二十多分钟的时候，有一些老年人就觉得鼓的声音有些太吵。因此以后应该根据参加活动的对象慎重考虑活动中所使用的乐器比例。

（2）参与人员的数量：应该将已报名但不能参加活动的情况考虑进去，这次虽然只有4人不能参加，但是要从这次活动中吸取教训，以后要考虑怎么平衡参加人数，如可以将名额给一些备选参加人员，也可以适当多放几个名额。

（3）场地：×× 楼会有较好的社会影响，但是场地是露天的。虽然天气还不冷，但是现场围观的人太多，声音有些嘈杂，而在歌曲讨论环节如果有个相对安静的环境会有更好的效果。

7. 总结评价 将此类活动作为老年人活动具有可行性，也有很好的价值与意义。举办方应该从中总结经验，改进不足之处，使今后同类活动的举办更圆满。

实训5-2　××××年××月××省××市××区"老年红歌会"活动评价报告

×× 卫视为 ×× 市 ×× 区老年人组织了 ××××年××月××省××市××区"老年红歌会"，请你根据整场活动写一份活动评价报告。

【实操目的】

1. 掌握老年人活动评价报告的撰写方法。

2. 了解老年人活动评价报告的撰写要求。

【实操学时】

2 学时。

【实操步骤】

1. 活动背景评价 这次红歌会是 ×× 卫视为 ×× 市 ×× 区老年人举办的。活动的参与者为 60～70 岁的老年人，选择的红歌以老歌为主，以老歌新唱的形式呈现，回忆过去，歌颂现在的幸福生活，弘扬传统文化和革命精神，激发老年人的生活热情，增强他们的信念与力量。

2. 报名对象的参与度及认可度评价 活动前，主办方向 ×× 区的 13 个街道发出了通知。名额有 30 个，报名的人数有 82 位，经过筛选及街道推荐，选出 30 位老年人参加比赛，参与度达到 100%。参加活动的老年人满意度达到 97%。

3. 活动举办现场的流程评价 活动的整个过程都进行得非常顺利，红歌会是在 ×× 卫视演播大厅举办的，除了参加比赛的 30 位老年人，各街道还组织了几百位以老年人为主的观众，同时也请了本地一些著名的声乐老师作评委。在红歌会开始前主持人介绍了比赛规则。在活动进行过程中因为有 2 位老年人突然出现身体不适不能参赛，所以中间出现了 2 次衔接不畅的情况。其他环节都非常顺利，基本都是按照活动计划与策划方案进行的。

4. 活动举办方组织管理工作的评价 ×× 卫视与 ×× 区人员前期的组织工作是做得比较好的。原定的名额只有 30 个，经过宣传，报名的人数远远超过参赛名额，最后通过推荐与选拔的形式控制了人数。活动实施的组织安排工作也做得比较好，不管是参赛人员的上台顺序，还是观赛人员的组织纪律都井然有序，会场气氛时而安静，时而雀跃。

5. 活动宣传推广评价 这次的活动是利用当地的电视、报纸及街道通知的形式进行宣传的。所有的活动推广必须通过媒体渠道才能得以传播，但是也要根据受众去选择合适的媒体。媒体包括平面媒体如报纸、杂志和海报，还有电视、广播和网络等，它们各具优势。年轻人习惯电视、网络中获得信息，而老年人大多数是从电视、报纸上获取信息。当然随着网络的发展，有相当一部分老年人也能从网络中获得一些信息，因此针对老年人活动的宣传可以在传统媒体的基础上结合一些新媒体进行。

6. 活动意义评价 通过活动帮助老年人重温了美好的回忆，丰富了精神生活，获得了社会归属感，激发了积极资源，改善了消极情绪与焦虑感受。同时活动的开展给老年人提供了一个更大的社交平台，他们通过活动结交新朋友，互相支持、鼓励。

7. 活动效果评价 本次活动通过活动现场观察、活动结束现场发言、问卷调查、电话跟踪调查等方式获得活动满意度及活动效益影响评价数据。

8. 活动总体评价 这次活动以红歌会的形式，组织老年人以老歌新唱的方式回忆过去，歌颂现在的幸福生活。整个活动的现场气氛很热烈，参与活动的老年人都非常高兴。他们普遍认为这种活动形式激发了他们的生活热情，增强了他们的信念与力量。

（朱晓红）

思考题

1. 活动策划书包括几部分？请列出每部分内容。
2. 针对你最近组织与策划的一场老年人活动进行活动总体评价。

参考文献

[1] 唐东霞. 老年活动策划与组织 [M]. 2 版. 南京：南京大学出版社，2019.

[2] 张沙骆，刘隽铭. 老年人活动策划与组织 [M]. 8 版. 北京：北京师范大学出版社，2020.

[3] 袁慧玲. 老年人活动策划与组织 [M]. 北京：海洋出版社，2017.

[4] 王拥军，潘华山. 运动医学 [M]. 北京：人民卫生出版社，2018.